Thomas Haase

Greifplanung und Greifskills für reaktives Greifen

Greifplanung und Greifskills für reaktives Greifen

von
Thomas Haase

Dissertation, Karlsruher Institut für Technologie
Fakultät für Informatik, 2011
Referenten: Prof. Dr.-Ing. Heinz Wörn, Prof. Dr.-Ing. Rüdiger Dillmann

Impressum

Karlsruher Institut für Technologie (KIT)
KIT Scientific Publishing
Straße am Forum 2
D-76131 Karlsruhe
www.ksp.kit.edu

KIT – Universität des Landes Baden-Württemberg und nationales
Forschungszentrum in der Helmholtz-Gemeinschaft

KIT Scientific Publishing 2011
Print on Demand

ISBN 978-3-86644-740-0

Greifplanung und Greifskills
für reaktives Greifen

zur Erlangung des akademischen Grades eines

Doktors der Ingenieurwissenschaften

der Fakultät für Informatik
des Karlsruher Instituts für Technologie (KIT)

genehmigte

D i s s e r t a t i o n

von

Thomas Haase

aus Berlin

Tag der mündlichen Prüfung: 7. Juli 2011
Erster Gutachter: Prof. Dr.-Ing. Heinz Wörn
Zweiter Gutachter: Prof. Dr.-Ing. Rüdiger Dillmann

ZUSAMMENFASSUNG

Im Rahmen der vorliegenden Arbeit werden Maßnahmen zur Handhabung von Mehrfinger-greifern identifiziert, die zu einem vereinfachten Umgang mit und einer erweiterten Benutzung dieser modernen und komplexen Greifertechnologie beitragen.

Das Ziel der Ausarbeitung liegt damit in der Bereitstellung übergeordneter Fertigkeiten und Fähigkeiten, die aus Anwendersicht zu einer ähnlich einfachen Ansteuerung von Mehrfinger-greifern beitragen, wie sie von klassischen und industrietauglichen Zweibackengreifern bekannt ist. Durch einen solchen intuitiven Zugang zur Programmierung und Ansteuerung kann zusätz-lich sowohl das Verständnis für als auch das Vertrauen in diese mechatronische Greifertechno-logie vergrößert werden. Es wird ein neuartiges Konzept zur Ansteuerung der Mehrfingergrei-fer auf Basis reaktiver Greifskills vorgestellt, in dem neben herkömmlichen Funktionen auch übergeordnete Konzepte, Regelungen und Steuerungen enthalten sind, um Möglichkeiten zur intuitiven Handhabung der Mehrfingergreifer bereitzustellen. Anwender und Programmierer von reaktiven Mehrfingergreifern werden durch sie von schwierigen und komplexen Berech-nungen vor und während einer Manipulation befreit. Beispielhaft hierfür sind das automatische Festhalten gegriffener Objekte, das Anfahren beliebiger Greifpositionen oder auch die Hand-habung nachgiebiger, fehlerhafter bzw. deplatzierter Objekte. Es werden diejenigen reaktiven Greifskills vorgestellt, die essentiell für die erfolgreiche und automatische Durchführung einer Manipulation mit einem Mehrfingergreifer sind. Die Struktur und der Aufbau verschiedener Greifskills werden dargestellt, um das Prinzip der neuartigen Handhabung und Ansteuerung aufzuzeigen und ihre Implementierung vorzustellen. Detailliert wird ihre gemeinsame Integra-tion in ein einheitliches Ansteuerungskonzept für einen ausgewählten Mehrfingergreifer ver-anschaulicht. Zusätzlich wird auf ihre Vielfältigkeit und Flexibilität im Manipulationsprozess sowie die Aufnahme, Analyse und Auswertung der Informationen einer integrierten Sensorik eingegangen. Parallel zu diesen Ausarbeitungen werden Lösungsansätze aufgezeigt und umgesetzt, die den zumeist zeitkritischen Aufbau benutzerspezifischer Griffe innerhalb kürzester Zeit ermöglichen. Dazu zählt neben einer notwendigen und assistierten Übertragung der Manipulationsaufgabe vom Anwender in das System auch die Verknüpfung und Übertragung dieser Ergebnisse in die Ansteuerung des Greifers selbst. Es wird dargestellt, welche grundlegenden, bereits im Rahmen einer Greifplanung gewonnenen Informationen über einen Griff bzw. eine Manipulation zu einer Verbesserung während der eigentlichen Umsetzung beitragen können. Zusätzlich wird detailliert auf die Wechselwirkung zwischen den Ergebnissen der Greifplanung und aufgebauten Greifskills für reaktives Greifen eingegangen. Die nachfolgenden Ausarbeitungen werden beispielhaft am industriellen Mehrfingergreifers SDH2 demonstriert.

Was nicht auf einer einzigen
Manuskriptseite zusammengefasst werden kann,
ist weder durchdacht
noch entscheidungsreif

Dwight David Eisenhower

4

ABSTRACT

Within this thesis, the necessary requirements for how to handle and control multi-fingered grippers are identified that contribute to and enhance the handling of these complex technologies.

An innovative concept for controlling multi-fingered grippers, based on so called reactive grasping skills, is presented. The concept ensures that the great variety and flexibility in the field of manipulation that is made available through this technology is made accessible for a large user group. Reactive grasping skills are abilities and dexterities that form the basis of a new, required control concept between the gripper and the user. This intuitive interface represents a higher level control system and facilitates an exceptional ease of use. In the control system presented these reactive grasping skills analyze autonomously collected grasping information and evaluate measures to ensure the safe execution of the manipulation process. Necessary reactive grasping skills are identified and their structure and implementation will be shown in the course of this work to demonstrate the principle of the new control method.

In addition to these aspects, supplementary software tools contribute to the development and configuration of user - defined grasps with multi-fingered gripper systems. Approaches to how to transfer user-defined manipulation ideas into the gripping system are introduced. Next to the grasp planning itself, this includes in particular the required, autonomous data exchange with integrated grasping skills. Simultaneously, the essential and close connection between the grasp planning system and developed skills for reactive grasping is shown. Thus, intuitive handling of a multi-fingered gripper can be achieved, even for non-technicians. Exemplary implementations are demonstrated with the SDH2, which is the first three fingered gripper that could fulfill industrial needs.

DANKSAGUNG

Die vorliegende Arbeit entstand während meiner gut dreijährigen Tätigkeit am Institut für Prozessrechentechnik, Automation und Robotik (IPR) innerhalb des Karlsruher Instituts für Technologie (KIT). An dieser Stelle möchte ich mich bei all jenen bedanken, die mich bei der Durchführung meiner Arbeit sowohl fachlich betreut als auch moralisch unterstützt haben.

Mein ganz besonderer Dank gilt an dieser Stelle meinem Doktorvater und Institutsleiter Herrn Prof. Dr.-Ing. Heinz Wörn. Er hat mich stets in meinen Arbeiten unterstützt und mir trotz zeitweise schwieriger wirtschaftlicher Lage die Möglichkeit geboten, meine wissenschaftlichen Ausarbeitungen in der dafür notwendigen Ruhe durchzuführen. Auch danke ich Herrn Prof. Dr.-Ing. Rüdiger Dillmann für die freundliche Übernahme des Koreferats.

Zudem möchte ich mich bei meinen Kollegen am Institut, allen voran Herrn Dr. Igor Tchouchenkov, Frau Nina Maizik und Markus Mehrwald bedanken, die mich in zahlreichen Diskussionen und stetigem Zuspruch dazu ermutigt haben, meine Ausarbeitungen zu Formulieren und meine Thesen zu schärfen. Ganz herzlich danke ich auch alle meinen Studenten, die mich im Rahmen ihrer wissenschaftlichen Ausarbeitungen ebenfalls mit eigenen Ideen und Vorschlägen sehr unterstützt haben.

Bedanken möchte ich mich bei Dr. Karsten Weiß, der mich zu Beginn meiner Arbeiten in Karlsruhe wärmstens aufgefangen und mich wesentlich auf meine wissenschaftlichen Ausarbeitungen vorbereitet hat. Mir wurde damit nicht nur der Weg meiner wissenschaftlichen Arbeiten im Institut, sondern zusätzlich die Richtung dieser hier vorliegenden Dissertation aufgezeigt.

Ein spezieller Dank geht an die heutigen Professoren Prof. Andreas Hoch sowie Prof. Matthias Haag als auch an Dr. Dirk Osswald. Sie haben mich während Ihrer Tätigkeiten bei einem Kooperationspartner stets aufs herzlichste unterstützt und gefördert. Ohne Ihr Vertrauen in mich und meine Ausarbeitungen sowie Ihre Bemühungen zum Zustandekommen unseres bilateralen Industrieprojektes hätte ich diese Arbeit nicht anfertigen können. Zu guter Letzt möchte ich meinen Eltern Martina und Hans - Joachim Haase sowie meiner Freundin Dr. Heike Wächtler einen ganz besonderen Dank aussprechen. Ohne Euer stetes Vertrauen in mich und meine Arbeit und den uneingeschränkten Rückhalt, den Ihr mir entgegengebracht habt, wäre diese Arbeit wohl nie entstanden.

Karlsruhe, Juli 2011   Thomas Haase

INHALTSVERZEICHNIS

KAPITEL 1

EINLEITUNG

1.1. Motivation

Heutzutage setzen vielfältigste Greifertechnologien umfangreiche Manipulationsaufgaben um und sind zu einem wesentlichen wirtschaftlichen Faktor vielfältiger Industriezweige geworden. Die diesen automatisierten Handhabungsprozessen zugrunde liegende Greifertechnologie beschränkt sich dabei nach wie vor auf einfache und zumeist dem zu manipulierenden Objekt angepasste Greifer mit einem oder maximal zwei Freiheitsgraden. Trotz Verfügbarkeit ist es mechatronischen Mehrfingergreifern bisher nicht gelungen, Einzug ins industrielle Umfeld zu erhalten. Dennoch:

> ...die Entwicklung der technischen Greifsysteme zeigt (...), dass zukünftig von einem Greifer mehr erwartet wird als das bloße Festhalten von Werkstücken. Immer wichtiger wird die Informationsgewinnung über das Werkstück und die Greifrandbedingungen zur Sicherung der Greif- und Bewegungsprozesse. Darüber hinaus steckt hier ein erhebliches Potenzial, Handhabungsvorgänge schneller und damit kostengünstiger einzurichten[4]

Eine breite Anwendung von Mehrfingergreifern scheitert an der Komplexität ihrer Handhabung, da sie Anwender bei der **Planung** und **Programmierung** von Manipulationsaufgaben im Rahmen eines zumutbaren Zeitaufwands vor nahezu unlösbare Aufgaben stellen. Beispielhaft dafür sind die Berechnung notwendiger Gelenkwinkel, das Finden geeigneter, sicherer Trajektorien oder auch das Festhalten gegriffener Objekte. Dabei beschränken sich solche Anforderungen nicht ausschließlich auf industrielle Anwendungen. Auch in wissenschaftlichen Forschungsbereichen, beispielsweise der Servicerobotik, stehen Anwender und Wissenschaftler bei der

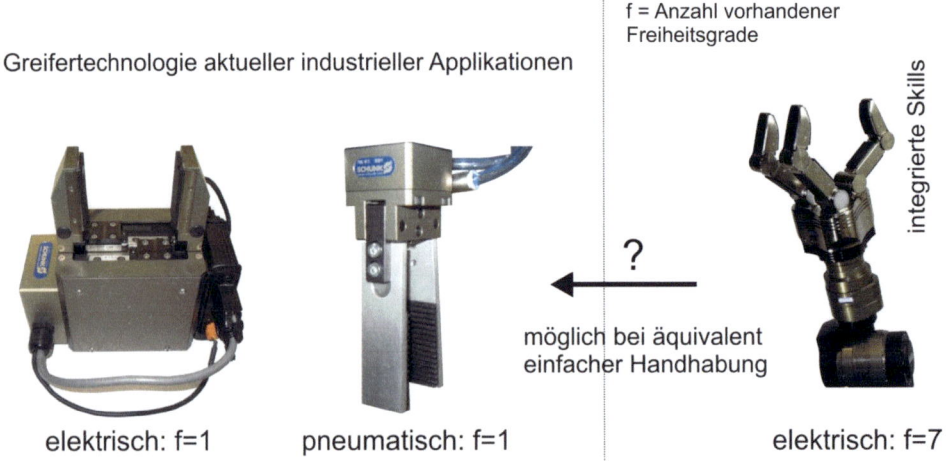

f = Anzahl vorhandener Freiheitsgrade

Greifertechnologie aktueller industrieller Applikationen

integrierte Skills

?

möglich bei äquivalent einfacher Handhabung

elektrisch: f=1   pneumatisch: f=1   elektrisch: f=7

Abb. 1.1.: Aktuelle und zukünftige industrielle Greifsysteme

Integration von Mehrfingergreifern vor großen Herausforderungen. Das in Mehrfingergreifern integrierte Potential zur Umsetzung kompliziertester Manipulationsaufgaben kann nicht ausgenutzt werden und bleibt unerreichbar. Für eine intuitive Handhabung von Mehrfingergreifern werden neue Ansteuerungskonzepte benötigt, bei der klassische Ansteuerungsverfahren durch übergeordnete Fähigkeiten unterstützt werden, um Anwendern die Planung und Durchführung von Manipulationsaufgaben zu erleichtern. Beispielsweise stellt das Festhalten beliebig gegriffener Objekte auf Basis einer gegebenen Reaktivität eine übergeordnete Fähigkeit dar, die sich aus klassischen Ansteuerungsverfahren zum Bewegen einzelner Gelenke, der Sensordatenanalyse und in Kombination mit einem Steuerungskonzept aufbauen lässt. Durch solche Skills kann das notwendige Vertrauen und Verständnis für die Handhabung dieser komplexen Greifertechnologie geschaffen werden, Abbildung 1.1. Sicherheitskritische Fähigkeiten sowohl zur vollautomatischen Eigensicherung des Greifers als auch innerhalb manipulationsspezifischer Aufgabenstellungen gehören dabei ebenso zum Fokus der Handhabung wie umfangreiche Manipulationsfertigkeiten. Insbesondere dieser Umfang an intuitiv verständlichen reaktiven Greifskills bestimmt das Spektrum späterer Anwendungen. Ihre nach außen hin sichtbare Schnittstelle definiert maßgeblich die resultierende Benutzerfreundlichkeit und damit indirekt die Anwendergruppe eines Mehrfingergreifers. Infolge dieser neuartigen Ansteuerung, bei der herkömmliche Funktionen durch übergeordnete Fähigkeiten (Skills) ersetzt werden, kann das in Mehrfingergreifern integrierte Potential durch einen maximierten Anwenderkreis voll ausgeschöpft werden. Gleichzeitig wird beim Anwender ein äquivalentes Verständnis und Vertrauen wie in einfache Greifertechnologien erzeugt und damit eine Art "Ansteuerung für jeden" aufgebaut.

1.2. Zielsetzung der Arbeit

Der Schwerpunkt der vorliegenden Arbeit befasst ist die Umsetzung einer intuitiven Handhabung von Mehrfingergreifern auf Basis reaktiver Greifskills und der Interaktion mit den Ergebnissen einer Greifplanung. Folgende grundlegenden Zielstellungen können definiert werden:

- Mehrfingergreifsysteme müssen intuitiv bedient werden können.

- Der Funktionsumfang des Mehrfingergreifers ist sowohl innerhalb einer Greifplanung als auch bei der Ausführung möglichst intuitiv und uneingeschränkt zugänglich zu machen.

- Eine vorhandene, benutzerspezifische Manipulationsaufgabe soll möglichst exakt, assistiert und in einem Minimum an Zeit konfigurierbar und umsetzbar sein.

- Reaktive Greifskills basieren auf den Ergebnissen einer Greifplanung und müssen adaptiv sein. Die enge Verzahnung zwischen Greifplanung und reaktiven Greifskills ist darzustellen.

- Es sind grundlegende reaktive Greifskills für die Durchführung einer Manipulation zu definieren. Die hierfür geforderten Fähigkeiten im jeweiligen Bereich der Manipulation sind umzusetzen.

- Die Eigensicherheit eines Mehrfingergreifers während der Ansteuerung sowohl durch einen Anwender als auch infolge übergeordneter Steuerungen ist zu gewährleisten.

Reaktive Greifskills stellen Fähigkeiten zur Verfügung, die einem Anwender eine intuitive Ansteuerung eines Mehrfingergreifers ermöglichen, ihn von komplizierten Berechnungen befreien und damit einen zeitlich zügigen Aufbau vielfältiger, benutzerdefinierter Manipulationsaufgaben ermöglichen. Die Funktionalität reaktiver Greifskills beruht dabei auf verschiedenen grundlegenden greifer- und sensorspezifischen Funktionen bzw. Methoden und bezieht ihre Führungsgrößen aus einer Greifplanung. Aus dieser Überlegungen unterteilt sich die vorliegende Forschungsarbeit in drei Themenschwerpunkte: Die Basis von reaktiven Greifskills bilden grundlegende Funktionen, Algorithmen und Methoden, die bisher die Schnittstelle zur Ansteuerung von Mehrfingergreifern definieren. Sie werden beispielhaft für einen Mehrfingergreifer erarbeitet und vorgestellt. Ein zweiter Themenschwerpunkt setzt sich mit der Planung von Griffen, der Übertragung der Manipulationsidee und Überlegungen zur intuitiven Darstellung der Möglichkeiten eines Mehrfingergreifers auseinander. Autonome Berechnungen notwendiger Manipulationsparameter führen bei gleichzeitiger Offenlegung des möglichst gesamten Leistungsspektrums des Mehrfingergreifers zu einer Maximierung des Anwenderkreises. Dabei bildet der dafür notwendige Zeitaufwand ein wesentliches Gütekriterium. Die Schnittstelle zwischen der Greifplanung und den reaktiven Greifskills wird analysiert. Auf Grundlage der Ergebnisse der Greifplanung können in einem dritten Themenschwerpunkt Konzepte für reaktive Greifskills entwickelt werden, die den erforderlichen assistierenden Charakter bei der Umsetzung und Ausführung der geplanten Griffe besitzen. Sie tragen dazu bei, die zumeist hohe Anzahl an Freiheitsgraden beherrschbar zu machen und gewährleisten sowohl den sicheren Umgang mit einem Mehrfingergreifer als auch das gesicherte Ausführen von Manipulationen. Reaktive Greifskills bilden damit die notwendige Schnittstelle zur Ansteuerung von Mehrfingergreifern. Durch sie wird die Vielfältigkeit, Ansteuerung und Sicherheit der Greifertechnologie definiert.

1.3. Inhaltsübersicht

Die Ausarbeitung der definierten Zielstellung gliedert sich innerhalb der vorliegenden Arbeit in folgende Abschnitte:

Kapitel 2: Kapitel 2 führt detailliert in die Thematik des reaktiven Greifens ein. Es werden notwendige Begriffe definiert, der allgemein gültige Manipulationsablauf analysiert, der prinzipielle Aufbau reaktiver Greifskills erläutert und bestehende Anforderungen an Mehrfingergreifer erarbeitet. Der aktuelle Stand der Technik wird dargestellt und Greifskills werden definiert.

Kapitel 3: Es werden die für reaktives Greifen grundlegenden Methoden und Funktionen erarbeitet, die für einen erfolgreichen Aufbau reaktiver Skills und einer assistierenden Greifplanung notwendig sind. Diese stellen damit die grundlegenden Fähigkeiten und Fertigkeiten reaktiver Mehrfingergreifer dar. Dabei wird sowohl auf greifer- als auch auf sensorspezifische Anforderungen und Möglichkeiten eingegangen.

Kapitel 4: In diesem Abschnitt wird ein neuartiger Ansatz zur benutzergeführten Manipulationskonfiguration vorgestellt, der durch seine Sensordatenprädiktion einen direkten Einfluss auf mögliche reaktive Greifskills hat. Die Greifplanung stellt damit das zentrale Element einer reaktiven Manipulation dar.

Kapitel 5: Auf Grundlage der in Kapitel 2 definierten Anforderungen an reaktive Fähigkeiten werden ausgewählte reaktive Greifskills abgeleitet und implementiert. Die Struktur und der Aufbau reaktiver Greifskills werden dargestellt. Ergänzend wird aufgezeigt, auf welchen Ergebnissen der Greifplanung individuelle Greifskills basieren und die erzielten Ergebnisse werden validiert.

Kapitel 6: Die Ausarbeitungen und Ergebnisse der Arbeit werden zusammengefasst, den gesetzten Zielstellungen gegenübergestellt und es wird ein Ausblick auf mögliche weiterführende Arbeiten präsentiert.

KAPITEL 2

EINFÜHRUNG IN DAS THEMENGEBIET

Innerhalb dieses Abschnittes werden zuerst die wesentlichen Merkmale und der Aufbau von reaktiven Greifskills dargestellt und ihr Beitrag im reaktiven Greifprozess identifiziert. Darauf aufbauend wird ein aktueller Stand der Technik hinsichtlich Mehrfingergreiftechnik und reaktiver Greifskills vorgestellt sowie existierende Ansätze im Bereich der Greifplanung aufgezeigt. Im Rahmen der vorliegenden Arbeit beschränkt sich der Aufbau reaktiver Greifskills und damit der Fähigkeit zum reaktiven Greifen auf die Greifertechnologie selbst. Es wird abschließend ein Mehrfingergreifer für die weiterführenden Ausarbeitungen vorgestellt.

2.1. Reaktives Greifen

Im Gegensatz zum klassischen Greifen bezeichnet reaktives Greifen die Fähigkeit eines Systems, selbständig Griffe und Greifvorgänge auf Basis gegebener Informationen zu analysieren, um eigenständig Maßnahmen zum Aufbau oder auch Wiederaufbau gewünschter bzw. notwendiger Anforderungen eines Griffes zu treffen. Reaktives Greifen wird damit durch integrierte Fähigkeiten und Fertigkeiten klassifiziert, die bei der Durchführung herkömmlicher Greifvorgänge einen unterstützenden, assistierenden aber auch steuernden oder regelnden Charakter besitzen. Die Grundlage für reaktives Greifen sind zeitkontinuierliche Informationen über den aktuellen Zustand des Systems, des Griffes aber auch des gegriffenen Objektes. Reaktives Greifen basiert damit auf einer vorhandenen Sensorik, die gleichzeitig ein reaktives Greifsystem kennzeichnet. Die Art und der Umfang der integrierten Reaktivität wird dabei sowohl durch die Vielfältigkeit der ihr zugrunde liegenden Sensorik als auch ihrer räumlichen Anordnung und Anzahl im Greifsystem beschrieben. Die Art der integrierten Sensorik bestimmt den Charakter und den Inhalt der erkennbaren Informationen. Ihre Positionierung und Orientierung definiert den Ort der Informationsgewinnung. Die Auswahl und Anordnung der Sensorik bestimmt damit maßgeblich den Blickwinkel auf das reaktive Greifsystem und schränkt die Möglichkeiten des reaktiven Greifens auf nur wahrnehmbare Informationen ein. Über die Art der Reaktivität lassen sich reaktive Greifsysteme klassifizieren. So sind in Abbildung 2.1 verschiedenartige Sinne aufgezeigt, die zum Aufbau der notwendigen Reaktivität beim reaktiven Greifen herangezogen werden können. Ein wesentlicher Bestandteil des reaktiven Greifens sind informationsverarbeitende Methoden und Funktionen, die auf Basis der Reaktivität neben Analysen und Aussagen über den aktuellen Systemzustand auch Aktionen zum Erringen festgelegter Ergebnisse auslösen können. Solche Greifskills, die zudem die nach außen hin sichtbare Schnittstelle reaktiver Greifprozesse darstellen, definieren dessen Fähigkeiten und setzen vorher festgelegte Zielstellungen um. Reaktives Greifen basiert damit auch auf bekannten Kenngrößen optimaler Griffe, die als Führungsgrößen in die Umsetzung mit eingebunden werden und ist daher eng mit den Ergebnissen einer Greifplanung verbunden.

2.1.1. Begriffe des Reaktiven Greifens

Im Folgenden werden grundlegende Begriffe des reaktiven Greifens eingeführt und definiert. Diese elementaren Definitionen liegen den weiterführenden Arbeiten zugrunde.

Skill

Skill übersetzt heißt soviel wie "Fähigkeit" und bedeutet, mit Sachverstand oder Kunstfertigkeit auf einem bestimmten Gebiet etwas Besonderes vollbringen zu können. Im Gegensatz zu dem Begriff "Ability", welcher ebenfalls mit "Fähigkeit" übersetzt werden kann, bezeichnet man mit Skill keine angeborenen, sondern erlernte, implementierte oder im Laufe einer Entwicklung erworbene Fähig- oder Fertigkeiten [3].

Reaktivität

Eine Reaktivität setzt sich aus einer Wahrnehmung und der zugehörigen Aktion zusammen. Die menschliche Wahrnehmung basiert auf einer Kombination aus visuellen (sehen), auditiven (hören), kinästhetischen (fühlen), gustatorischen (schmecken) und olfaktorischen (riechen) Sinnen, Abbildung 2.1, wobei gustatorische, olfaktorische und auch auditive Sensoren beim technischen reaktiven Greifen eine untergeordnete Rolle spielen [96, 108, 123]. Reaktivität im Bereich der Greiftechnik kennzeichnet die Eigenschaft eines Systems, auf Grundlage wahrgenommener Ereignisse Reaktionen bestimmter Intensität auszulösen. Eine Reaktion erfolgt, im Gegensatz zu aktivem oder proaktivem Handeln nur auf Antrieb von außen. Die Reaktivität setzt sich aus der "Sensibilität" eines Systems und damit der vorhandenen Sensorik kombiniert mit der anschließenden informationsverarbeitenden Methodik zusammen. Je größer die Empfindlichkeit

Abb. 2.1.: Zusammensetzung der menschlichen Reaktivität (Wahrnehmung)

eines Systems auf äußere Einflüsse ist, desto größer und feinfühliger kann auch die Reaktivität des Systems gestaltet werden. Ebenso kann die Reaktivität allein durch die Veränderung der informationsverarbeitenden Methodik verändert werden.

Reaktive Greifsysteme

Das reaktive Greifsystem setzt sich aus einer Aktorik zum Greifen selbst, einer integrierten Sensorik zum Aufbau einer Reaktivität sowie einer informationstechnischen Verarbeitung bzw. Steuerung zusammen. Die Basis reaktiver Greifsysteme stellt damit eine Mechatronik dar. Die erzielte Reaktivität wird dabei maßgeblich durch die Art der verwendeten Sensorik beeinflusst.

Reaktiver Greifprozess

Der reaktive Greifprozess beschreibt die sequentielle Aneinanderreihung und Abarbeitung aller Greifphasen und damit die Gesamtheit der Handlungen zur Umsetzung einer Manipulationsaufgabe. Abbildung 2.2 stellt die Prozesskette nach Weiß [123] und Ramos [90] dar. Beide Darstellungen enthalten äquivalente Aufgabenstellungen, unterscheiden sich jedoch im Aufbau des betrachteten reaktiven Greifsystems. Während Weiß nur den Greifer selbst betrachtet, geht Ramos bereits von einem Hand-Arm-System aus.

Reaktive Greifphase

Eine reaktive Greifphase beschreibt einen bestimmten Abschnitt innerhalb einer reaktiven Manipulationsaufgabe. Abbildung 2.2 stellt mögliche Manipulationsphasen nach Weiß und Ramos vor [90, 123]. Ein reaktiver Greifprozess kann dabei in fünf (Röthling), sechs (Weiß) beziehungsweise in einer detaillierteren Darstellung nach Ramos in 10 verschiedene Greifphasen unterteilt werden [90, 92, 123]. Die vorbereitende Phase beinhaltet Arbeitsschritte, die zum erfolgreichen Aufbau eines Griffes notwendig sind. Dazu gehört beispielsweise die Beschreibung des auszuführenden Griffes am Objekt. Innerhalb der Greifphase wird ein Griff am Objekt aufgebaut. Über aufgenommene Griffinformationen kann eine Griffoptimierung mittels festzu-

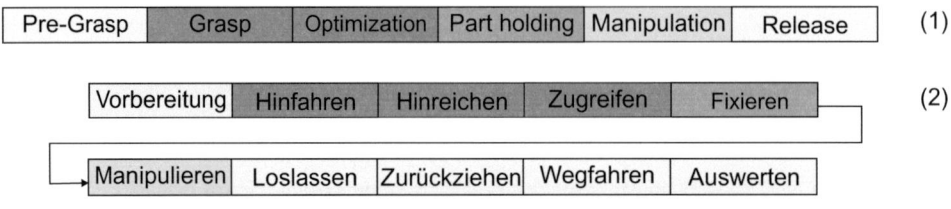

Abb. 2.2.: Manipulationsphasen nach [123] (1) und [90] (2)

legender Optimierungskriterien umgesetzt werden. Ergänzend gehören nach [90] sowohl das Hinfahren (Roboter) als auch das Hinreichen (Greifer) in die Greifphase. In der Part-Holding-Phase wird parallel zur Objektmanipulation das Greifen und Festhalten des gegriffenen Objektes sichergestellt. Ergänzend wird das Objektverhalten im Greifer überwacht und Schlussfolgerungen für die Manipulation und das Loslassen des Objektes gezogen. Innerhalb der Manipulationsphase werden Aktionen mit und am gegriffenen Objekt ausgeführt. Diese können in Handhaben, Montieren, Zerlegen, Umformen und dem Gebrauch als Werkzeug unterteilt werden [90]. Mit dem Absetzen und Loslassen des Objektes wird die Manipulation abgeschlossen.

Reaktive Greifskills

Greifskills werden in der Literatur als Algorithmen zur lokalen Feinplanung von Griffen und Greifstrategien auf Handebene definiert [61]. Als Greifskills werden auch Fertigkeiten eines Mehrfingergreifers bezeichnet, die Methoden, d.h. spezialisierte Programmcodes enthalten, um spezifisches Kontextwissen von oben aus der Bewegungsplanung nach unten in die Bewegungsausführung zu bringen [84]. Reaktive Greifskills in einer allgemeineren Definition werden als Grundfunktionen und Grundfertigkeiten eines greiffähigen Serviceroboters und damit als "basic skills" bezeichnet, [90]. Sie sind Bestandteil jeder einzelnen Greifphase und bedürfen nicht zwingend einer integrierten Regelung. Abbildung 2.4 stellt einige Skills eines Hand - Arm - Systems dar. Auf dieser Grundlage und orientiert an der Definition aus [84] werden Greifskills in dieser Arbeit als konzeptionelle Verknüpfung verschiedener, grundlegender Algorithmen mit und ohne ergänzende Steuerungen und Regelungen definiert. Abbildung 2.3 stellt die Definition und den Aufbau der Greifskills grafisch dar. Deutlich zu erkennen ist, dass verschiedene Greifskills auf identische, grundlegende Funktionalitäten zurückgreifen (Abbildung 2.3: Eigenkollision, Ansteuerung), die damit ihrerseits nicht Bestandteil der Greifskills sind. Basieren Greifskills in ihrer Funktion auf der integrierten Reaktivität, so werden sie auch als reaktive Greifskills bezeichnet. Einzelne Skills müssen sich nicht zwangsläufig aus einer Kombination von Hardware, Sensorik und Steuerung zusammensetzen. Sie können sich auch aus rein in-

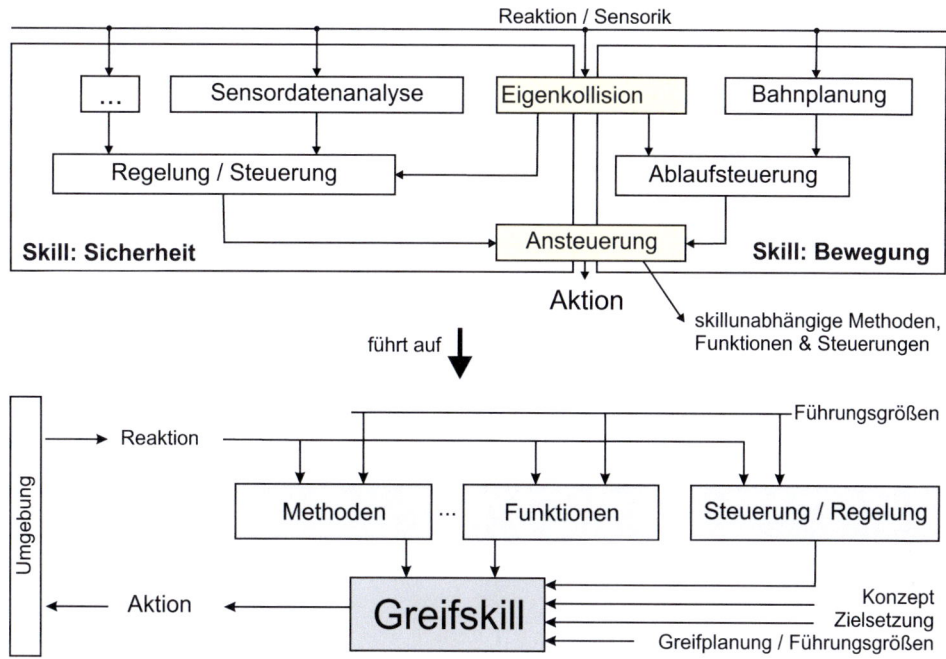

Abb. 2.3.: Aufbau und Zusammensetzung reaktiver Greifskills

formationstechnischen Verarbeitungen definieren und so ihre Fähigkeiten aufbauen. Reaktive Greifskills basieren auf bekannten greiferspezifischen und sensorspezifischen Führungsgrößen. Diese Führungsgrößen basieren ihrerseits auf den Ergebnissen einer Greifplanung. Das Bereitstellen solcher Führungsgrößen ist grundlegend für alle reaktiven Greifskills. Reaktive Greifskills berechnen Aktionen entsprechend einer festgelegten Reaktivität, wobei diese mechanisch, elektrisch oder auch informationstechnisch umgesetzt werden kann. Ausschließlich diejenigen reaktiven Greifskills, die Aktionen auf Basis informationstechnischer Verfahren berechnen und ausführen, können als adaptive, reaktive Greifskills bezeichnet werden.

Adaption und Adaptive Algorithmen im Reaktiven Greifen

Als Adaption wird im Allgemeinen die Anpassung bzw. das Anpassungsvermögen einer Sache oder eines Systems an gegebene Umstände verstanden [109]. Als adaptive Algorithmen im reaktiven Greifprozess werden Funktionen und Methoden bezeichnet, die sich an zeitlich variable Situationen ausrichten und damit anpassen können. Grundlegend für adaptive Algorithmen ist eine Informationsrückführung für einen möglichen Vergleich zwischen angestrebter und umgesetzter Aktion. Auf Basis dieser zurückgeführten Informationskette können gezielt

Parameter innerhalb der adaptiven Algorithmen hinsichtlich definierter Optimierungskriterien und entsprechend vorgegebener Optimierungsverfahren variiert werden, um sich auf vorgefundene Gegebenheiten einzustellen.

2.2. Greifskills für Reaktives Greifen

Ein mit Sensorik ausgestatteter Greifer soll in die Lage versetzt werden, reaktiv Greifen zu können. Sind die notwendigen Informationen über einen Griff, die relative Orientierung und Positionierung zwischen Greifer und Objekt und der zu erwartenden Sensorik aus einer Greifplanung bekannt, so können reaktive Greifskills das Ausführen der Manipulation unterstützen und eigenständig auf unvorhergesehene, sicherheitskritische Ereignisse reagieren. Die Umsetzung einzelner reaktiver Greifskills definiert sich dabei durch die zur Verfügung stehende Sensorik, ihre Integration im Greifprozess und die Ziele der Manipulation selbst. Im Folgenden werden grundlegende reaktive Greifskills definiert, die zum Aufbau und zur Sicherung eines Griffes benötigt werden. Diese in Kapitel 5 detailliert vorgestellten, reaktiven Greifskills stellen dabei keine abgeschlossene Menge dar, da die Anzahl denkbarer Greifskills zu umfangreich ist. Dazu sind beispielhaft in Abbildung 2.4 weitere mögliche reaktive Greifskills innerhalb eines Hand - Arm - Systems dargestellt. Ergänzend muss ihre Implementierung an gegebene Mehrfingergreifsysteme, spezielle Aufgabenstellungen, Anforderung und an die ihnen zugrunde liegende Reaktivität angepasst werden. Folgende reaktive Greifskills sind grundlegend für das erfolgreiche Greifen und Manipulieren von Objekten und werden in den weiterführenden Untersuchungen aufgebaut:

Reaktive Eigensicherheit: Die Umsetzung einer intuitiven Ansteuerung erfordert eine voll autonome Bahnplanung des Mehrfingergreifers. Allein die Kenntnis über Anrück- und Greifstellung genügt dem Anwender eines Mehrfingergreifers, um ein Objekt sicher Greifen zu können. Dafür ist ein Konzept zur vollautomatischen und sicheren Bewegungssteuerung eines Mehrfingergreifers zu entwerfen. Gleichzeitig ist eine sichere Handhabung im Rahmen der Möglichkeiten der integrierten Reaktivität zu gewährleisten. Ein intuitiver, sicherheitskritischer Eingriff in die Ablaufsteuerung des Mehrfingergreifers rundet die Anforderungen an die reaktive Eigensicherheit ab.

Reaktives Greifen: Beim reaktiven Greifen soll sichergestellt werden, dass auch nachgiebige Objekte sicher (im Rahmen der Möglichkeiten eines Mehrfingergreifers) gegriffen werden können, ohne dass eine exakte Kenntnis der aktuellen Steifigkeit des Objektes notwendig ist. Ergänzend ist sowohl das Greifen deplatzierter und fehlerhafter (beschädigter, nachgiebiger, unbekannter) Objekte als auch die Eigensicherheit des Greifers in diesen Manipulationen zu ermöglichen und sicherzustellen.

Abb. 2.4.: Greifskillübersicht in Hand - Arm - Systemen

Reaktive Greifstrategie: Eine reaktive Greifstrategie überführt einzelne Finger und Gelenke über eine nominelle Greifposition hinaus in eine möglichst weit geschlossene Handstellung, um Fehler, Nachgiebigkeiten und Defekte an zu greifenden Objekten autonom auszugleichen und das vollständige Greifpotential des Mehrfingergreifers auszuschöpfen. Dabei sind gegebene Randbedingungen und die Eigensicherheit des Greifers zu berücksichtigen. Im Hinblick auf deplatzierte Greifobjekte sind Möglichkeiten zu entwerfen, die eine sichere Handhabung für Greifer und Objekt gewährleisten.

Reaktive Griffanalyse und -optimierung: Aufzubauende Griffe sind bei fehlerhaft platzierten Objekten oder instabilen Griffen zu optimieren. Dabei ist darauf zu achten, dass Kontaktkräfte am Objekt eingehalten werden und die statische Stabilität stets gegeben ist. Ein zusätzlicher Schwerpunkt der Untersuchung kann auf umsetzbaren Neuausrichtungen der Gelenkwinkel zur Zentrierung des fehlerhaft gegriffenen Objektes beziehungsweise alternativ auf der Umpositionierung des Greifers relativ zum Objekt liegen. Der aufgebaute Griff ist zu bewerten und zu analysieren sowie ergänzend dazu mit vorher berechneten Führungsgrößen einer Greifplanung zu vergleichen. Es sind Aussagen über die Griffgüte, Griffsicherheit und die Übereinstimmung mit der geplanten Umsetzung zu formulieren.

Reaktive Griffsicherung: Auf Basis der im Mehrfingergreifer integrierten Reaktivität sind Aussagen über das Verhalten gegriffener Objekte zu treffen. Das Festhalten gegriffener Objekte ist zu sichern.

11

2.3. Greifplanung und reaktives Greifen

Griffe werden mit Hilfe einer Greifplanung definiert und beeinflusst. Die Greifplanung stellt damit ein zentrales Element reaktiver Greifprozesse dar, da in ihr notwendige Führungs- und Kenngrößen für reaktive Greifskills ermittelt, variiert und definiert werden können. Dafür sind Methoden zu integrieren, die griff - spezifische Aussagen über die Kenngrößen der integrierten Reaktivität an einem simulierten Griff gewährleisten, um bereits vor der Durchführung einer reaktiven Manipulation dessen Plausibilität zu überprüfen und das notwendige Feedback für die nachfolgende Griffumsetzung aufzubauen. Objektkontakte auf beliebigen Geometrien sowie zugehörige Kenngrößen der gesamten Reaktivität müssen assistiert aufgebaut, validiert und optimiert werden können. Anhand dieser progressiven und umfangreichen Beschreibung des nominellen Griffes kann im realen, reaktiven Greifprozess eine Analyse der erreichten Griffqualität und -güte sowie Aussagen über das gegriffene Objekt selbst ermittelt werden. Im industriellen Umfeld sind die Lage, Orientierung und Abmessung des zu manipulierenden Objektes bekannt. Aber auch im Bereich der Servicerobotik muss die Information über einen auszuführenden Griff von einem System zur Verfügung gestellt werden. Von der angestrebten, automatisierten Handhabung der Objekte besteht zudem zumeist eine sehr genaue Vorstellung. Diese schließt die Art und Weise, wie Objekte gegriffen und losgelassen werden sollen mit ein. Die Ausrichtung des Mehrfingergreifers sowie die prinzipiellen Gelenk- und Fingerstellungen sind in der Idee bereits vorausgewählt und müssen während der Konfiguration der Manipulation auf das System übertragen werden. Die grundlegenden Antworten auf die in [12] aufgeworfenen Fragestellungen bezüglich dem:

1. Wie sieht der Griff aus?

2. Ist es ein guter Griff?

3. Gibt es womöglich weitere, alternative Greifmöglichkeiten?

4. Kann der Griff am Objekt generiert werden?

sind benutzergeführt beantwortet. Es liegt daher nahe, die bereits festgelegten Informationen abzufragen, um ein semi-automatisiertes Einrichten eines Griffs mit einem Mehrfingergreifer zu ermöglichen. Ein adaptiver Informationsaustausch zwischen Anwender und System setzt die genannte Übertragung einer Manipulationsidee um. Dabei ist sicherzustellen, dass dem Anwender das gesamte im Mehrfingergreifer integrierte Manipulationspotential zur freien Verfügung gestellt wird und ausschließlich realisierbare Griffe freigegeben werden. Assistierende Algorithmen und eine Griffbibliothek führen den Anwender durch die Griffauswahl und die Modifikation verbleibender Freiheitsgrade. Vorhandene Freiheitsgrade in Griffen werden dem

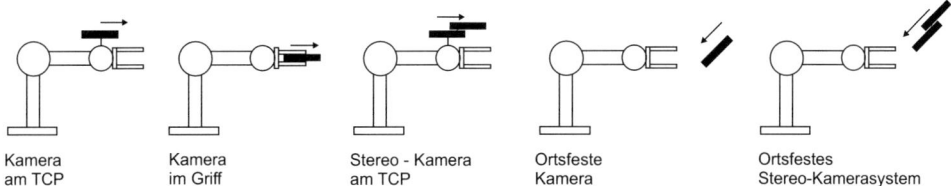

| Kamera am TCP | Kamera im Griff | Stereo - Kamera am TCP | Ortsfeste Kamera | Ortsfestes Stereo-Kamerasystem |

Abb. 2.5.: Möglichkeiten zur Integration von Kamerasystemen in Greifsysteme

Anwender intuitiv und anschaulich zur Verfügung gestellt, um benutzergeführte Griffoptimierungen zu ermöglichen. Eine gegenseitige Beeinflussung resultierender Freiheitsgrade ist zu analysieren, sodass dem Anwender stets nur das zulässige Manipulationspotential eines Griffes zur Verfügung steht. Intelligente Softwaremodule unterstützen dabei in der Griffauswahl, der Fingerkonfiguration sowie der Berechnung der relativen Positionierung zwischen dem Objekt und dem Greifer.

2.4. Stand der Technik

Innerhalb dieses Abschnittes werden existierende Ansätze und Systeme, die für den Aufbau reaktiver Greifskills eingesetzt werden, vorgestellt. Dabei wird zunächst die in Greifern integrierbare Reaktivität, beschränkt auf visuelle und kinästhetische Sensoren analysiert. Anschließend werden Greifertechnologien aufgezeigt, die bereits mit einer Reaktivität ausgestattet sind und damit für die Umsetzung und den Aufbau reaktiver Greifskills herangezogen werden können. Existierende Ansätze zur Greifplanung werden hinsichtlich ihrer Möglichkeiten zum Aufbau notwendiger Führungsgrößen für reaktives Greifverhalten untersucht. Abschließend werden vorhandene Ansätze bezüglich der in Abschnitt 2.2 definierten reaktiven Greifskills vorgestellt.

2.4.1. Sensorik für reaktives Greifen

Technische Reaktivität wird über Sensorik aufgebaut, auf die im Folgenden (beschränkt auf visuelle und kinästhetische Sensorik) näher eingegangen wird. Dazu wird dargestellt, wie die Sensorik in oder an einem Greifer eingebunden werden kann und welche reaktiven Möglichkeiten diese besitzen.

Visuelle Reaktivität in Greifern

Kamerasysteme können zur Unterstützung und dem Aufbau reaktiver Greifprozesse in verschiedensten Möglichkeiten eingebunden werden, Abbildung 2.5. Sie können stationär aufgestellt

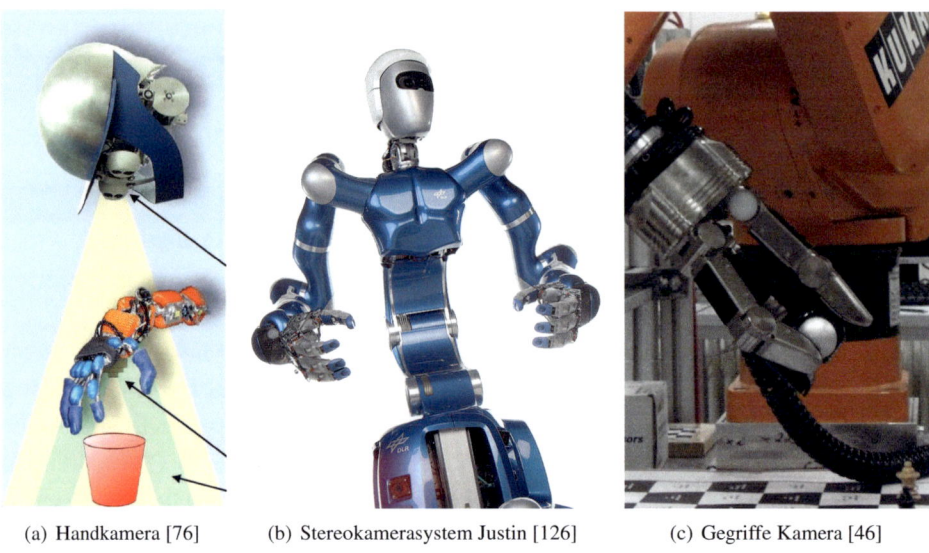

(a) Handkamera [76]   (b) Stereokamerasystem Justin [126]   (c) Gegriffe Kamera [46]

Abb. 2.6.: Greifsysteme mit visueller Reaktivität

oder an einer für den Greifer flexiblen Basis montiert sein [61, 81, 51]. Visuelle Systeme in einer relativen Nähe zum Greifer und nahe zum aufzubauenden Griff ermöglichen einen direkten Blick auf den Greifer und das zu manipulierende Objekt. Alternativ werden Kamerasysteme direkt im Greifer eingebunden. Dabei wird zwischen Handkamerasystemen, wie in [76] vorgestellt, und dem Greifen einer Kamera direkt mit dem Manipulator unterschieden [46]. Die Integration unterschiedlichster Kamerasysteme in reaktive Greifsysteme wird in Arbeiten von Miligehtti und Sanz vorgestellt [76, 94] und liefert sowohl eine Sicht auf das globale Umfeld als auch einen Blick in den Griff und das Zusammenspiel zwischen Greifer und Objekt. Die Klassifizierung verschiedenster Kamerasysteme erfolgt zum einen in Ein- oder Mehrkamerasysteme. Zum anderen ist eine Klassifizierung anhand der Anzahl aufnehmbarer Dimensionen Stand der Technik. Dabei werden Kamerasysteme in 2D, 2.5D bzw. 3D - Kamerasysteme unterteilt, gegebenenfalls mit Tiefeninformationen. 3D - Scanner, die ebenfalls optische Abbildungen einer Umgebung aufzeichnen, gehören auch in die Klasse der visuellen Wahrnehmung. Beispielhaft werden in Abbildung 2.6 drei reaktive Greifsysteme dargestellt, deren Reaktivität beim Greifen auch auf visueller Sensorik beruht. Reaktive Greifskills visueller Systeme basieren auf der Auswertung und Verarbeitung aufgenommener Bilder. Mittels bildverarbeitender Methoden und einer Objekterkennung werden sichtbare Objekte auf Grundlage der zugehörigen 2D oder 3D Punktwolke in bekannte und unbekannte Objekte klassifiziert [15, 88, 132]. Sowohl für bekannte als auch unbekannte Objekte sind Greifstrategien zum Aufbau von Grif-

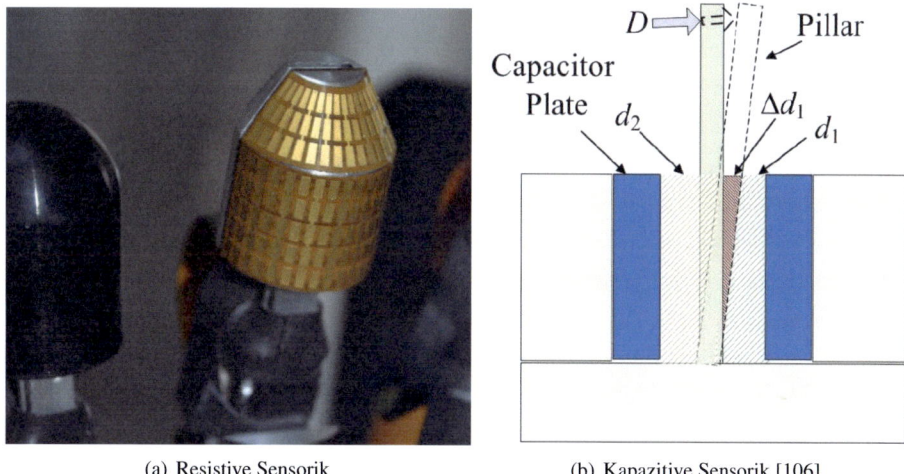

(a) Resistive Sensorik   (b) Kapazitive Sensorik [106]

Abb. 2.7.: Greifsysteme mit kinästhetischer Reaktivität

fen gegeben. Eine störungsfreie und korrekte Objekterkennung ist maßgeblich für den Aufbau guter Griffe, da eine fehlerhafte Annahme nicht detektiert werden kann und aus ihnen fehlerhafte Aktionen hervorgehen. Zur Lösung des visuell geführten Greifens haben sich nach [46] drei Herangehensweisen etabliert:

Image Based Visual Servoing (IBVS):   Detektierte und bewertete Abweichungen fehlerbehafteter Griffe innerhalb aufgenommener Kamerabilder resultieren direkt in Neu - und Umpositionierungen der verwendeten Kinematik [21]. Beispielhaft wird in [55] ein IBVS Ansatz verwendet, um mit Hilfe einer Bildtrajektorie texturierte Objekte zu greifen.

Position Based Visual Servoing (PBVS):   Bei diesem Verfahren werden mit Hilfe aufgenommener Bilder aktuelle Positionen eines Greifers oder einer Kinematik geschätzt und nachgeregelt. Dieser Ansatz dient zur Untersützung und robusten Durchführung von Greifprozessen auch bei fehlgeschlagenem visuellen Tracking [113, 118].

2.5D Visual Servoing: Dieser hybride Ansatz kombiniert entsprechend der Ausarbeitungen von E. Malis und F. Chaumette Teile der IBVS und PBVS [74].

Kinästhetische Reaktivität

Kinästhetisches reaktives Greifen basiert auf einem integrierten Tastsinn, dessen Entwicklung bis auf die Arbeiten von Begej, Hollerbach und Jacobson zurückzuführen ist [6, 52, 62]. Wird die Sensorik zur aktiven Abtastung und Aufnahme von Informationen verwendet, so bezeichnet man das als haptische Wahrnehmung [10, 38, 37]. Im Gegensatz dazu steht die taktile Wahrnehmung, die infolge einer passiven Berührung oder Kontaktaufnahme Informationen liefert. Kinästhetische Sensoren können in berührende und nicht berührende Sensoren klassifiziert werden. Nicht berührende Sensoren basieren auf kapazitiven, magnetischen oder optischen Prinzipien und ermöglichen Objektanalysen ohne direkten Objektkontakt [34, 57], Abbildung 2.7. Dazu können Aussagen bezüglich detektierter Abmessungen, wahrgenommenen äußeren Erscheinungen aber auch der generellen Positionierung und Orientierung gehören. Berührende taktile Sensoren sind im Gegensatz dazu druck- oder kraftmessend und basieren zumeist auf piezoresistiven bzw. piezoelektrischen Messverfahren [71, 102, 121, 122]. Auch berührende kapazitive Sensoren sind möglich [64, 106]. Kinästhetische Sensoren können keinen adäquaten Ersatz zur menschlichen Haut bilden, da diese neben dem Tastsinn auch Informationen über beispielsweise die Objekttemperatur, die Oberflächenbeschaffenheit oder die Feuchtigkeit aufnehmen kann. Dennoch sind kinästhetische Sensoren ein wesentlicher Schlüssel zum Aufbau reaktiver Greifskills, da sie eine Vielzahl von Informationen über den aktuellen Griff und dessen Eigenschaften beinhalten. Es existiert eine eingeschränkte Auswahl an Greifertechnologien, die mit taktiler Sensorik unterschiedlichster Auflösung ausgestattet sind, siehe Abschnitt 2.4.2. Neben klassischen Manipulationen im industriellen Bereich oder der Servicerobotik ist auch der Einsatz taktiler Sensoren im medizintechnischen Bereich möglich [31]. In [100] wurde ein taktiles Sensorsystem in einem laparoskopischen Greifer innerhalb der minimal-invasiven Chirurgie integriert, um das fehlende aber notwendige Feedback gegriffener Organe geben zu können. Dehnmessstreifen können in Mehrfingergreifer integriert werden und dazu beitragen, Kontaktkräfte zu ermitteln. Beispielhaft dafür wurden in der Barrett Hand Dehnmessstreifen in Kombination mit taktilen Sensoren integriert, um Aussagen über Kontaktkräfte zu geben [2]. Ein ähnlicher Ansatz wurde in der Utah / MIT Dextrous Hand umgesetzt, bei dem ein gekoppelter Kraftregler, bestehend aus Kraft- und taktilen Sensoren, zur Analyse wirkender Kräfte aufgebaut wurde. Hierbei wurde das Tiefpassverhalten der taktilen Sensorik als stabilisierende, d.h. beruhigende Sensorik hervorgehoben [64].

Kombinierte Reaktivität im Greifer

Eine weitreichende Reaktivität kann über die Verknüpfung unterschiedlichster Sensoren innerhalb reaktiver Greifsysteme aufgebaut werden. In verschiedenen Ansätzen werden visuelle und kinästhetische Sensoren kombiniert, um bereits vor dem Objektkontakt reaktives Verhalten in den Greifer zu integrieren, Abbildung 2.6 [11, 128, 86]. Beispielhaft sind hierfür die Arbeiten von Allen und Greitmann an der Barrett Hand bzw. der GRIPCAM [2, 41]. Sie können Kontaktpunkte zwischen Greifer und Objekt auch außerhalb der taktilen Sensorik detektieren.

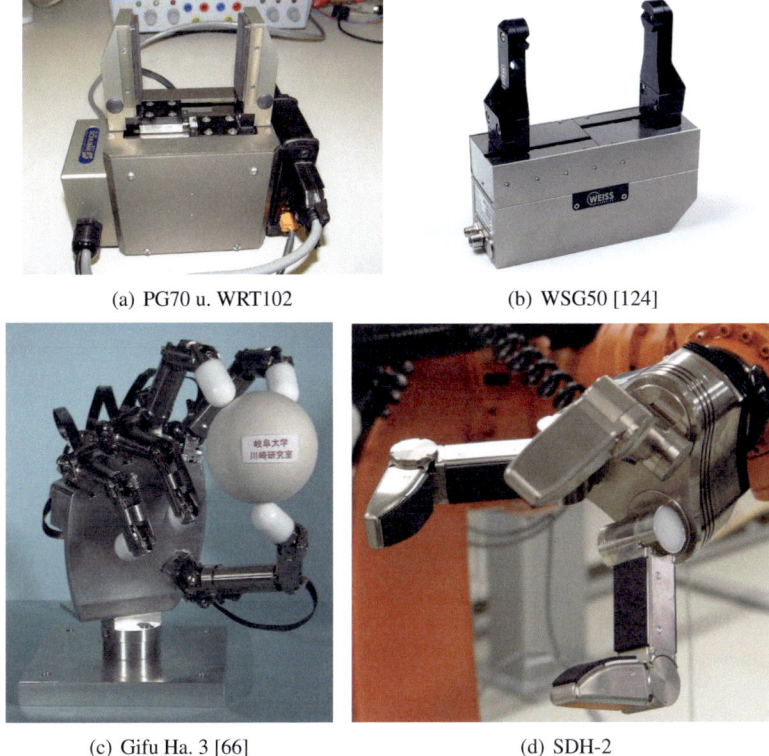

(a) PG70 u. WRT102　　　　　　　　(b) WSG50 [124]

(c) Gifu Ha. 3 [66]　　　　　　　　(d) SDH-2

Abb. 2.8.: Mehrfingergreifer Teil 1

Kontakte werden dabei über Kraftsensoren festgestellt und durch die visuelle Sensorik örtlich aufgelöst. Alternativ zu diesem Ansatz wird in [108] ein Greifsystem präsentiert, in dem ein ortsfestes Stereokamerasystem dazu verwendet wird, die ungefähre Position und Orientierung des zu greifenden Objektes abzuschätzen und mittels taktiler Sensorik die Feinplanung für einen Griff aufzubauen.

2.4.2. Reaktive Greifertechnologie

Im Folgenden werden Greifer vorgestellt, die aufgrund ihrer integrierten Sensorik für den Aufbau reaktiver Greifskills herangezogen werden können. Da beim Aufbau visueller Reaktivität jeder existierende Greifer verwendet werden kann, werden nur Greifertechnologien vorgestellt, die eine integrierte Reaktivität haben [80].

PG70:　Der servoelektrische 2 - Finger - Parallelgreifer PG verfügt über eine feinfühlige Greifkraftregelung im Bereich $30 - 200N$, einem Hub von $70mm$ und einer vollständig inte-

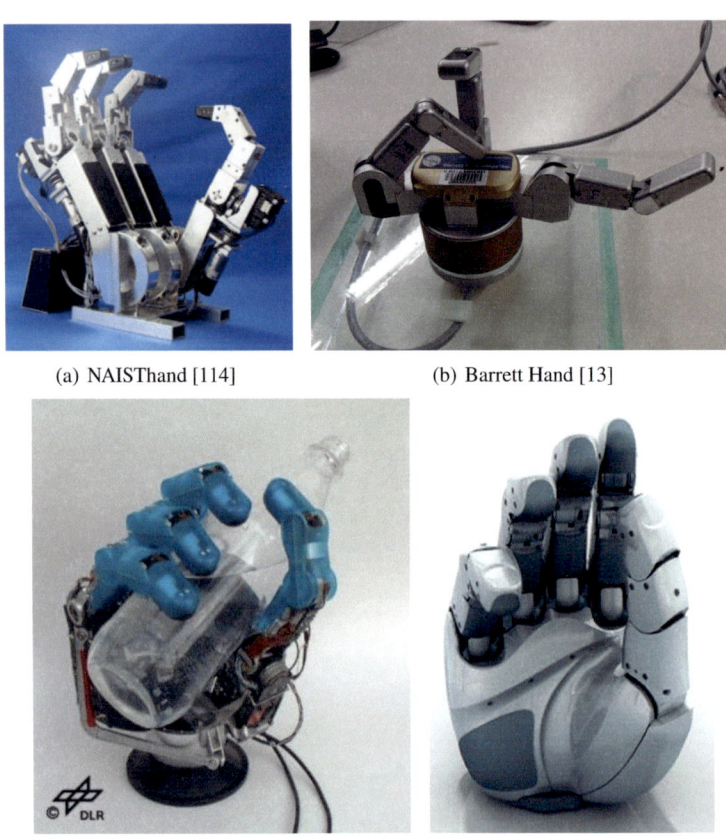

(a) NAISThand [114]   (b) Barrett Hand [13]

(c) DLR Hand 2 [51]   (d) HIT Hand 2 [51]

Abb. 2.9.: Mehrfingergreifer Teil 2

grierten Steuerelektronik. Mit der Erweiterung WRT102, einem taktilen Sensorsystem, kann der Greifer feinfühlig auf Eigenschaften gegriffener Objekte reagieren [102, 124].

WSG50: Mit dem 2-Finger-Parallelgreifer WSG steht erstmals einen sensibler Greifer zur Verfügung, der mit taktilen und auch kraftmessenden Greiferbacken ausgerüstet werden kann. Der Greifer lässt sich über Profibus DP, CAN oder Ethernet TCP/IP ansteuern und verfügt über einen integrierten Webserver. Bei einem Gesamthub von 110mm und einer maximalen Greifgeschwindigkeit von bis zu $450mm/s$ können variable Greifkräfte zwischen 5 und $120N$ aufgebaut werden [102, 124].

NAIST Hand: Die von Jun Ueda am Nara Institute of Science and Technology entwickelte Roboterhand NAIST ist mit 4 Fingern und insgesamt 12 Freiheitsgraden ausgestattet.

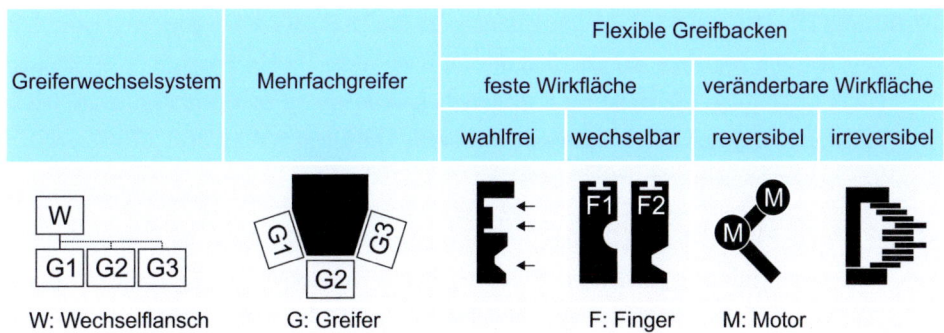

Abb. 2.10.: Flexibilität von Greifsystemen nach [120]

Alle Antriebe sind in der Handfläche integriert. Eine teleoperative Ansteuerung ist über einen Datenhandschuh CyberGlove möglich. Die Fingerspitzen sind mit Kraftsensoren und einem auf optischen, taktilen Sensorsystem ausgestattet [114, 115].

Shadow Hand: Die Shadow Hand gehört zur Klasse anthropomorpher Roboterhände. Die aktuellste Version, die "Shadow C6M Smart Motor Hand", ist mit Positions- Kraft-, Temperatur- und Stromsensoren ausgestattet, wiegt 4kg, hat eine Positionsgenauigkeit von ca. $0.2°$, ist mit CAN als Standard-Interface ausgestattet und kommerziell verfügbar [105]. Die Kraftmessung erfolgt dabei direkt am Sehnenpaar des Gelenkes.

Gifu Hand III: Die Gifu Hand III stellt dem Anwender fünf Finger mit 20 Gelenken und 16 Freiheitsgraden zur Verfügung. Die Fingerspitzen können mit 6-Achs-Kraftsensoren ausgestattet werden und Kräfte bis 2.7N erzeugen. Zusätzlich ist ein taktiles Sensorsystem mit insgesamt 624 Texeln integriert [65, 66].

Barrett Hand: Die Barrett - Hand ist ein Dreifingergreifer mit acht Gelenken und insgesamt vier Freiheitsgraden. Der Greifer ist mit taktiler Sensorik ausgestattet. Jeder Finger ist mit optischen Encodern zur Positionsbestimmung und Dehnungsmessstreifen zur Aufnahme axialer Beanspruchungen aufgrund externer Fingerbelastungen ausgestattet [33].

DLR/HIT Hand I: Die DLR /HIT - Hand basiert auf der DLR Hand II und steht als kommerzielle Version (SAH) zur Verfügung. Alle 4 Finger sind mit 4 Gelenken und 3 Freiheitsgraden ausgestattet (Fingerbeugung gekoppelt). Sie integriert insgesamt 65 Analog - Sensoren, hat 4 Kraftsensoren in den Fingerspitzen (max. 7N), maximale Gelenkgeschwindigkeiten von mehr als $180°/s$ und stellt dabei eine Signal - Abtastfrequenz von ca. $5kHz$ zur Verfügung [19, 51, 54, 72].

DLR Hand II: Basierend auf der DLR Hand stellt die DLR HIT Hand eine Weiterentwicklung dar, die aus einer Kooperation des DLR mit dem Harbin Institute of Technology (HIT) hervorging. Die Hand hat 5 modulare, jeweils mit 3 Freiheitsgraden ausgestattete Finger mit insgesamt 15 integrierten Antrieben. Die Hand verfügt über Absolutencoder und Momentensensoren in jedem Gelenk [51].

SDH2: Von der Firma SCHUNK wird seit 2008 die SDH-2, bestehend aus drei identischen Finger mit 7 Freiheitsgraden und einer integrierten, austauschbaren taktilen Sensorik, angeboten [101]. Die SDH2 verfügt über eine vollständig integrierte Elektronik, ist spritzwassergeschützt und kann Gelenkmomente von bis zu $2.1Nm$ (proximal) bzw. $1.4Nm$ (distal) aufbauen. Sie ist in der Lage, alle gängigen industriellen Griffe auszuführen und steht kommerziell zur Verfügung.

Wechselsysteme: Alternativ zum reaktiven Greifen mit einem einzelnen, intelligenten Mehrfingergreifer mit integrierter Sensorik kann die Vielfalt der zu greifenden Objekte auf einfache Greifer abbildet werden [4, 120]. Abbildung 2.10 gibt einen Überblick über verschiedene Möglichkeiten, wie einfache Greifsysteme, beispielsweise der PG70 und WSG50 an Manipulationsaufgaben angepasst werden können. Dabei können vielfältige Greiferbacken in den Greiferwechselsystemen und Mehrfachgreifern integriert werden, um die notwendige Flexibilität beim Greifen aufzubauen. Auch der Einsatz verschiedener Greifer sowie ein Schnellwechselsystem innerhalb eines Greifsystems sind denkbar.

2.4.3. Existierende Ansätze zur Greifplanung

Reaktive Greifskills und reaktives Greifen beruhen auf bekannten Führungs- und Kenngrößen idealer Griffe, die innerhalb der Manipulationskonfiguration gefunden werden müssen. Innerhalb dieses Abschnittes werden daher existierende Ansätze zur Greifplanung und zum Aufbau von Griffen aufgezeigt.

Greifplanungssysteme

GraspIt!: Ein weit verbreitetes Greifplanungsprogramm ist GraspIt!, [77]. GraspIt! enthält verschiedenste Modelle aktueller Mehrfingergreifer, kann dynamische Einflüsse innerhalb der Simulationsumgebung einbinden und zu importierten Greifobjekten optimierte Griffe berechnen, Abbildung 2.11(b). GraspIt! ist aufgrund seines monolithischen Aufbaus schwer zu erweitern. Das Ergänzen von Funktionalitäten sowie die Integration und Handhabung verschiedener Sensorik wird dadurch erschwert und verhindert damit den Einsatz von GraspIt! im Aufbau reaktiver Greifskills, die auf den Ergebnissen der Greifplanung basieren müssen.

Neo/NST mit Vortex: Die grafische Entwicklungsumgebung Neo/NST [91, 92, 110] der Universität Bielefeld, erweitert mit der Physik - Engine Vortex [85], kann Objektkontakte in Echtzeit berechnen und ermöglicht auf sehr intuitive Weise den Aufbau benutzergeführter Greifer - Objekt - Beziehungen. Ein solch intuitiver Ansatz ist in Kombination mit derzeit fehlenden, assistierenden Methoden und intuitiven Algorithmen zum Griffaufbau in der Lage, den Übergang von rein wissenschaftlicher Entwicklung zur industriellen Anwendung zu schaffen.

OpenRAVE: Die von Rosen Diankov entwickelte Entwicklungsumgebung für Robotersysteme OpenRave - Open Robotics and Animation Virtual Environment fokussiert sich auf autonome Bahnplanungen für ganzheitliche Robotersysteme [28]. Die integrierte API ermöglicht externe Ansteuerungen basierend auf Python, Octave und Matlab. Der modulare Aufbau von OpenRAVE erlaubt das nachträgliche Hinzufügen von Plugins.

OpenGRASP: Ein auf OpenRAVE aufbauendes Tool ist OpenGRASP vom KIT [40], Abbildung 2.11(a). OpenGRASP erweitert OpenRAVE um Möglichkeiten zur Greifplanung. Dazu wurden taktile und kraft messende Sensoren, ergänzende Aktuatoren, die Physik-Engine PALrave und ein Robotermanipulator integriert [83, 69]. OpenGRASP entsteht dabei im Rahmen des EU Projektes GRASP, bei dem es um die Entwicklung kognitiv greifender und manipulierender Systeme geht.

Simox: Simox ist eine Plattform - unabhängige C++ Entwicklungsumgebung, mit der Griffe in virtuellen Umgebungen geplant werden können, Abbildung 2.12. Simox besteht aus den drei Hauptmodulen Robotervisualisierung, Bewegungsplanung und Greifplanung und beinhaltet Methoden und Komponenten zur Analyse und Bewertung von Griffen sowie zur Berechnung der Griffqualität. Da erste Versionen von Simox erst seit Mitte 2010 verfügbar sind, werden Möglichkeiten und Umfang der integrierten Greifplanung nicht bewertet. Eine detaillierte Einführung in Simox kann in [116, 117] gefunden werden.

Ansätze zum Finden stabiler Griffe

Das Ziel einer Greifplanung besteht im Finden eines stabilen Griffes, basierend auf generellen und individuellen Kriterien. Verschiedenste Ansätze werden in wissenschaftlichen Veröffentlichungen diskutiert, die sich mit dem Auffinden optimaler Griffe und möglicher Griffkandidaten auseinander setzen. Im Nachfolgenden werden grundlegende Ansätze vorgestellt:

Grundformzerlegung: A. Miller zerlegt CAD - Geometrien in primitive Grundformen wie Rechtecke, Kugeln oder Zylinder, um auf diese Art und Weise die Komplexität existie-

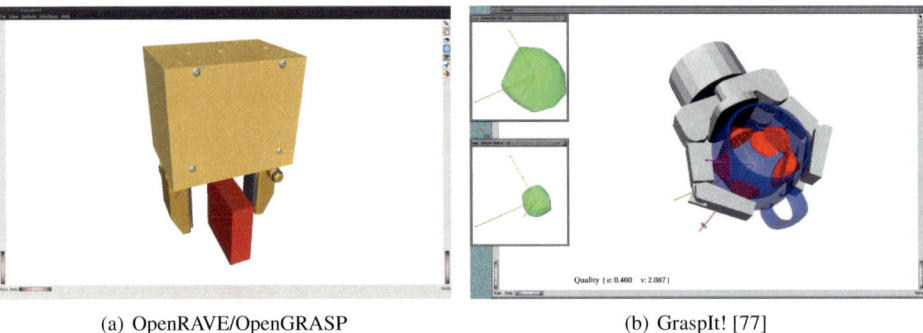

(a) OpenRAVE/OpenGRASP   (b) GraspIt! [77]

Abb. 2.11.: Greifplanungssysteme OpenRAVE/OpenGRASP und GraspIt!

render Suchalgorithmen zu vereinfachen und auf Basis dieser Grundformen mögliche Griffkandidaten zu definieren [78], Abbildung 2.13(a).

Superquadriken: C. Goldfeder teilt, äquivalent zur Grundformzerlegung von Miller, CAD - Geometrien in eine definierbare Anzahl an Superquadriken, um mögliche Greifkandidaten zu finden [35], siehe Abbildung 2.13(b).

Box-basierte Approximation: In einer Ausarbeitung von K. Hübner wird das zu greifende Objekt durch eine minimale Bounding Box repräsentiert, um erste Griffkandidaten zu definieren, Abbildung 2.13(c). In einem rekursiven Verfahren wird die Zerlegung in weitere, kleinere und damit die reale Geometrie besser approximierende Rechtecke verfeinert, bis ein optimaler Griff gefunden wird [59, 60].

Impuls-basiert: Zhixing Xue schlägt eine impuls - basierte Greifplanung vor, in dem sich ein zu greifendes Objekt relativ zum Greifer auf definierten Trajektorien, in wechselnder Orientierung und innerhalb zulässiger Räume bewegt und auf diese Weise Griffvorschläge anbietet [130], Abbildung 2.13(e).

Mediale Achsen: In einem von M. Przybylski definierten Ansatz werden mediale Achsen innerhalb aufgenommener Punktwolken berechnet, Abbildung 2.13(d). Auf Grundlage der sich ergebenen Struktur der Achsen, die gleichzeitig die Hauptachsen der Objektgeometrie wiedergeben, werden mögliche Anrückbewegungen für den Greifer und damit mögliche Griffkandidaten identifiziert [87].

Wissensbasis: In einer ebenfalls von Zhixing Xue vorgestellten Greifplanungssoftware aus dem Bereich Servicerobotik werden 3D - Repräsentationen zu greifender Objekte mit einem beweglichen Stereo-Kamera-System aufgenommen und zugehörige Griffe definiert.

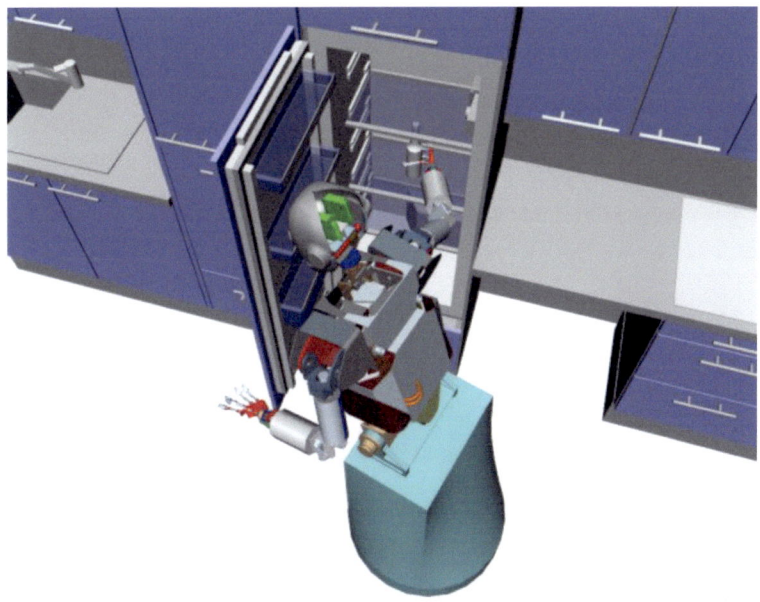

Abb. 2.12.: Simulationsumgebung Simox [116]

Diese Informationen werden in einer Wissensbasis hinterlegt, auf die im Greifprozess zurückgegriffen werden kann [128].

Statistische Ansätze: In einem Versuch von Yasemin Bekiroglu werden infolge simulierter Griffe und auf Grundlage extrahierter Feature - Vektoren einer taktilen Sensorik zwei Hidden Markov Modelle trainiert, die stabile und instabile Griffe beschreiben. Auf Basis dieser Modelle werden anschließend beliebige umgesetzte Griffe bereits vorab als stabil bzw. instabil klassifiziert [7, 8].

Das Auffinden sinnvoller Griffe bzw. Griffkandidaten kann prinzipiell, jedoch nicht robust, deterministisch und mit einem minimalen Zeitaufwand mit den vorangestellten Verfahren realisiert werden. Optimale Griffe werden basierend auf Gütekriterien definiert und ignorieren dabei wesentliche bekannte Anforderungen an individuelle Griffe. Der optimale Griff kann nicht immer allein auf Aufnahmen von Punktwolken oder gegebenen CAD - Geometrien basieren, sondern ist zwingend auf gegebene Randbedingungen, die in ihrem Umfang in keiner vorgestellten Greifplanungssoftware aufgenommen werden können, angewiesen. Sicherheitskritische Randbedingungen, beispielsweise eine existente Temperaturverteilung, die zu Beschädigungen am Greifer selbst führen können, bleiben unbeachtet. Ein assistierender Aufbau benutzerdefinierter Griffe und die damit verbundene, exakte Übertragung einer Manipulationsidee ist in

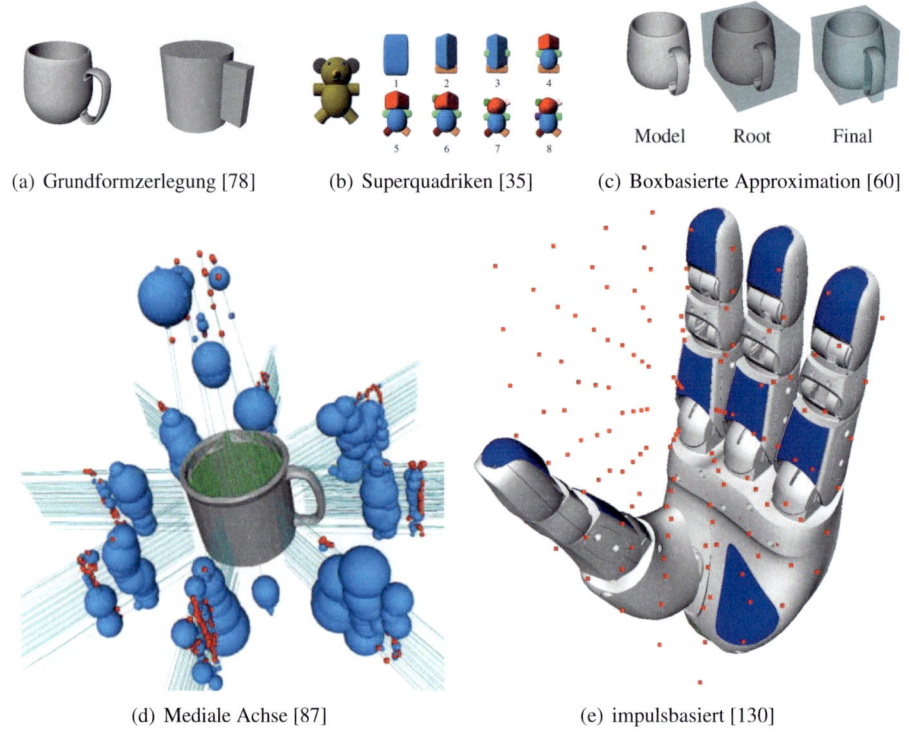

(a) Grundformzerlegung [78]   (b) Superquadriken [35]   (c) Boxbasierte Approximation [60]

(d) Mediale Achse [87]   (e) impulsbasiert [130]

Abb. 2.13.: Greifplanungsansätze zum Finden stabiler Griffe

keiner der vorgestellten Software integriert oder vorgesehen, deren Notwendigkeit aber bereits vielfach diskutiert [125, 128]. Diese Lücke muss, insbesondere mit Blick auf eine Übertragung der Ausarbeitungen in industrielle Anwendungen, mit der in Abschnitt 4 vorgestellten Software zur Greifplanung geschlossen werden.

2.4.4. Stand der Forschung: Reaktive Greifskills

Für die in Abschnitt 2.2 definierten reaktiven Greifskills werden im Folgenden existierende Vorarbeiten vorgestellt.

Reaktive Eigensicherheit

Wissenschaftliche Arbeiten über das Greifen mit Mehrfingergreifern gehen allesamt stets von einer gegebenen, kollisionsfreien Startposition (Pre - Grasp - Position) zum Greifen von Objekten aus, um beispielsweise anhand dieser optimale Griffe an Objekten zu bestimmen [111,

130, 134]. Einige Ausarbeitungen analysieren offline die Startpositionen einer Bewegung auf Kollisionsfreiheit und setzen mit der Begründung nahezu äquivalenter Fingergeschwindigkeiten die weitere Kollisionsfreiheit im Bewegungsablauf voraus [93, 133]. Zhixing Xue diskutiert in [131] die Notwendigkeit einer Kollisionserkennung für Mehrfingergreifer, um Eigenkollisionen zu verhindern und autonome Bewegungen zu ermöglichen. Xue stellt dafür im Rahmen einer simulierten Greifplanung eine auf der Bibliothek CATCH basierende Methode vor, um online Kollisionen eines Mehrfingergreifers mit zur greifenden Objekten zu bestimmen [138]. In einem ähnlichen Ansatz von F. So in [107] werden Fingerkuppen zugunsten eines minimalen Rechenaufwands durch zylindrische Primitive derart stark vereinfacht, sodass ihre Auswertung in RT - Anwendungen ermöglicht wird. Exakt approximierende Eigenkollisionserkennungen sind heutzutage für Mehrfingergreifer nicht gegeben. Autonome Bahnplanungssysteme für serielle Robotersysteme bzw. Roboterarme sind heutzutage Stand der Technik [12, S. 35]. Mehrfingergreifer stellen im Gegensatz dazu parallele Kinematiksysteme dar. Existierende Verfahren für derartige Überführungen benutzen Variationen der kollisionsvermeidenden Potentialfeldmethode [5] sowie des "Probabilistic Roadmap" - Verfahrens (RMP) [68, 67]. Eine Umsetzung der Potentialfeld - Methode auf Mehrfingergreifer, die auf anziehenden und abstoßenden Polen basiert, kann dabei nicht sicherstellen, dass eine Zielposition erreicht wird, da der Algorithmus in lokalen Minima der Potentialfunktion endet [73]. Im Gegensatz dazu wird in dem RMP - Algorithmus eine Kollisionserkennung verwendet, um ein sicheres Anfahren der Zielposition zu gewährleisten [95]. Beide Varianten sind für Offline-, nicht aber für Online - Berechnungen zulässiger Überführungstrajektorien geeignet und können damit nur eingeschränkt in reaktiven Greifprozessen Verwendung finden. Eine ausführliche Gegenüberstellung existierender Verfahren kann in [47] nachgelesen werden. Die Integration intuitiv zugänglicher und sicherheitskritischer Eingriffe in die bzw. als Ablaufsteuerung einer seriellen Kinematik wurde bereits in unterschiedlichen Arbeiten diskutiert [89, 98, 99]. Dieser Ansatz soll, basierend auf taktilen Aufnahmen, auf Mehrfingergreifer übertragen werden. Eine Eigensicherheit des Greifers im Hinblick auf unzulässige Belastungen infolge extern einwirkender Kräfte kann äquivalent zur in [42] beschrieben taktilen Kraftregelung als Nullkraftregler mit zugehörigem Feedback übertragen werden.

Reaktives Greifen

Erste Ansätze für reaktives Greifen durch visuelle Reaktivität werden in [56, 94] vorgestellt, bei dem durch Auswertung aufgenommener Abbildungen Um- und Neupositionierungen des Greifers vorgenommen werden. Dagegen werden in [57] und auf Basis optischer taktiler Sensoren Griffe bereits vor dem Objektkontakt bewertet und der auszuführende Griff optimiert. In einer Arbeit von Takahashi wird adaptives Greifen als ein aus der Kombination aus Kraft- und

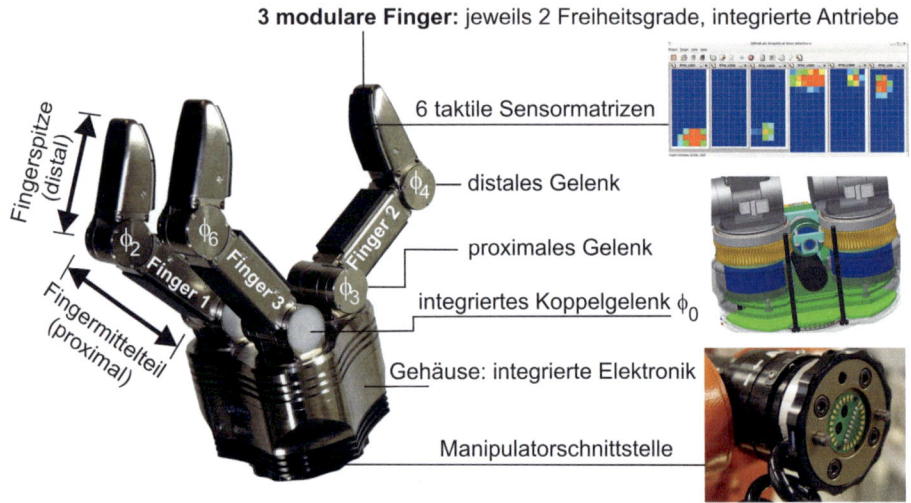

Abb. 2.14.: Die SCHUNK Dextrous Hand SDH2 [43]

Positionsregelung zusammengesetztes Verfahren beschrieben, bei dem über ergänzende taktile Sensoren das sichere und stabile Greifen unbekannter Objekte realisiert werden soll [111]. Maximal zulässige Greifkräfte werden dabei offline vorgegeben und reaktiv an das gegriffene Objekt angepasst. Die Bewegung ist dabei ausschließlich kraftgesteuert und berücksichtigt keine sicherheitskritischen Aspekte und gegebene Randbedingungen während der Manipulation.

Reaktive Greifstrategie

Die in diesem Kontext als reaktive Greifstrategie bezeichnete Fragestellung beschäftigt sich mit dem Aufbau von Fingerkräften [23, 127, 135] und der sicheren, kollisionsfreien Überführung einzelner Finger ausgehend von einer bereits angefahrenen Pre - Grasp - Stellung in eine Grasp - Position. N. Gorges erwähnt in [38] ein Konzept, nachdem Mehrfingergreifer stets "von unten nach oben" geschlossen werden, d.h. proximale Gelenke schließen vor distalen Gelenken. Diese sicherheitskritische Überlegung stellt sicher, dass beim Greifen deplatzierter, fehlerhafter oder auch unbekannter Objekte der Greifer und seine taktile Sensorik nicht beschädigt werden. Das individuelle Verhalten und auch die resultierende Ansteuerung eines Greifers in diesen Fällen, insbesondere bei gegebenen (räumlichen) Randbedingungen bleibt offen. Dieser Ansatz muss für eine Handhabung nachgiebiger Objekte und in eingeschränkten Arbeitsräumen erweitert werden. Gleichzeitig bleiben Fragestellungen hinsichtlich der eigensicheren Bahnplanung und dem individuellen Gelenkverhalten ungeklärt.

Reaktive Griffoptimierung

Für Griffe, die aufgrund der limitierten Reichweite der Kinematik nicht ausgeführt werden können, existieren im Kontext der Griffoptimierung Ansätze zur Bewertung und anschließenden Umpositionierung des Objektes [132, 134]. Gleichzeitig können durch das Ausrichten eines Objektes notwendige Arbeitsräume und Haltekräfte verringert werden [20]. Zur Beurteilung der Griffgüte werden in [8] nominelle und aktuelle taktile Sensordaten in Feature - Vektoren zerlegt, um taktile Abbildung zu repräsentieren und zu vergleichen. Dazu werden neben Bildmomenten bis zur zweiten Ordnung auch die Lage des Schwerpunktes, die Kontaktgröße und der mittlere Druck erfasst.

Reaktive Griffsicherung

Das Festhalten gegriffener Objekte basiert auf Kraftmomentensensoren, einem kraftschlüssigem Griff und ihrem "Grasp Wrench Space" am Objekt [32]. Dafür werden messbare Gelenkkräfte in auf ein Objekt einwirkende Kräfte umgewandelt und anhand dieser und notwendigen Objekteigenschaften die Stabilität eines Griffes abgeleitet und optimiert [129]. Für das Festhalten gegriffener Objekte mit Hilfe von taktilen Sensoren existieren verschiedene Ansätze. Bereits bestehende Ausarbeitungen analysieren das Objektverhalten im Greifer, detektieren in Echtzeit Rutschbewegungen und passen aufgrund dieser Information die Stabilität des Griffes an [22, 27, 29, 49, 111, 137]. Verwandte Arbeiten zur taktilen Griffstabilität sind [7, 8, 82]. Alternativ aber mit einem optischen Sensor realisiert K. Hsiao in [57] den Aufbau stabiler Griffe.

2.5. Zusammenfassung

Die nachfolgenden Ausarbeitungen werden beispielhaft am Mehrfingergreifer SDH2 durchgeführt, Abbildung 2.14. Mit der SDH2 steht ein Mehrfingergreifer zur Verfügung, der aufgrund seiner elektronisch voll integrierten Bauweise die notwendigsten Anforderungen im Bereich Zuverlässigkeit und Robustheit erfüllen kann und gleichzeitig kommerziell erhältlich ist. Die SDH2 kann alle im industriellen Umfeld gängigen Griffe: Parallel-, Zentrisch-, Zylinder und den großen 3-Finger-Zentrischgriff parallel abbilden, Abbildung 2.15. Für die fehlende, vollständig benutzergeführte Greifplanung von optimalen Griffen, dem der Grundgedanke der exakten Übertragung einer existierenden Manipulationsidee zugrunde liegt, muss ein Tool mit assistierendem und leitendem Charakter zur Verfügung gestellt werden. Infolge der engen Verknüpfung mit aufzubauenden reaktiven Greifskills kann diese Software auf keiner der vorgestellten Greifplanungssysteme basieren. Sie wird hinsichtlich einer Anwenderfreundlichkeit, d.h. der Ansteuerung für "Jedermann", unter gesonderter Beachtung der für die Griffkonfiguration und -optimierung benötigten Zeit und dem Ausschluss möglicher Fehlerquellen optimiert.

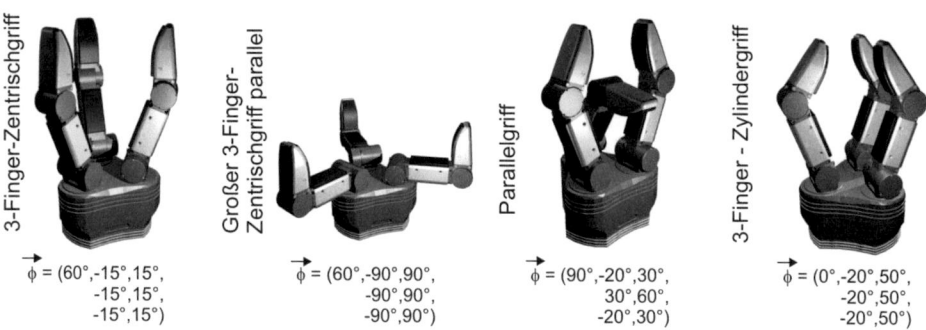

Abb. 2.15.: Industrielle Griffe mit der SDH2

Existierende Ansätze reaktiver Greifskills werden innerhalb der Arbeit übernommen und auf die SDH2 übertragen. Die für den Aufbau der Skills grundlegenden Funktionen werden im nachfolgendem Kapitel näher beschrieben. Auf Basis dieser Ergebnisse werden in Kapitel 5 verschiedene Greifskills aufgebaut und implementiert.

KAPITEL 3

METHODEN UND FUNKTIONEN FÜR REAKTIVES GREIFEN

Innerhalb des Kapitels werden Funktionen und Methoden hergeleitet, die für den Aufbau reaktiver Greifskills grundlegend sind, Abbildung 2.3. Sie setzen klassische Ansteuerungsverfahren um, extrahieren Informationen aus einer integrierten Reaktivität und repräsentieren elementare Funktionen. Die dargestellten Verfahren bilden dabei keine abgeschlossene Einheit, sondern sind vielmehr als beliebig, den Anforderungen und Aufgabenstellungen eines reaktiven Greifprozesses anpassbare und erweiterbare Bibliothek anzusehen, auf die weiterführende reaktive Skills Bezug nehmen können.

3.1. Analyse der integrierten Reaktivität

Die im Mehrfingergreifer integrierte Reaktivität setzt sich aus einem kinästhetischen, taktilen Sensorsystem und gelenk- bzw. temperaturspezifischer Sensorik zusammen. Taktile Sensoren sind ein wesentlicher Schlüssel zum Aufbau reaktiver Greiffähigkeiten. Sie bilden den Tastsinn des Greifers und geben ein kontinuierliches Feedback über die Eigenschaften und das zeitliche Verhalten eines Griffes. Dazu gehören Aussagen über die Kontaktintensität, Kontaktverteilung, Griffgüte aber auch bezüglich der übertragenen Kräfte und die damit verbundene Stabilität eines Griffes. Ergänzend enthalten taktile Sensoren diskrete Informationen (Kontakt, kein Kontakt, Kontaktverlust), die Einfluss auf die Ablaufsteuerung eines reaktiven Greifprozesses haben können [108]. Die Extraktion dieser Kenngrößen bildet die Basis der möglichen Reaktivität. Im Nachfolgenden wird das taktile Sensorsystem vorgestellt und analysiert. Anschließend wird das reaktive Ansteuerungsverhalten des Mehrfingergreifers aufgezeigt.

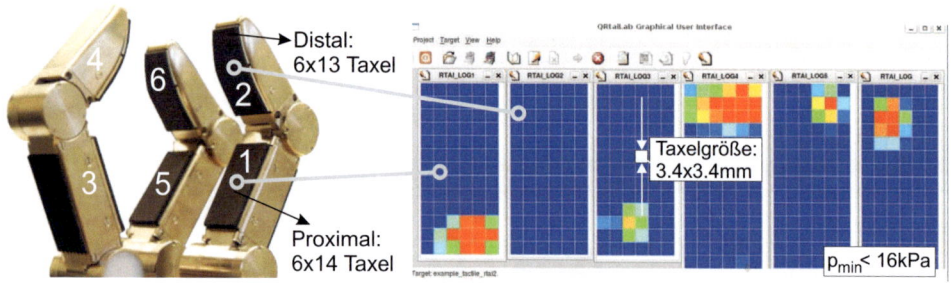

Abb. 3.1.: Das taktile Sensorsystem der SDH2

3.1.1. Das taktile Sensorsystem der SDH2

Abbildung 3.1 stellt das taktile Sensorsystem der SDH2 vor. Jeder der drei Finger verfügt über zwei unabhängige taktile Sensormatrizen mit einer Auflösung von 6×13 (distal) bzw. 6×14 (proximal) Taxeln, die eine räumliche Auflösung von $3.4 \times 3.4mm$ aufweisen. Insgesamt verfügt die SDH2 damit über $n = 486$ auf einem resistiven Messverfahren beruhende taktile Kontaktstellen. Die Druckaufnehmer sind für einen nominellen Messbereich von $(16kPa \leq p_{nom} \leq 250kPa)$ ausgelegt [124]. Dabei ist die maximal erfassbare Druckstärke stark von der Art der

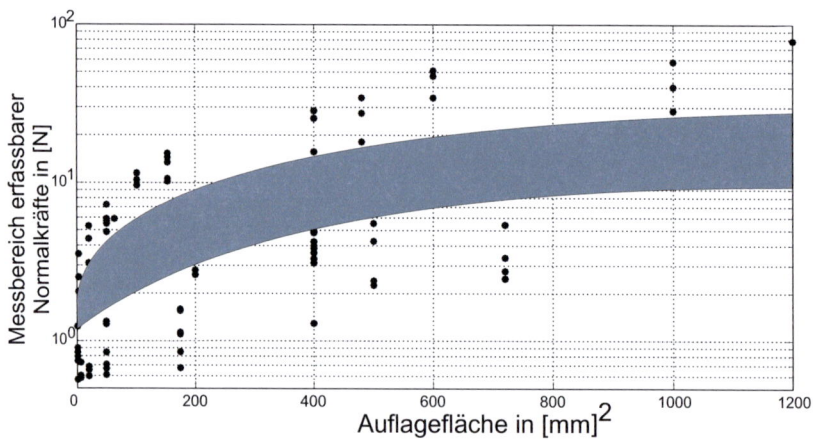

Abb. 3.2.: Kontaktabhängiger Messbereich der in der SDH2 integrierten taktilen Sensorik

äußeren Belastung abhängig und kann damit nicht eindeutig bestimmt werden. Abbildung 3.2 stellt aufgenommene Kennlinien der Sensorik in Abhängigkeit von der Größe der Kontaktfläche dar. Die Taktfrequenz des Sensors liegt bei einer Auflösung von 12bit bei $f_t \approx 30Hz$ [34, 122].

3.1.2. Kraftkennlinie taktiler Sensoren

Der Zusammenhang zwischen einem Sensorwert $t_{i,j}$ eines Taxels i, j innerhalb einer Sensormatrix T_s und der repräsentierten Normalkraft $f_{i,j}$ ist wesentlich für die Fähigkeit eines reaktiven Greifsystems, gezielt Kräfte auf ein Objekt zu übertragen und wird auf Basis taktiler Kalibriermatrizen bei gleichzeitiger Kenntnis über die zugehörige Belastung abgeleitet, Abbildungen 3.4 und 3.5. Die gesamte auf die Matrix einwirkende Kraft ist mit F_{Ts} gegeben. Die Summe aller einzelnen taktilen Sensorwerte $t_{i,j}$ wird mit t_Σ bezeichnet. Damit lässt sich die aktuell auf einen Taxel i, j einwirkende Kraft $f_{i,j}$ wie folgt abschätzen:

$$f_{i,j} = \frac{t_{i,j}}{t_\Sigma} \cdot F_{Ts}. \qquad [3.1]$$

Ein taktiler Taxel i, j erreicht seinen maximalen Sensorwert $t_{i,j,max} = t_{max}$ bei der Kraft $f_{i,j,max}$. Abbildung 3.6 stellt überlagert die Kennlinien $t_{i,j} = g(f_{i,j})$ der Kalibriermatrizen und damit die Varianz der Empfindlichkeit identischer Taxel dar. Auch die Empfindlichkeit eines einzelnen Taxels ist nicht konstant, hängig von der Art der äußeren Belastung ab, steigt mit der Anzahl inaktiver Nachbarzellen und zeigt eine Abhängigkeit vom Verlauf der taktilen Belastung in einem Bereich um den betrachteten Taxel. Der Zusammenhang zwischen einem Sensorwert $t_{i,j}$ und der damit einhergehenden Kraft $f_{i,j} = g_2(t_{i,j})$ kann näherungsweise durch ein Polynom 3. Ordnung approximiert werden (Abbildung 3.3):

$$f_{i,j} = g_2(t_{i,j}) = \sum_{n=1}^{4} q_n \cdot \left(t_{i,j}\right)^{(4-n)}, \qquad [3.2]$$

dessen Koeffizienten sich über den Ansatz:

$$\vec{q} = \begin{pmatrix} \frac{4 \cdot f_{i,j,max} \cdot (-1+v)}{t_{max}^3 \cdot v} & \frac{-(6 \cdot f_{i,j,max} \cdot (-1+v))}{t_{max}^2 \cdot v} & \frac{f_{i,j,max} \cdot (-2+3 \cdot v)}{t_{max} \cdot v} & 0 \end{pmatrix} \qquad [3.3]$$

berechnen lassen. Die Linearität der Kennlinie $f_{i,j} = g_2(t_{i,j})$ kann über den Freiheitsgrad v variiert werden. Für die Berechnung der Koeffizienten $\vec{q} = \begin{pmatrix} q_1 & q_2 & q_3 & q_4 \end{pmatrix}^T$ ist die Kenntnis über die maximal messbare Kraft $f_{i,j,max}$, die eine Sensorzelle im digitalisierbaren Bereich $[0, t_{max}]$ aufnehmen kann, erforderlich. Diese Kraft ist belastungsabhängig und kann in Abhängigkeit der Anzahl inaktiver Nachbarzellen $I_{i,j}$ und der Abweichung $\rho_{i,j}$ vom umgebenden Mittelwert $\bar{t}_{i,j}$ des betrachteten taktilen Umfeld bestimmt werden:

$$f_{i,j,max} = x_1 + x_2 \cdot I_{i,j} + x_3 \cdot \rho_{i,j} \qquad [3.4]$$

mit:

$$\rho_{i,j} = t_{i,j} - \bar{t}_{i,j}. \qquad [3.5]$$

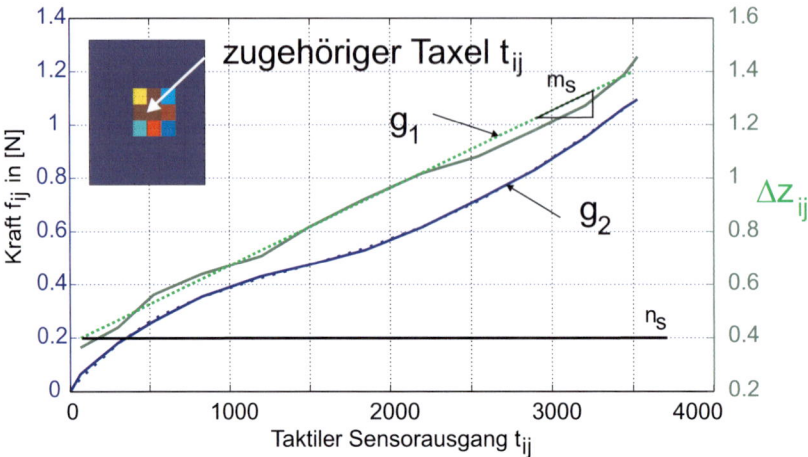

Abb. 3.3.: Kennlinie der taktilen Sensorik

Die diesem Ansatz zugrunde liegenden Koeffizienten $\vec{x} = \begin{pmatrix} x_1 & x_2 & x_3 \end{pmatrix}$ werden mittels der vorliegenden Kalibrieraufnahmen festgelegt. Abbildung 3.6 zeigt, dass innerhalb der Kalibrieraufnahmen $f_{i,j,max}$ bei nicht ausreichend belasteten Taxeln i, j unbekannt ist. In diesem Fall wird $f_{i,j,max}$ anhand der zugehörigen und vorliegenden Belastung f_m beim maximal gegebenem Sensorwert t_m mit einem heuristisch bestimmten Offset Δf von $\Delta f \approx 0.25 [N]$ entsprechend Abbildung 3.6 berechnet:

$$f_{i,j,max} = \sqrt{\frac{f_m^2}{t_m} \cdot t_{max}} + \Delta f. \qquad [3.6]$$

Alle belasteten Taxel der Kalibrieraufnahmen, in Verbindung mit $f_{i,j,max}$, der Anzahl ihrer inaktiven Nachbarn $I_{i,j}$ und der Abweichung $\rho_{i,j}$ vom umgebenden Mittelwert $\bar{t}_{i,j}$ stellen entsprechend Gleichung 3.7 ein überbestimmtes Gleichungssystem zur Ermittlung der Koeffizienten $\vec{x} = \begin{pmatrix} x_1 & x_2 & x_3 \end{pmatrix}$ auf:

$$\vec{f}_{i,j,max} = A_{i,j} \cdot \vec{x} \qquad [3.7]$$

mit:

$$A_{i,j} = \begin{pmatrix} 1 & I_{i,j} & \rho_{i,j} \end{pmatrix} \qquad [3.8]$$

und der Lösung:

$$\vec{x} = A_{i,j} \setminus \vec{f}_{i,j,max}. \qquad [3.9]$$

In Abbildung 3.5 wird der gemessene dem simulierten Kraftverlauf der taktilen Abbildungen aus Bild 3.4 gegenüber gestellt. Die den Kalibriermatrizen zugrunde liegenden Kräfte werden

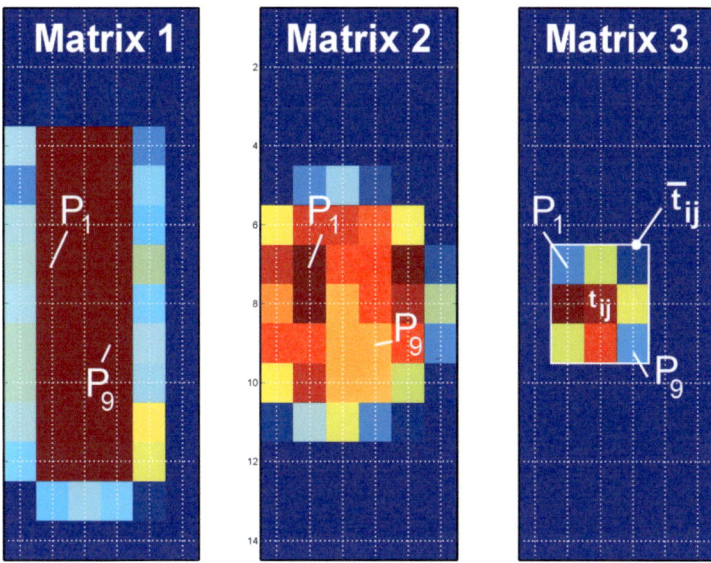

Abb. 3.4.: Kalibrieraufnahmen

mit einer Genauigkeit von $p_1 = 88.4933\%, p_2 = 89.7290\%, p_3 = 92.5268\%$ bestimmt. Der Verlauf innerhalb der Aufnahme kann mit einer Genauigkeit von $p \approx \pm 21.3\%$ bestimmt werden.

3.1.3. Simulation taktiler Sensorik

Die Vorhersage taktiler Sensorwerte im Rahmen einer Greifplanung ist für den Aufbau und die Steuerung reaktiver Greifprozesse unerlässlich, da sie Führungsgrößen für reaktive Greifskills bereitstellt. In Abschnitt 3.1.2 wurde die in Abbildung 3.3 als g_2 bezeichnete Kennlinie zwischen einem taktilen Ausgangswert $t_{i,j}$ und der zugehörigen Kraft $f_{i,j}$ hergeleitet. Gleichzeitig wird infolge der Elastizität das aufnehmende Sensormaterial gestaucht. Dieser Zusammenhang $t_{i,j} = g_1(\Delta z_{i,j})$ kann näherungsweise als linear approximiert werden. Damit gilt:

$$\Delta z_{i,j} \;=\; g_1(t_{i,j}) \qquad\qquad [3.10]$$

$$f_{i,j} \;=\; g_2(t_{i,j}). \qquad\qquad [3.11]$$

Es kann ein Zusammenhang $f_{i,j} = g(\Delta z_{i,j})$ zwischen der Verformung taktiler Sensoren $\approx \Delta z_{i,j}$ und ihrer zugehörigen Kraft $f_{i,j}$ abgeleitet werden:

$$t_{i,j} \approx \frac{\Delta z_{i,j} - n_s}{m_s} \qquad\qquad [3.12]$$

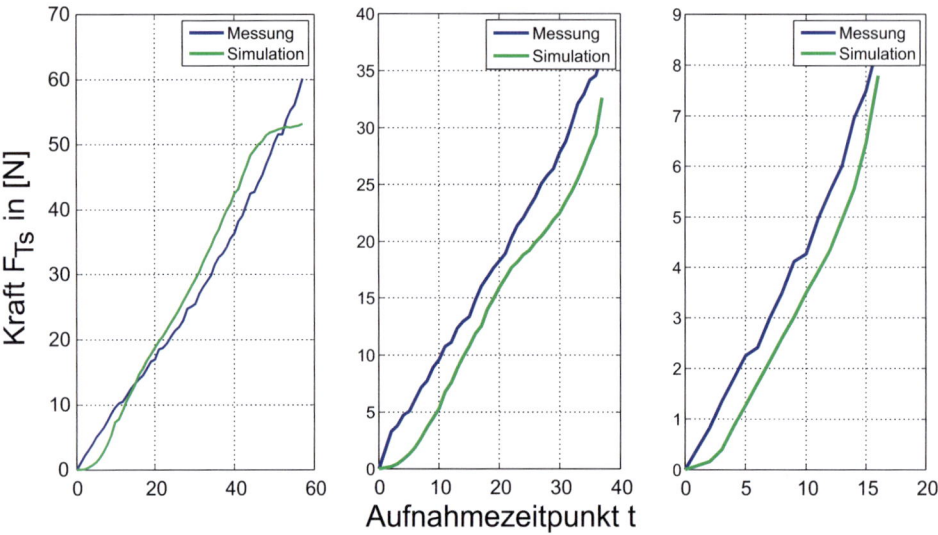

Abb. 3.5.: Gegenüberstellung der aufgenommenen und simulierten Kraftverläufe F_{Ts}

$$f_{i,j} = \sum_{n=1}^{4} q_n \cdot (t_{i,j})^{(4-n)} = \sum_{n=1}^{4} q_n \cdot \left(\frac{\Delta z_{i,j} - n_s}{m_s} \right)^{(4-n)}. \qquad [3.13]$$

Werden innerhalb einer Greifplanung Kollisionen und Kollisionstiefen zwischen dem zu greifenden Objekt und einer taktilen Sensorik bestimmt, so kann über die Gleichung 3.13 eine zugehörige Kraft pro Taxel simuliert werden. Die gesamte einwirkende Kraft F_{Ts} einer taktilen Matrix T_s mit $T_s \in \mathbb{R}^{k \times l}$ berechnet sich zu:

$$F_{Ts} = \sum_{i=1}^{k} \sum_{j=1}^{l} f_{i,j} = \sum_{i=1}^{k} \sum_{j=1}^{l} \sum_{n=1}^{4} q_n \cdot \left(\frac{\Delta z_{i,j} - n_s}{m_s} \right)^{(4-n)}. \qquad [3.14]$$

3.1.4. Kenngrößen der reaktiven Ansteuerung

Reaktive Greifskills müssen auf unvorhersehbare Vorfälle und externe Einflüsse reagieren. Der dazu wesentliche Aufbau reaktiver, eventuell adaptiver Regelungen erfordert daher eine exakte Kenntnis über das Ansteuerungsverhalten eines Greifers. Zeitlich veränderbare, inkrementelle (Gelenkwinkel-) Änderungen müssen von einem Mehrfingergreifer kurzfristig umgesetzt werden, um diese Regelungen flexibel gestalten zu können. Sowohl die Ansteuerungsfrequenz f_a eines Mehrfingergreifers als auch dessen Möglichkeiten zur absoluten bzw. relativen inkrementellen Ansteuerung stellen damit ein wesentliches Gütekriterium dar. Die Abbildung 3.7 zeigt die Kennlinien der inkrementellen Ansteuerung der SDH2. Wie zu erkennen ist, besitzt

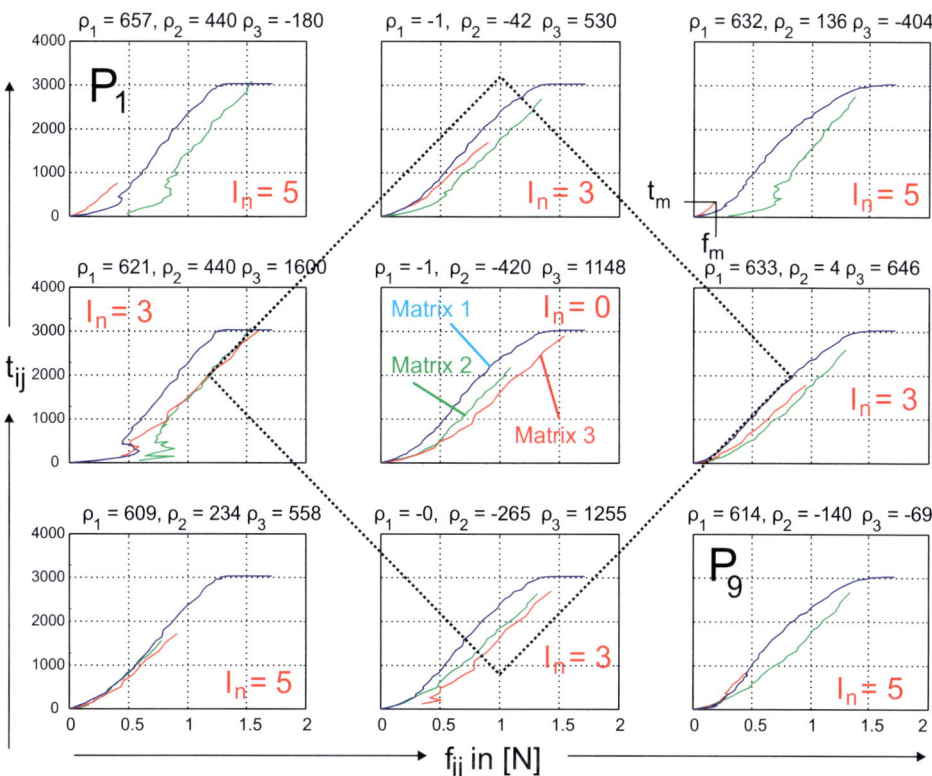

Abb. 3.6.: Kraft - Sensorwert - Kennlinie der taktilen Sensorik

der Mehrfingergreifer eine innere Taktzeit t_a von $t_a = 13ms$ und damit eine Taktfrequenz f_a von $f_a = 77Hz$. Die minimale Winkeländerung $\Delta\phi$ liegt aufgrund der eingebauten Sensorik bei $\Delta\phi \approx 0.015°$ und resultiert bei einer gleichförmigen Bewegung in einer minimalen Ansteuerungsgeschwindigkeit $\dot{\phi}_{min}$ von $\dot{\phi}_{min} = 1.155°/s$. Diese Grenzbereiche werden im weiteren Aufbau reaktiver Greifskills Beachtung finden.

3.2. Direkte Greiferkinematik

Taktile Sensorinformationen können nur in Kombination mit ihrer Positionierung und Orientierung im Raum für den Aufbau reaktiver Greifskills herangezogen werden. Dazu müssen zum Einen festgelegte Kontaktpunkte aktiv an ein Objekt überführt (Inverskinematik), zum Anderen die Lage beliebiger, aktueller Kontaktpunkte rückwirkend berechnet werden können (Vorwärtskinematik). Die dafür notwendigen mathematischen Grundlagen werden in diesem Abschnitt vorgestellt. Für den Aufbau und die Herleitung der direkten Kinematik des Mehrfingergreifers

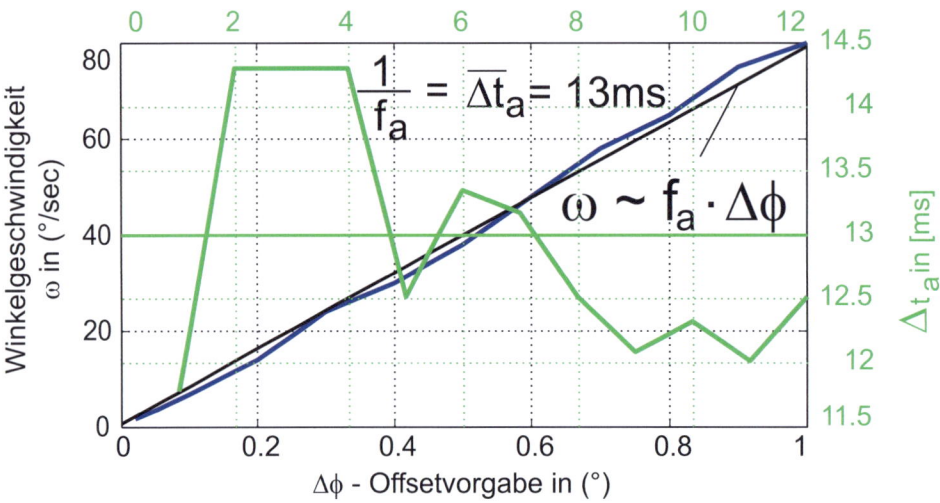

Abb. 3.7.: Kenngrößen der inkrementellen Ansteuerung der SDH2

werden die in den Abbildungen A.1 bis A.4 dargestellten Kenngrößen der SDH2 herangezogen. Die direkte Kinematik wird für einen Finger mit drei Freiheitsgraden hergeleitet und kann durch Weglassen des ersten Gelenkes auf alle Finger übertragen werden. Ein Kontaktpunkt innerhalb einer distalen oder proximalen taktilen Sensormatrix kann näherungsweise über zwei Variablen $[h_u, w]$ bzw. $[h_l, w]$ beschrieben werden, Abbildung A.4. Die Wertebereiche der Variablen ergeben sich aus den Abmessungen der taktilen Matrizen:

$$h_l \in [0, m_1] \qquad h_u \in [0, m_2] \qquad w \in [-\frac{b}{2}, +\frac{b}{2}]. \qquad [3.15]$$

3.2.1. Vorwärtskinematik zur Berechnung taktiler Kontaktpunkte

Die Vorwärtskinematik ermöglicht die Berechnung der Position und Orientierung eines beliebigen Punktes $\vec{P}_t$ auf der proximalen oder distalen taktilen Matrix eines Fingers. Ein Punkt $\vec{P}_t$ auf einer taktilen Matrix wird über die in [3.15] definierten Parameter und entsprechend der Abbildung A.4 innerhalb einer Matrix definiert. Die zugehörige Transformtionsmatrix $^{i1}P_{t,prox}$ in einen proximalen Punkt $\vec{P}_t$ ergibt sich ausgehend vom jeweiligen Fingerkoordinatensystem T_{i1} mit $i \in \{1, 2, 3\}$ nach Abbildung A.3 zu:

$$^{i1}P_{t,prox} = \begin{pmatrix} 1 & 0 & 0 & d_1 \\ 0 & 1 & 0 & w \\ 0 & 0 & 1 & t_2 - t_1 + h_l \\ 0 & 0 & 0 & 1 \end{pmatrix}. \qquad [3.16]$$

Die Darstellung distaler Kontaktpunkte hängt von der Wahl des Punktes $\vec{P}_t$ ab. Dabei variiert dessen horizontaler Abstand $\approx D$ und seine Orientierung $\approx \beta$ bezüglich der Fingerachse aufgrund der gekrümmten Oberfläche:

$$
{}^{i2}P_{t,dist} = \begin{pmatrix} c(\beta) & 0 & -s(\beta) & D \\ 0 & 1 & 0 & w \\ s(\beta) & 0 & c(\beta) & t_4 + h_u \\ 0 & 0 & 0 & 1 \end{pmatrix}
\qquad [3.17]
$$

$$
\beta = \begin{cases} 0 \\ \arcsin\frac{h_u - hR}{R} \end{cases}
\qquad
D = \begin{cases} d1 & \text{falls } 0 \le h_u \le hR \\ d1 - R + \sqrt{R^2 - (h_u - hR)^2} & \text{falls } hR \le h_u \le m_2 \end{cases}
$$

Über die Gleichungen 3.18 für proximale Kontaktpunkte und 3.19 für Distale werden die Kontaktpunkte ins Koordinatensystem des Greifers transformiert.

$$
{}^{0}_{i1}T \cdot {}^{i1}P_{t,prox} = {}^{0}_{i0}T \cdot {}^{i0}_{i1}T \cdot {}^{i1}P_{t,prox} \qquad [3.18]
$$
$$
{}^{0}_{i2}T \cdot {}^{i2}P_{t,dist} = {}^{0}_{i0}T \cdot {}^{i0}_{i1}T \cdot {}^{i1}_{i2}T \cdot {}^{i2}P_{t,dist} \qquad [3.19]
$$

Die Koordinatensysteme sind in Abbildung A.3 dargestellt. Damit und mit den Abstandsbeziehungen zu den taktilen Sensormatrizen nach Abbildung A.4 können Transformationsmatrizen aufgestellt werden, die gegebene oder auch gesuchte Kontaktpunkte in ein Weltkoordinatensystem 0 überführen. Für die untere (proximale) ${}^{0}_{i1}T$ und obere (distale) ${}^{0}_{i2}T$ Transformationsmatrix des Fingers 1 lassen sich die Zusammenhänge 3.20 und 3.21 herleiten. Dabei gelten die Abkürzungen: $c_x = \cos(\phi_x)$ und $s_x = \sin(\phi_x)$.

$$
{}^{0}_{11}T = \begin{pmatrix} -c_0 c_1 & -s_0 & -c_0 s_1 & -c_0 c_1 D - s_0 w - c_0 s_1 (t_5 + h_l) + x \\ s_0 c_1 & -c_0 & s_0 s_1 & s_0 c_1 D - c_0 w + s_0 s_1 (t_5 + h_l) + y \\ -s_1 & 0 & c_1 & -s_1 D + c_1 (t_5 + h_l) + t_1 + z \\ 0 & 0 & 0 & 1 \end{pmatrix}
\qquad [3.20]
$$

$$
{}^{0}_{12}T = \begin{pmatrix} \tau_1 c_b + \tau_2 s_b & -s_0 & -\tau_1 s_b + \tau_2 c_b & \tau_1 D - s_0 w + \tau_2 (t_4 + h_u) - c_0 s_1 L_1 + x \\ \tau_3 c_b + \tau_4 s_b & -c_0 & -\tau_3 s_b + \tau_4 c_b & \tau_3 D - c_0 w + \tau_4 (t_4 + h_u) + s_0 s_1 L_1 + y \\ \tau_5 c_b + \tau_6 s_b & 0 & -\tau_5 s_b + \tau_6 c_b & \tau_5 D + \tau_6 (t_4 + h_u) + c_1 L_1 + t_1 + z \\ 0 & 0 & 0 & 1 \end{pmatrix}
\qquad [3.21]
$$

$$\tau_1 = -c_0c_1c_2 + c_0s_1s_2 \qquad \tau_2 = -c_0c_1s_2 - c_0s_1c_2$$

$$\tau_3 = s_0c_1c_2 - s_0s_1s_2 \qquad \tau_4 = s_0c_1s_2 + s_0s_1c_2$$

$$\tau_5 = -s_1c_2 - c_1s_2 \qquad \tau_6 = -s_1s_2 + c_1c_2$$

Aufgrund der gekoppelten und damit inversen Drehbewegung von ϕ_0 ergeben sich für Finger 3 nachfolgende Berechnungsvorschriften:

$$
{}^0_{31}T = \begin{pmatrix}
-c_0c_5 & s_0 & -c_0s_5 & -c_0c_5D + s_0w - c_0s_5(t_5 + h_l) + x \\
-s_0c_5 & -c_0 & -s_0s_5 & -s_0c_5D - c_0w - s_0s_5(t_5 + h_l) + y \\
-s_5 & 0 & c_5 & -s_5D + c_5(t_5 + h_l) + t_1 + z \\
0 & 0 & 0 & 1
\end{pmatrix}
\qquad [3.22]
$$

$$
{}^0_{32}T = \begin{pmatrix}
\tau_1 c_b + \tau_2 s_b & s_0 & -\tau_1 s_b + \tau_2 c_b & \tau_1 D + s_0 w + \tau_2(t_4 + h_u) - c_0s_5L_1 + x \\
\tau_3 c_b + \tau_4 s_b & -c_0 & -\tau_3 s_b + \tau_4 c_b & \tau_3 D - c_0 w + \tau_4(t_4 + h_u) - s_0s_5L_1 + y \\
\tau_5 c_b + \tau_6 s_b & 0 & -\tau_5 s_b + \tau_6 c_b & \tau_5 D + \tau_6(t_4 + h_u) + c_5L_1 + t_1 + z \\
0 & 0 & 0 & 1
\end{pmatrix}
\qquad [3.23]
$$

mit den Abkürzungen:

$$\tau_1 = -c_0c_5c_6 + c_0s_5s_6 \qquad \tau_2 = -c_0c_5s_6 - c_0s_5c_6$$

$$\tau_3 = -s_0c_5c_6 + s_0s_5s_6 \qquad \tau_4 = -s_0c_5s_6 - s_0s_5c_6$$

$$\tau_5 = -s_5c_6 - c_5s_6 \qquad \tau_6 = -s_5s_6 + c_5c_6$$

Für Finger 2 vereinfacht sich die Transformation aufgrund des fehlenden Basisgelenkes zu:

$$
{}^0_{21}T = \begin{pmatrix}
c_3 & 0 & s_3 & c_3D + s_3(t_5 + h_l) + x \\
0 & 1 & 0 & w + y \\
-s_3 & 0 & c_3 & -s_3D + c_3(t_5 + h_l) + t_1 + z \\
0 & 0 & 0 & 1
\end{pmatrix}
\qquad [3.24]
$$

$$
{}^0_{22}T = \begin{pmatrix}
\tau_1 c_b + \tau_2 s_b & 0 & -\tau_1 s_b + \tau_2 c_b & \tau_1 D + \tau_2(t_4 + h_u) + s_3L_1 + x \\
0 & 1 & 0 & w + y \\
\tau_5 c_b + \tau_6 s_b & 0 & -\tau_5 s_b + \tau_6 c_b & \tau_5 D + \tau_6(t_4 + h_u) + c_3L_1 + t_1 + z \\
0 & 0 & 0 & 1
\end{pmatrix}
\qquad [3.25]
$$

$$\tau_1 = c_3c_4 - s_3s_4 \qquad \tau_2 = c_3s_4 + s_3c_4 \qquad \tau_5 = -s_3c_4 - c_3s_4 \qquad \tau_6 = c_3c_4 - s_3s_4$$

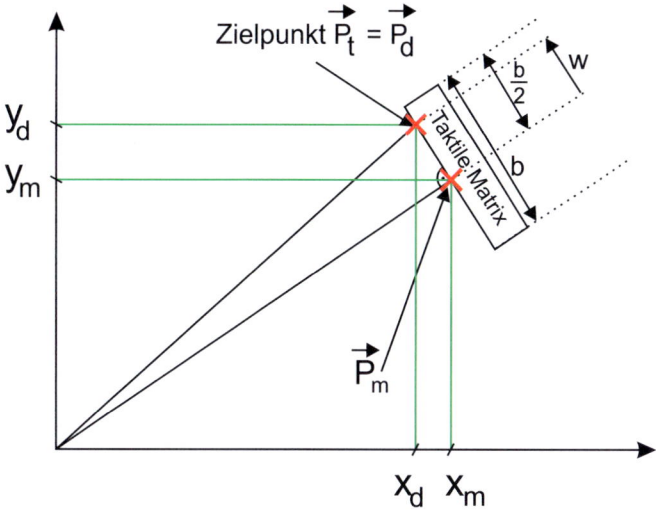

Abb. 3.8.: Berechnung der direkten Kinematik für distale Fingergelenke: Berechnung von $\vec{P}_m$

3.2.2. Inverskinematik der distalen Sensorik

Ausgewählte Punkte einer taktilen Sensormatrix müssen in Manipulationsvorgängen definiert im Raum positioniert und orientiert werden können. Für einen vorgegebenen Ziel- oder Berührungspunkt $\vec{P}_d$ wird über das Variablenpaar h_u und w ein zugehöriger taktiler Kontaktpunkt $\vec{P}_t$ innerhalb der distalen Sensormatrix bestimmt, sodass gilt:

$$\vec{P}_d = \begin{pmatrix} x_d \\ y_d \\ z_d \end{pmatrix} = \vec{P}_t. \tag{3.26}$$

Für die Berechnung zielführender Gelenkwinkel $\phi_{0,1,2}$ ist der Zielpunkt $\vec{P}_d$ in den zugehörigen Punkt $\vec{P}_m$ in der horizontalen Mitte der taktilen Sensormatrix entsprechend Abbildungen 3.8 und 3.9 zu überführen, für den: $w = 0$ gilt. Diese horizontale Überführung kann mit Hilfe der Gleichungen 3.27 bis 3.29 vorgenommen werden:

$$\vec{P}_m = \begin{pmatrix} x_m \\ y_m \\ z_m \end{pmatrix} \tag{3.27}$$

$$z_m = z_d$$

$$\begin{pmatrix} x_m \\ y_m \end{pmatrix} = M_f^{-1} \cdot \begin{pmatrix} x_d \\ y_d \end{pmatrix} \tag{3.28}$$

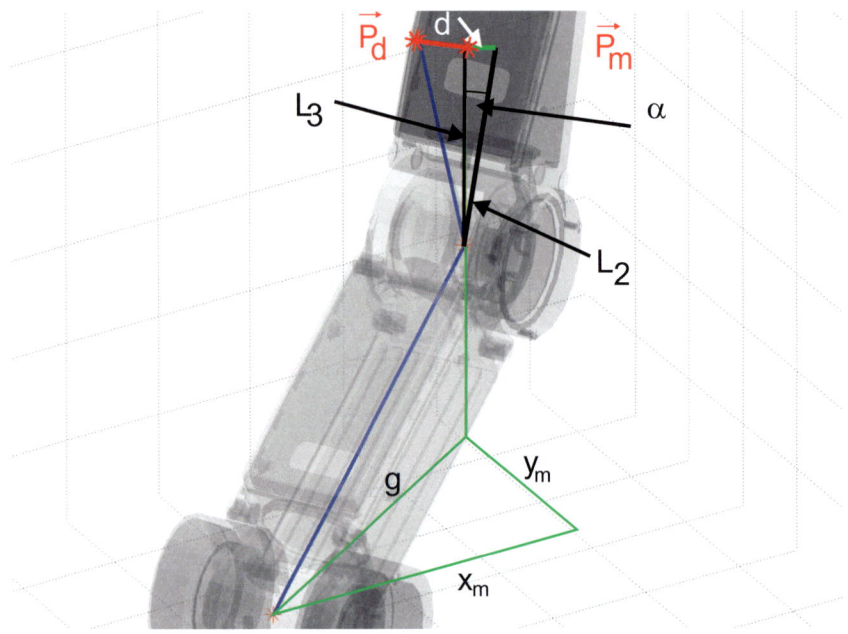

Abb. 3.9.: Berechnung der direkten Kinematik: Gelenkwinkel am distalen Kontaktpunkt

$$M_f \;=\; \begin{pmatrix} 1 & -f \\ f & 1 \end{pmatrix}$$

$$f \;=\; \frac{w}{\sqrt{y_d^2 + x_d^2 - w^2}} \qquad\qquad [3.29]$$

Die Variable d definiert den Abstand von der Mittelachse der Fingerkuppe zur taktilen Ober-fläche. Durch diesen Abstand entsteht ein Winkel α, der als Offset den distalen Gelenkwinkel ϕ_2 der Fingerkuppe beeinflusst, Gleichung 3.32. Die notwendigen Gelenkwinkel ϕ_0, ϕ_1, ϕ_2 des Fingers werden anhand der grundlegenden Beziehungen:

$$L_2 \;=\; t_4 + h_u$$

$$d \;=\; \begin{cases} d1 & \text{if } h_u < hR \\ d1 - R + \sqrt{R^2 - (h_u - hR)^2} & \text{else} \end{cases}$$

$$\alpha \;=\; \arctan\left(\frac{d}{L_2}\right)$$

$$L_3 \;=\; \sqrt{d^2 + L_2^2}$$

$$g \;=\; \sqrt{(x_m^2 + y_m^2)}$$

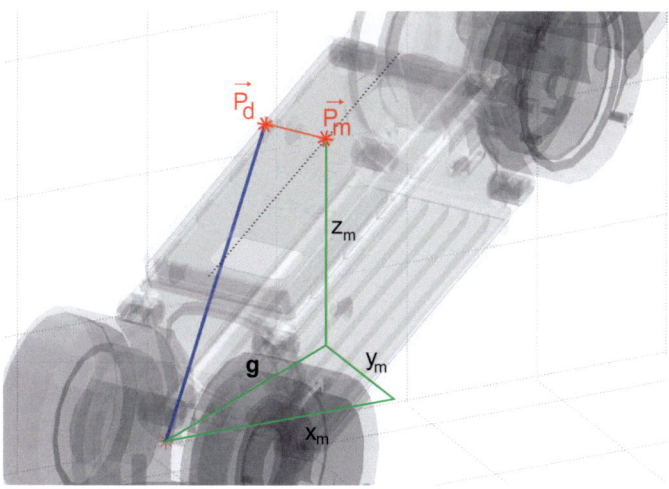

Abb. 3.10.: Berechnung der direkten Kinematik für proximale Fingergelenke: Berechnung von $\vec{P}_m$

$$\beta = \arctan \frac{z_m}{g}$$

$$\gamma = \arccos\left(\frac{g^2 + z_m^2 + L_1^2 - L_3^2}{2L_1\sqrt{g^2 + z_m^2}}\right)$$

und entsprechend der Abbildung 3.9 über die Gleichungen 3.30 bis 3.32 berechnet. Die abnehmende, zulässige Breite der distalen Sensormatrix bei zunehmender Kontaktpunkthöhe wird hierbei vernachlässigt.

$$\phi_0 = -\arctan\frac{y_m}{x_m} \qquad\qquad [3.30]$$

$$\phi_1 = \beta \pm \gamma \qquad\qquad [3.31]$$

$$\phi_2 = \arccos\left(\frac{g^2 + z_m^2 - L_1^2 - L_3^2}{2L_1 L_3}\right) - \alpha \qquad\qquad [3.32]$$

3.2.3. Inverskinematik der proximalen Sensorik

Die inverse Kinematik zur Berechnung und Überführung eines Punktes $\vec{P}_t$ in einen Zielpunkt $\vec{P}_d$ ist aufgrund fehlender Freiheitsgrade nicht umsetzbar, da die drei Freiheitsgrade eines Punktes $\vec{P}_d$ nicht durch zwei zur Verfügung stehende, proximale Freiheitsgrade im Greifer abgebildet werden können. Es kann jedoch ein Punkt $\vec{P}_t$ auf der Oberfläche der taktilen Matrix bestimmt werden, der identisch mit dem Zielpunkt $\vec{P}_d$ ist, in seiner vertikalen Positionierung entsprechend h_l jedoch nicht vom Anwender vorgegeben werden kann, Abbildungen 3.10 und 3.11. Die ver-

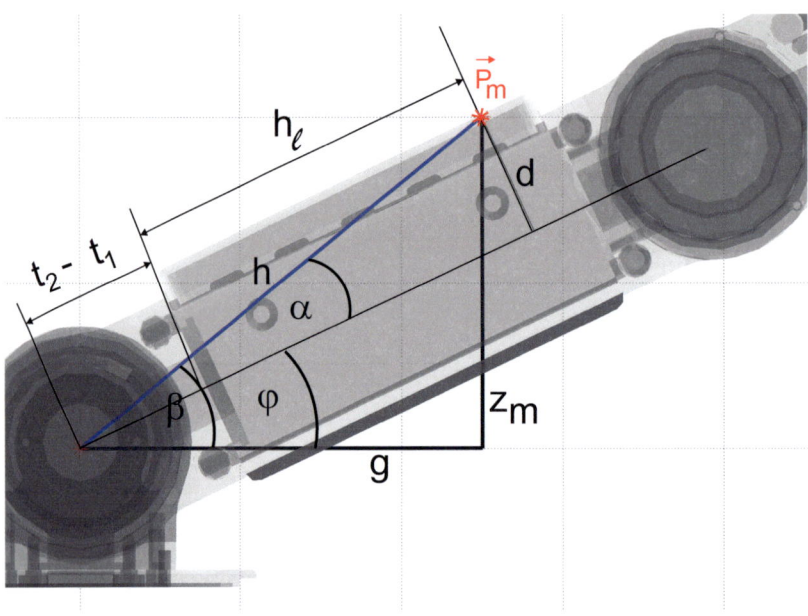

Abb. 3.11.: Berechnung der direkten Kinematik für proximale Fingergelenke: Berechnung von h_l

tikale Lage h_l ergibt sich aus der Position des Punktes $\vec{P}_d$ relativ zum Koordinatensystem des Greifers. Die horizontale Lage des Kontaktpunktes bleibt von dieser Einschränkung ausgenommen und kann weiterhin beliebig in ihrem Wertebereich gewählt werden: $w =$ beliebig. Der Punkt $\vec{P}_m$ wird analog durch die Gleichungen 3.27 bis 3.29 bestimmt. Mit den gegebenen geometrischen Kenngrößen:

$$\beta = \arctan\left(\frac{z_m}{g}\right) = \arctan\left(\frac{z}{\sqrt{x^2+y^2}}\right)$$

$$h = = \sqrt{g^2 + z_m^2} = \sqrt{x_m^2 + y_m^2 + z_m^2}$$

$$\alpha = \arcsin\left(\frac{d}{h}\right)$$

lassen sich die notwendigen proximalen Gelenkwinkel ϕ_0 und ϕ_1 über die Gleichungen 3.33 und 3.34 berechnen.

$$\phi_0 = \arctan\left(\frac{y_m}{x_m}\right) \quad\quad [3.33]$$

$$\phi_1 = \beta - \alpha. \quad\quad [3.34]$$

$$h_l = \sqrt{h^2 - d^2} \quad\quad [3.35]$$

Die Lage des Kontaktpunktes $\vec{P}_t$ kann über Gleichung 3.35 berechnet werden. Gilt: $0 \le h_l \le m_1$, dann liegt der Kontaktpunkt $\vec{P}_t$ mit $\vec{P}_d = \vec{P}_t$ innerhalb der proximalen Sensormatrix und lässt sich über das Variablenpaar $[h_l, w]$ beschreiben.

3.3. Differentielle Kinematik des Mehrfingergreifers

Eine von der Struktur des Mehrfingergreifers abhängige Jacobimatrix $J(\Phi)$ definiert einen Zusammenhang zwischen Gelenkgeschwindigkeiten $\dot{\vec{\phi}} = (\dot{\phi}_1 \ \dot{\phi}_2 \ldots \dot{\phi}_n)^T \in \mathfrak{R}^n$ und resultierenden, kartesischen Fingergeschwindigkeiten [25, 63, 136]. Die Geschwindigkeit ausgewählter Greifpunkte innerhalb eines Mehrfingergreifers ist fingerspezifisch und setzt sich aus der linearen Geschwindigkeit $\dot{\vec{p}} \in \mathfrak{R}^3$ und der inertialen Winkelgeschwindigkeit $\vec{\omega} \in \mathfrak{R}^3$ zusammen:

$$\vec{v} = \begin{pmatrix} \dot{\vec{p}} \\ \vec{\omega} \end{pmatrix} = \begin{pmatrix} J_T(\vec{\phi}) \\ J_R(\vec{\phi}) \end{pmatrix} \cdot \dot{\vec{\phi}} = J(\vec{\phi}) \cdot \dot{\vec{\phi}} \qquad [3.36]$$

Die Jacobimatrix ist für jeden Finger eines Mehrfingergreifers aufzubauen. Die Rotationsgelenke j_i innerhalb der Jacobimatrix J mit $J = (j_1 \ j_2 \ldots j_n) \in \mathfrak{R}^{6 \times n}$ können nach [63] durch:

$$j_i = \begin{pmatrix} \hat{Z}_{i-1} \times (\vec{p}_n - \vec{p}_{i-1}) \\ \hat{Z}_{i-1} \end{pmatrix} \in \mathfrak{R}^6$$

berechnet werden. Dabei kennzeichnet $\vec{p}_n$ den Greifpunkt innerhalb eines Fingers und $\hat{Z}_{i-1}$ bzw. $\vec{p}_{i-1}$ die Lage und Orientierung der vorgelagerten Rotationsachse. Das Vorgehen zur Bestimmung der Jacobimatrix für einen distalen Greifpunkt nach Abschnitt 3.2 und Abbildung A.3 soll im folgenden am Beispiel des zweiten Fingers des Mehrfingergreifers mit den beiden Freiheitsgraden ϕ_3, ϕ_4 über die Beziehungen 3.37 bis 3.41 dargestellt werden.

$$J(\Phi) = \begin{bmatrix} \hat{Z}_0 \times ({}^0\vec{P}_t - {}^0\vec{P}_{21}) & \hat{Z}_1 \times ({}^0\vec{P}_t - {}^0\vec{P}_{22}) \\ \hat{Z}_0 & \hat{Z}_1 \end{bmatrix} \qquad [3.37]$$

$$ {}^0\vec{P}_{21} = \begin{pmatrix} x \\ y \\ t_1 + z \end{pmatrix} \qquad [3.38]$$

$$ {}^0\vec{P}_{22} = \begin{pmatrix} \sin(\phi_3)L_1 + x \\ w + y \\ \cos(\phi_3)L_1 + t_1 + z \end{pmatrix} \qquad [3.39]$$

$$ \vec{P}_t = \begin{pmatrix} \tau_1 d + \tau_2(t_4 + h_u) + \sin(\phi_3)L_1 + x \\ w + y \\ \tau_5 d + \tau_6(t_4 + h_u) + \cos(\phi_3)L_1 + t_1 + z \end{pmatrix} \qquad [3.40]$$

$$\hat{Z}_0 = \hat{Z}_1 = \begin{pmatrix} 0 \\ 1 \\ 0 \end{pmatrix} \qquad [3.41]$$

Die resultierende Jacobimatrix zur Bestimmung der Geschwindigkeiten innerhalb der Fingerspitze des zweiten Fingers ergibt sich damit zu:

$$J_{2,H} = \begin{pmatrix} \tau_5 d + \tau_6(t_4 + h_u) + c_3 L_1 & \tau_5 d + \tau_6(t_4 + h_u) \\ 0 & 0 \\ -\tau_1 d - \tau_2(t_4 + h_u) - s_3 L_1 & -\tau_1 d - \tau_2(t_4 + h_u) \\ 0 & 0 \\ 1 & 1 \\ 0 & 0 \end{pmatrix}. \qquad [3.42]$$

Über die Variablen w und h_u kann die Jacobimatrix für einen speziellen taktilen Sensorpunkt berechnet werden. Über das Prinzip der virtuellen Arbeit kann ergänzend dazu eine Beziehung zwischen wirkenden Kräften $\vec{F}$ an einem Punkt des Manipulators und zugehörigen Gelenkmomenten $\vec{\tau}$ entsprechend Gleichung 3.43 definiert werden:

$$\begin{aligned} \vec{F}^T \cdot d\vec{x} &= \vec{\tau}^T \cdot d\vec{\phi} \\ \vec{F}^T \cdot J \cdot d\vec{\phi} &= \vec{\tau}^T \cdot d\vec{\phi} \\ \vec{\tau} &= J^T \cdot \vec{F} \end{aligned} \qquad [3.43]$$

Beispielhaft für einen Punkt $\vec{P}_t$ innerhalb der oberen taktilen Sensormatrix des Fingers 2 mit $(w = 0, h_u = 10)$ soll bei einer aktuellen Gelenkstellung $\vec{\phi} = \begin{pmatrix} 0 & 0 & 0 & 0 & 0 & 0 & 0 \end{pmatrix}$ eine Kraft $\vec{F}$ mit $|F| = 20N$ in Richtung der Normalen des Sensortaxels aufgebracht werden. Mittels der Vorwärtskinematik wird die Orientierung und damit der Richtungsvektor der Normalen im Sensorpunkt bestimmt. Aus Gleichung 3.25 und der darin enthaltenen Kraftrichtung folgt für den Kraftvektor:

$$_{22}^{0}T_2 = \begin{pmatrix} 1 & 0 & 0 & -23.105 \\ 0 & 1 & 0 & 0 \\ 0 & 0 & 1 & 130.7 \\ 0 & 0 & 0 & 1 \end{pmatrix} \quad \Rightarrow \quad \vec{F} = \begin{pmatrix} F_x \\ F_y \\ F_z \\ M_x \\ M_y \\ M_z \end{pmatrix} = \begin{pmatrix} 1 \\ 0 \\ 0 \\ 0 \\ 0 \\ 0 \end{pmatrix} \cdot |F| = \begin{pmatrix} 20 \\ 0 \\ 0 \\ 0 \\ 0 \\ 0 \end{pmatrix}. \qquad [3.44]$$

Über den Zusammenhang aus Gleichung 3.43 und der zugehörigen Jacobimatrix $J = J(\vec{\phi})$ aus Gleichung 3.42 können beispielhaft die in Gleichung 3.45 dargestellten Gelenkmomente hergeleitet werden.

$$\vec{\tau} = \begin{pmatrix} \tau_3 \\ \tau_4 \end{pmatrix} = J^T \cdot \vec{F} = \begin{pmatrix} 114 & 0 & -15 & 0 & 0 & 1 \\ 27 & 0 & -15 & 0 & 1 & 0 \end{pmatrix} \cdot \begin{pmatrix} 20 \\ 0 \\ 0 \\ 0 \\ 0 \\ 0 \end{pmatrix} = \begin{pmatrix} 2280 \\ 550 \end{pmatrix} = \begin{pmatrix} 2.28 \\ 0.55 \end{pmatrix} Nm. \quad [3.45]$$

3.3.1. Inverse Fingerkinematik

Die Jacobimatrix liefert nach Gleichung 3.36 einen Zusammenhang zwischen den Gelenk- und den kartesischen Geschwindigkeiten in einem Kontaktpunkt. Durch die Integration der Geschwindigkeiten können damit die direkte und inverse Handkinematik auf Positions- und Orientierungsebene berechnet werden [63]. Die Gleichungen 3.46 bis 3.48 stellen dazu den formelmäßigen Zusammenhang dar. Im Nachfolgenden werden einige numerische Lösungsansätze für die inverse Fingerkinematik vorgestellt.

$$\frac{d\vec{x}}{dt} = J(\vec{\phi}) \cdot \frac{d\vec{\phi}}{dt} \quad [3.46]$$

$$\Delta\vec{x} \approx J(\vec{\phi}) \cdot \Delta\vec{\phi} \quad [3.47]$$

$$\Delta\vec{\phi} \approx J(\vec{\phi})^{-1} \cdot \Delta\vec{x} \quad [3.48]$$

Kleine kartesische Positions- und Orientierungsänderungen $\Delta\vec{x}$ können über die inverse Jacobi-Matrix Gelenkwinkeländerungen $\Delta\vec{\phi}$ zugeordnet werden. Da die Beziehung 3.48 i. Allg. nicht exakt erfüllt ist und zudem die nichtlineare, inverse Jacobi-Matrix nur für quadratische Matrizen existiert, müssen Näherungslösungen für den gesuchten Zusammenhang hergeleitet werden [18]. Ein einfachster Ansatz, der sich auf die Idee virtueller Kräfte begründet, basiert auf der Verwendung der transponierten anstelle der inversen Jacobimatrix:

$$\Delta\vec{\phi} = \eta \cdot J^T \cdot \Delta\vec{x} \quad \text{mit:} \quad \eta = \frac{\langle \Delta\vec{x}, JJ^T\Delta\vec{x} \rangle}{\langle JJ^T\Delta\vec{x}, JJ^T\Delta\vec{x} \rangle}. \quad [3.49]$$

Dieses von W. Wolovich und H. Elliot 1984 vorgestellte Verfahren eignet sich aufgrund der Abhängigkeit vom prinzipiell frei wählbaren Faktor η sowie der damit einhergehenden Stabilität und notwendigen Rekursionstiefe der Berechnung nur eingeschränkt für zeitkritische Berechnungen. Ein auf der Pseudoinversen J' basierender Ansatz berechnet minimalste Gelenkwinkeländerungen $\Delta\vec{\phi}_{min}$, die zur Überführung der Kinematik in die Zielstellung $J\Delta\vec{\phi} = \Delta\vec{x}$ notwendig sind, Gleichung 3.50.

$$\Delta\vec{\phi} = J' \cdot \Delta\vec{x} \qquad \text{mit:} \qquad J' = (J^T J)J^T \qquad\qquad [3.50]$$

Die Moore- Penrose- Pseudoinverse existiert auch bei vorhandenem Rangabfall für alle Matrizen J. Diese Herangehensweise ermöglicht zusätzlich die Handhabung vorhandener Nullräume, neigt aber insbesondere in der Nähe von Singularitäten zu Instabilität. Einige der bei dem Verfahren mit der Pseudoinversen auftretenden Probleme, insbesondere in der Nähe von Singularitäten können mit dem Levenberg - Marquardt Verfahren behoben werden. Dabei wird die Gelenkwinkeländerung berechnet über:

$$\Delta\vec{\phi} = (J^T J + \lambda I)^{-1} J^T \Delta\vec{x}. \qquad\qquad [3.51]$$

Eine ausführliche Darstellung der jeweiligen Vor- und Nachteile der verschiedenen inversen Berechnungen können in [18] eingesehen werden. Die inverse Kinematik muss für jeden Finger eines Mehrfingergreifers einzeln berechnet werden. Aufgrund der zumeist kleinen Anzahl vorhandener Freiheitsgrade je Finger können einzelne Greifpunkte nicht vollständig frei im Raum positioniert werden, d.h. es können nicht gleichzeitig alle Anforderungen nach Position und Orientierung umgesetzt werden. Relativ zum Greifer-Koordinatensystem kann ein einzelner Finger mit zwei Freiheitsgraden exakt zwei Anforderungen an seine Positionierung und Orientierung erfüllen. Die Jacobimatrix nach Gleichung 3.42 wird durch die Gelenkwinkel ϕ_3, ϕ_4 definiert und hat einen Einfluss auf die resultierende Verdrehung um die Y-Achse, sowie die X- und Z-Position. Ein Differenzvektor:

$$\Delta\vec{x} = (\Delta x, 0, \Delta z, 0, \Delta\beta, 0)^T \qquad\qquad [3.52]$$

kann nur bei linearer Abhängigkeit seiner Elemente umgesetzt werden. Im Allgemeinen können nur zwei Anforderungen realisiert werden:

$$\Delta\vec{x}_1 = (\Delta x, 0, \Delta z, 0, 0, 0)^T \qquad \Delta\vec{x}_2 = (\Delta x, 0, 0, 0, \Delta\beta, 0)^T \qquad \Delta\vec{x}_3 = (0, 0, \Delta z, 0, \Delta\beta, 0)^T$$

d.h. entweder die Position eines speziellen Kontaktpunktes oder aber die Positionierung und Orientierung entlang ausgewählter Achsen.

3.4. Reaktive Eigenkollisionserkennung

Die reaktive Eigenkollisionserkennung (REKE) beruht auf aktuellen Gelenkwinkelkonfigurationen und detektiert Finger - Finger -, bzw. Finger - Gehäuse - Kollisionen des ausgewählten Mehrfingergreifers und hat damit einen assistierenden Charakter in reaktiven Greifprozessen:

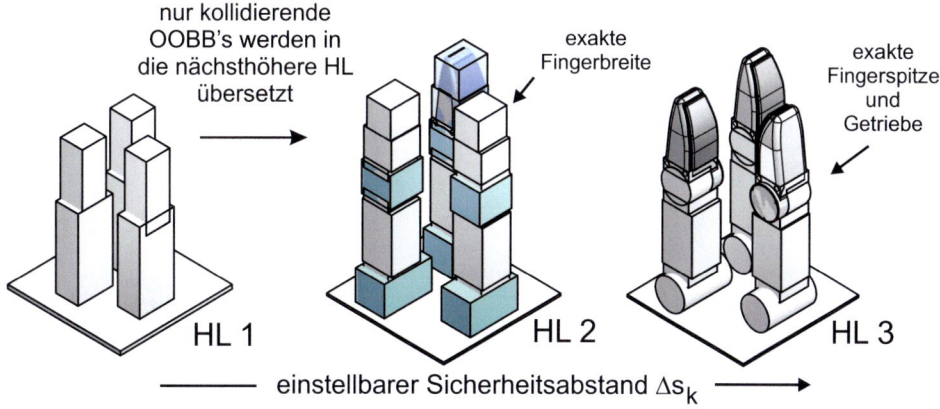

nur kollidierende
OOBB's werden in
die nächsthöhere HL
übersetzt

exakte
Fingerbreite

exakte
Fingerspitze
und
Getriebe

HL 1

HL 2

HL 3

einstellbarer Sicherheitsabstand Δs_k

Abb. 3.12.: Hierarchiestufen der Kollisionserkennung

Reaktive Eigensicherheit: Die Ergebnisse der REKE können zur Eigensicherung des Greifers herangezogen werden, indem Kollisionen rechtzeitig erkannt und über nachfolgende
Maßnahmen verhindert werden.

Reaktives Greifen: Auf die Berechnung einer sicheren, maximal geschlossenen Greiferstellung innerhalb der Handhabung nachgiebiger, fehlerhafter oder auch deplatzierter Objekte entsprechend Abschnitt 5.2 kann zugunsten der Detektion von Eigenkollisionen verzichtet werden.

Ansteuerung eines Mehrfingergreifers: Sollen ausgewählte oder untypische Greiferkonfigu-
rationen angefahren werden, so können für beliebige Zielstellungen Plausibilitätsunter-
suchungen durchgeführt werden, um fehlerhafte und nicht zulässige Greiferstellungen
bereits vorab zu detektieren.

Die Eigenkollisionserkennung stellt damit ein grundlegendes Verfahren für die Sicherheit des
Greifers sowie für das reaktive Greifen von Objekten dar. Eine detailliertere Darstellung der
REKE kann in [44] gefunden werden.

Hierarchie und Aufbau der Eigenkollisionserkennung

Die Kollisionserkennung gliedert sich in drei Hierarchiestufen unterschiedlichster Approxi-
mationsgüte, Abbildung 3.12, wobei das Gehäuse des Mehrfingergreifers nicht mit abgebildet
wird, da nur ein einzelnes Fingergelenk unter bestimmten Randbedingungen damit kollidieren
kann. Die erste Hierarchiestufe bildet den Mehrfingergreifer mit sechs umhüllenden Rechtecken
(OOBB's) ab und gewährleistet damit einen zügigen Ausschluss eindeutig nicht kollidierender

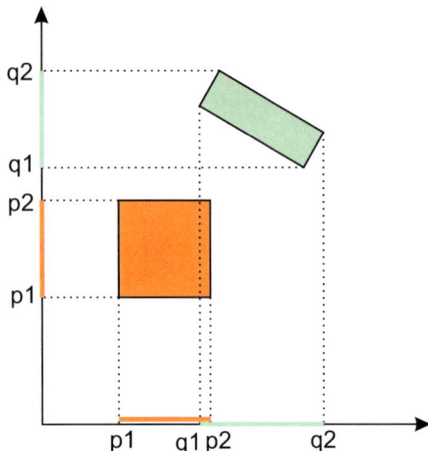

Abb. 3.13.: Darstellung des Separating Axis Algorithmus

Greiferstellungen. Damit werden sämtliche Ausschlusskriterien hinsichtlich definitiv nicht kollidierender Winkelstellungen integriert und innerhalb einer stark reduzierten Rechenzeit von $t_{HL1} \leq 40\mu s$ erfasst. Kollidierende OOBB's der HL1 werden in die nächsthöhere Hierarchiestufe überführt. Dort werden sie durch mehrere, den Fingeraufbau exakter repräsentierende OBB's dargestellt und erneut auf Kollision getestet. In der HL2 wird die Breite der einzelnen Finger exakt abgebildet. Es wird ein maximaler Approximationsfehler A_{max} von $A_{max} = 8.8mm$ erreicht. Ein kollisionsfreier Durchlauf der HL2 benötigt eine mittlere Rechenzeit von $t_{HL2} \leq 59\mu s$. Wer-

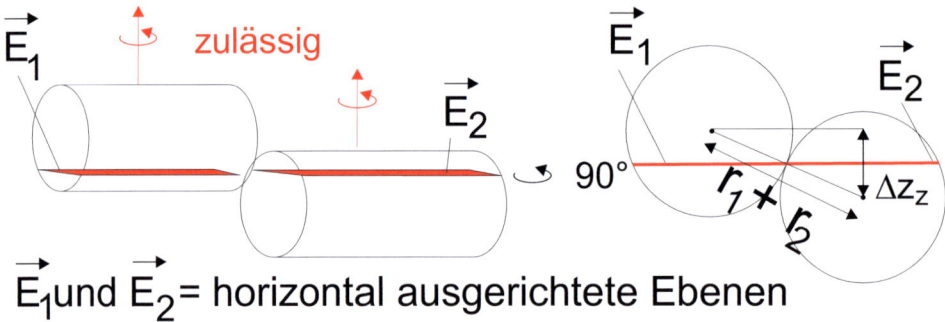

Abb. 3.14.: Rückführung von Getriebekollisionen auf Zylinder - Zylinder Kollisionen

den auch im Hierarchiemodell 2 Kollisionen festgestellt, findet eine exakte Kollisionserkennung im Hierarchiemodell 3 statt. Die SDH2 Getriebe werden als Zylinder, die Fingerkuppe rekursiv mit OOBB's nachgebildet.

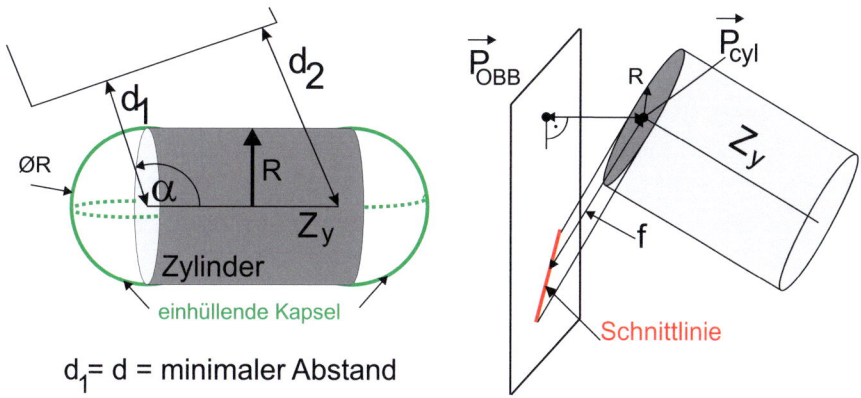

Abb. 3.15.: Kollisionsprüfung OOBB - Zylinder in 3D

Grundlegende Verfahren und Methoden

Durch die Abbildung der SDH2 durch umhüllende Rechtecke und Zylinder können mögliche Kollisionsuntersuchungen zurückgeführt werden auf die drei in den Abbildungen 3.13, 3.14 und 3.15 beschriebenen Verfahren. Außerdem werden Kollisionen zwischen dem Finger zwei des Mehrfingergreifers und dem Greifergehäuse iterativ untersucht, Abbildung 3.16.

Kollisionen zwischen OOBB's: Der "Separating Axis" - Algorithmus bildet das zentrale Element der Kollisionserkennung [39, 70], wobei echtzeitfähig eine trennende Linie zwischen zwei beliebigen OOBB's bestimmt wird. Die mittlere Berechnungszeit beträgt $4 - 7\mu s$ [Matlab M-File, Dell Optiplex]. Wird eine solche "Separating Axis" gefunden, kollidieren die Objekte nicht miteinander.

Zylinderkollisionen: Getriebekollisionen werden stets nur auf horizontal ausgerichtete Zylinder - Zylinder - Kollisionen zurückgeführt, Abbildung 3.14. Gilt für den vertikalen Höhenunterschied Δz_z zwischen den Zylindern $\Delta z_z \geq r_1 + r_2$, kann eine Kollision ausgeschlossen werden. Alternativ findet die mögliche Kollision auf $\pm\frac{\Delta z_z}{2}$ statt. Die Schnittebenen beider Getriebe auf dieser Höhe werden mit dem "2D Separating Axis" Test auf Kollision überprüft.

OBB - Zylinder Kollisionen: Kollisionsalgorithmen zwischen Zylindern und Quadern werden in einer ersten Annäherung auf die Kollision zwischen Quader und der den Zylinder einhüllenden Kapsel zurückgeführt. Dafür ist es nötig, den minimalen Abstand der Kapselachse zu jeder der sechs Quaderflächen zu berechnen und daraus Informationen über das reale Kollisionsverhalten abzuleiten. Für eine detaillierte Darstellung der Berechnungen dieses Verfahrens sei an dieser Stelle auf [44] verwiesen.

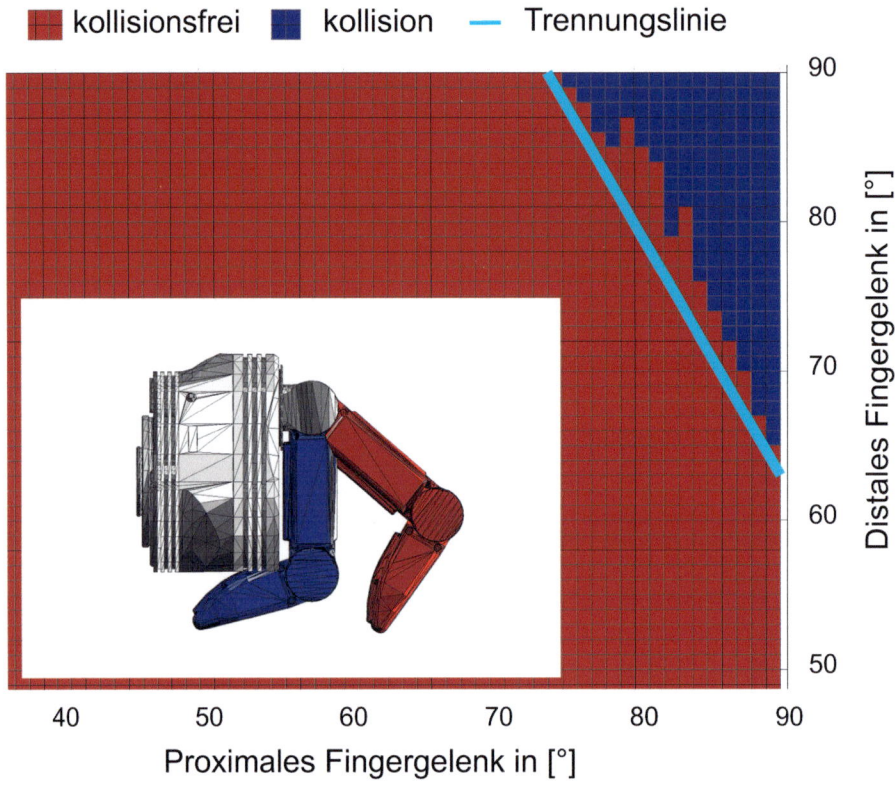

Abb. 3.16.: Gehäusekollisionen Finger 2: iterative Kollisionsuntersuchung mit SWIFT

Gehäusekollisionen: Auf Basis der gegebenen CAD Geometrie der Fingerkuppe und des Gehäuses sowie einem frei zugänglichen Kollisionsalgorithmus (hier: SWIFT) werden iterativ über alle zulässigen Gelenkstellungen des zweiten Fingers Kollisionen und minimale Abstände zum Gehäuse berechnet. Abbildung 3.16 stellt den kollidierenden und kollisionsfreien Bereich in Abhängigkeit der Gelenkwinkel ϕ_3 und ϕ_4 dar. Deutlich zu erkennen ist, dass der Grenzbereich zwischen Kollision und Kollisionsfreiheit näherungsweise als Gerade $\phi_4 = m \cdot \phi_3 + n$ mit den Koeffizienten $m = -1.611$ und $n = 209.222$ beschrieben werden kann.

Der Algorithmus beruht auf dem Prinzip, Kollisionen und nicht Abstände zwischen zwei Objekten festzustellen. Daher müssen die den Mehrfingergreifer abbildenden Hüllkörper um Δs_k größer als die zu umhüllende Geometrie gewählt werden, um bereits vor realen Eigenkollisionen minimal zulässige Abstände zu detektieren und den Greifer zu sichern [44].

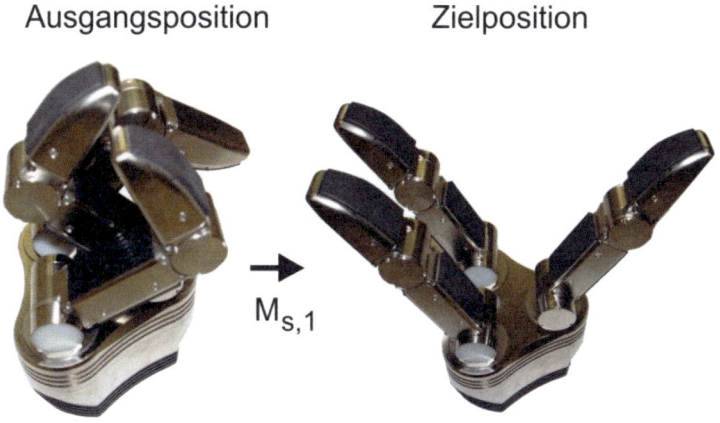

Abb. 3.17.: Kollisionsfreie Bahnplanung des Mehrfingergreifers: Freifahren [44]

3.5. Kollisionsfreie Bahnplanung des Mehrfingergreifers

Der Aufbau verschiedener Griffe und die damit verbundene Überführung einzelner Gelenke stellt Anwender von Mehrfingergreifern vor enorme Herausforderungen. Der nachfolgende Algorithmus soll das autonome Anfahren einer definierten Zielstellung, ausgehend von einer beliebigen Ausgangsposition ermöglichen und basiert auf [43, 47].

3.5.1. Aufbau und Funktionsweise

Die grundlegende Idee der kollisionsfreien Bahnplanung ist in den Abbildungen 3.18 und 3.19 dargestellt. Dazu wird jeder Finger durch drei Punkte vollständig beschrieben. Über gegebene Gelenkwinkel können die Orientierungen der Finger, definiert durch die Verbindungslinien der Punkte $\vec{p}_{l,i}$ und $\vec{p}_{l,i+1}$ mit ($l \in [1,3], i \in [0,2]$), zueinander berechnet werden. Die notwendige, vordefinierte Home - Position $\vec{H}_h$ wird festgelegt auf:

$$\vec{H}_h = \begin{pmatrix} 0 & -40 & 0 & -40 & 0 & -40 & 0 \end{pmatrix}.$$

Identifizierung erlaubter und verbotener Bewegungen

Es wird anhand der Schnittebene $\vec{E}$ aus Abbildung 3.19 in jedem Fingerteil und den darin enthaltenen Schnittpunkten mit anderen Fingern eine Vorabentscheidung über erlaubte und verbotene Bewegungen getroffen. Der Normalenvektor $\vec{n}$ der Ebene $\vec{E}$ zeigt dabei stets entlang der gewünschten Bewegungsrichtung des Fingers. Existieren keine Schnittpunkte und liegen alle Punkte $\vec{p}_{l,i}$ unter der Ebene, wird die Bewegung freigegeben. Existieren Schnittpunkte mit der

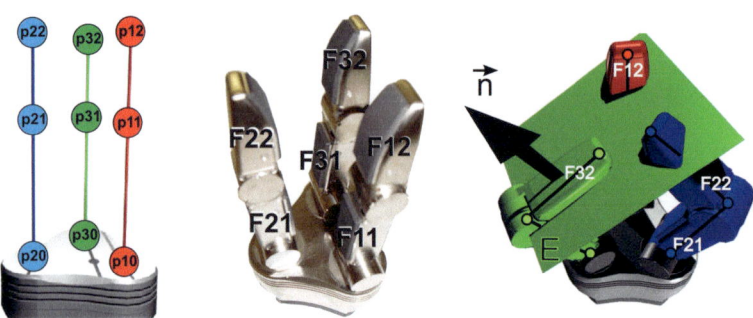

Abb. 3.18.: Modell des Mehrfignergreifers [43]

n_i	ϕ_0	ϕ_1	ϕ_2	ϕ_3	ϕ_4	ϕ_5	ϕ_6
0	60	-20	60	-5	90	55	50
1	60	**-40**	**0**	-5	90	55	50
2	60	-40	0	**-40**	**0**	55	50
3	60	-40	0	-40	0	**-40**	**0**
4	**0**	-40	0	-40	0	-40	0

Tab. 3.1.: Freifahren nach [47] und Abbildung 3.17

Ebene, projizieren die umhüllenden Punkte $\vec{p}_{l,i}, \vec{p}_{l,i+1}$ einen Richtungsvektor $\vec{x}_d$ auf die Ebene. Zeigen diese Richtungsvektoren vom zu untersuchenden Fingerteil weg, wird die Bewegung freigegeben. Da die Schnittpunktuntersuchung der Ebene $\vec{E}$ keine Abstände berechnet, werden ergänzende Betrachtungen zur nachträglichen Änderung, Anpassung und Festlegung der Bewegungszustände durchgeführt:

- Befinden sich Gelenke über der Schnittebene $\vec{p}_{l,i}$ $|l \in [1,3], i \in [0,1]$, wird die Bewegung des Fingerteils gesperrt.

- Positive Gelenkwinkeländerungen werden verhindert, bis alle Bewegungen abgeschlossen sind oder sie aufgrund ihres Sperrverhaltens unumgänglich werden.

- Der Blockiertest blockt alle Gelenkwinkeländerungen in Situationen, in denen Finger 1 oder 3 den Finger 2 in seiner Bewegungsrichtung sperren:

$$\phi_0 > 85° \quad \& \quad \phi_{1||5} > 50° \quad \& \quad \phi_{2||6} < -60°.$$

In diesen Fällen dürfen sich die blockierenden Fingerteile $\phi_{2||6}$ in positive Richtung bewegen. Dabei werden sie bis auf $\phi_{2||6} < -60°$ gefahren. Dort kann aufgrund der definierten Home - Position eine Kollisionsfreiheit garantiert werden.

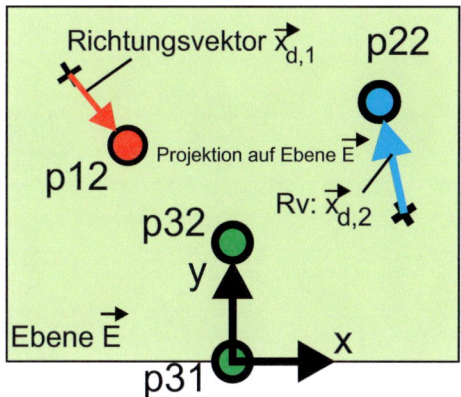

Abb. 3.19.: Schnittebene zur Analyse freier Bewegungen [43]

- Die Getriebe der Finger 2 und 3 können sich bei Gelenkwinkeln $\phi_0 < 11°$ überkreuzen und miteinander kollidieren. Diese Situation ist durch die Anordnung der Punkte $\vec{p}_{2,1}, \vec{p}_{3,1}$ definiert. Die beiden Getriebe können sich in folgenden Fällen kollisionsfrei passieren:

$$\phi_5 > 55° \quad || \quad \phi_5 < -16° \quad || \quad \phi_3 < -19°.$$

- Das Gelenk Null ϕ_0 wird als Letztes in die Nullstellung überführt, sofern es keine anderen Bewegungen vorab einschränkt.

Alle Gelenke werden hinsichtlich ihrer sperrenden oder eingeschränkten Bewegungssituation geprüft. Am Ende einer Untersuchung existiert mindestens ein Gelenk, das in eine neue Position überführt werden kann. Diese Zwischenposition wird in einer Bewegungsmatrix M_s abgespeichert und ausgehend von dieser neuen Handposition der Algorithmus solange wiederholt, bis alle Gelenke in die Home - Position überführt wurden. Der daraus entstehende Bewegungsablauf und die zeilenweise abgespeicherten Zwischenpositionen sind in Tabelle 3.1 dargestellt.

Autonomes Anfahren beliebiger Zielpositionen

Der entwickelte Algorithmus berechnet einen Bewegungsablauf M_s zur Überführung einer beliebigen Startposition in die Home - position. Die Umkehrung des Bewegungsablaufes $M_s \rightarrow M_s^{-1}$ überführt damit den Mehrfingergreifer von der Home - Position in die beliebige Startposition. Auf diese Weise kann jede Zielposition angefahren werden. Das Verfahren lässt sich zur Überführung beliebiger Start- in beliebige Zielpositionen erweitern. Sei $M_{s,1}$ der Bewegungsablauf der Startposition in die Home - position und $M_{s,2}$ der Bewegungsablauf zur Überführung

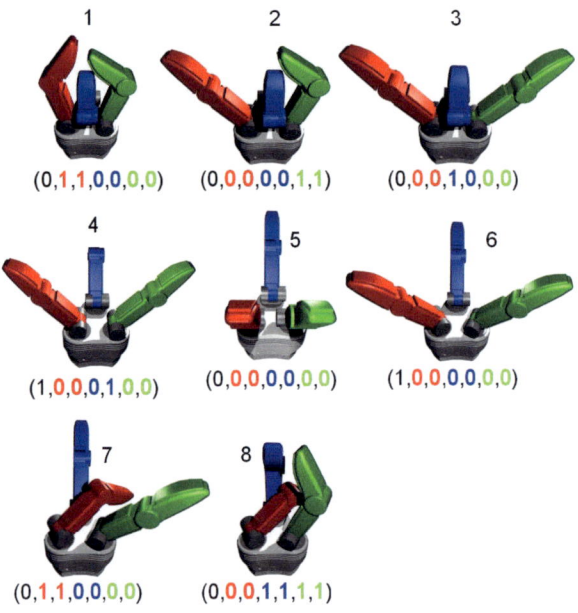

Abb. 3.20.: Darstellung der zusammengesetzten Überführung in die Zielposition [44]

der Zielposition in die Home - position. Dann kann eine vollständige Überführung M_s von Start zu Ziel zusammengesetzt werden mit:

$$M_s = M_{s,1} + M_{s,2}^{-1} \quad .$$ [3.53]

Abbildung 3.20 und Tabelle 3.2 stellen eine zusammengesetzte Überführung dar. Der zweite Bewegungsablauf wird in umgekehrter Reihenfolge durchfahren: $M_{s,2} \rightarrow M_{s,2}^{-1}$ und ist bereits in umgekehrter Reihenfolge $M_{s,2}^{-1}$ in Tabelle 3.2 integriert.

Rechenaufwand und Echtzeitfähigkeit

Ein vollständiger Bewegungsablauf besteht aus zwei identisch berechneten Bewegungsabläufen. Diese werden sequentiell nacheinander berechnet. Abbildung 3.21 stellt die notwendige Berechnungszeit t_b mit $t_b \ll 1ms$ auf einem xPC Dell Dimension 5100 dar. Aufgrund der unterschiedlichen Komplexität der Ausgangssituation der Fingergelenke ist die Anzahl notwendiger Zwischenstellungen nicht vorhersagbar, weshalb unterschiedliche Berechnungszeiten t_b resultieren. Die mittlere Berechnungszeit $\bar{t}_b$ beträgt $\bar{t}_b = 130\mu s$. Zwischen der Berechnung der beiden Bewegungsabläufe wird der Mehrfingergreifer in die Home-Position überführt und erfordert aufgrund der konstanten, vorliegenden Matrix $M_{s,x}$ kaum Rechenleistung.

n_i	ϕ_0	ϕ_1	ϕ_2	ϕ_3	ϕ_4	ϕ_5	ϕ_6
1	90	-12	45	67	-85	-17	70
2	90	-40	0	67	-85	-17	70
3	90	-40	0	67	-85	-40	0
4	90	-40	0	-40	-85	-40	0
5	0	-40	0	-40	0	-40	0
6	65	-40	0	-40	0	-40	0
7	65	50	60	-40	0	-40	0
8	65	50	60	-5	49	-21	50

Tab. 3.2.: Bewegungsablauf zur Abbildung 3.20 [47]

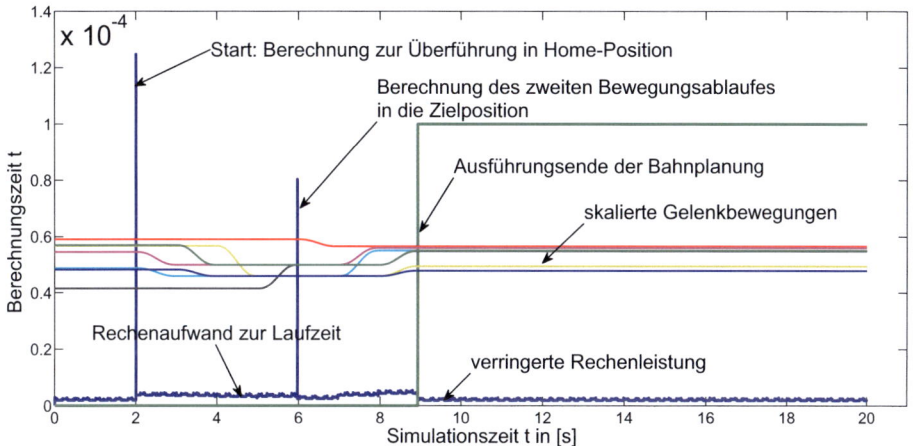

Abb. 3.21.: Darstellung der Echtzeitfähigkeit der autonomen Bahnplanung [44, 47]

3.6. Anwendung der Vorwärtskinematik zur Prädiktion taktiler Sensorwerte

Der automatische Aufbau stabiler Griffe ist eine der Hauptaufgaben einer Greifplanung. Zhixing Xue in [129] leitet dazu auf Grundlage vorhandener Drehmomentensensoren eine Möglichkeit zur Berechnung stabiler Griffe ab. Dieses Verfahren muss aufgrund der eingeschränkten Darstellung der Kontaktpunkte Vereinfachungen bezüglich der Kraftübertragung anwenden. Taktile Sensoren bieten darauf aufbauend die Möglichkeit, die Position und Intensität der Kraftübertragung ortsauflösend festzustellen. Sind die zu erwartenden taktilen Sensorinformationen der Greifplanung bekannt, so kann bereits vorab äquivalent zu [129] ein Verfahren entwickelt werden, um stabile Griffe zu bestimmen und die Stabilität entworfener Griffes grundlegend zu überprüfen. Ergänzend können vorhergesagte taktile Sensordaten zur reaktiven Griffbewertung herangezogen werden. Über einen Vergleich können Unterschiede festgestellt und entsprechend

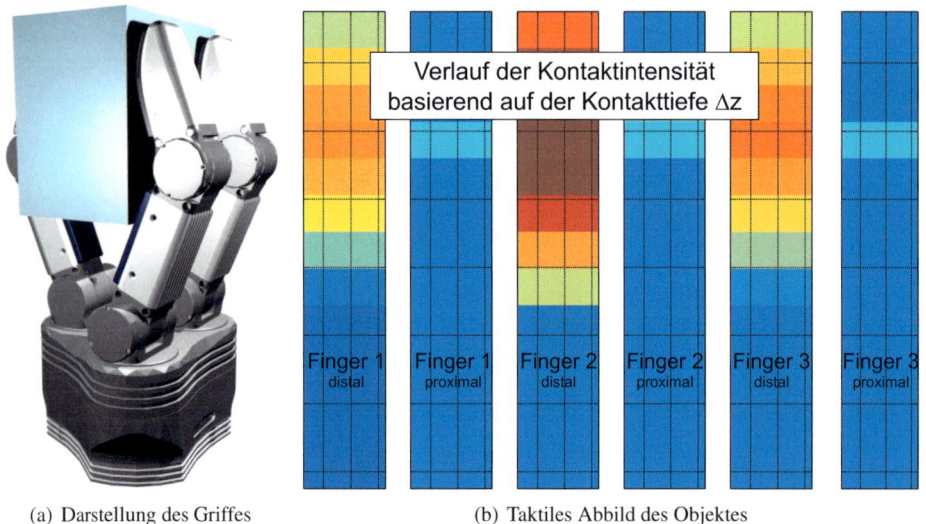

(a) Darstellung des Griffes   (b) Taktiles Abbild des Objektes

Abb. 3.22.: Prädiktion taktiler Abbildungen

spezieller Vorgaben darauf reagiert werden. Der nachfolgende Abschnitt greift daher die Idee von [129] auf und leitet ein dafür notwendiges Verfahren zur Prädiktion taktiler Sensordaten ab. Mit der in Abschnitt 3.2 gewonnenen Vorwärtskinematik der SDH2 ist es möglich, die Position und Orientierung taktiler Taxel zu berechnen, Abbildung 3.23. Ist zusätzlich ein zu greifendes Objekt sowohl in Größe als auch Lage und Orientierung gegeben, kann über Kollisionsverfahren berechnet werden, ob ein Taxel der SDH2 innerhalb des Objekts liegt. In diesem Fall ist dieser Taxel als aktiv zu markieren. Auf diese Art und Weise kann ein digitaler Abdruck des Objektes auf jedem Sensor gewonnen werden. Weiterhin ist es möglich, durch die Tiefe Δz des Eindringens in ein Objekt den Verlauf innerhalb der Sensormatrix abzubilden. Taxel, die nur eine sehr geringe Eindringtiefe vorweisen können demnach als schwach aktiv, tief eingedrungene Taxel als stark aktiv angezeigt werden, siehe Abbildung 3.22(b). Mit dem Ansatz aus Abschnitt 3.1.3 können so taktile Sensordaten und zugehörige Kontaktkräfte simuliert werden.

3.6.1. Tiefeninformationen und taktile Abdrücke am Greifobjekt

Jedem taktilen Taxel mit dem Ortsvektor $\vec{P_t}$ kann ein Normalenvektor $\vec{n_t}$ zugeordnet werden, siehe Abbildung 3.24. Die Gerade

$$\vec{g_t} = \vec{P_t} + t \cdot \vec{n_t} \qquad [3.54]$$

durch einen Sensorpunkt $\vec{P_t}$ mit dem Normalenvektor $\vec{n_t}$ als Richtungsvektor kann n Schnittpunkte $\vec{Q_n} \in \Re^3$ bei n unterschiedlichen Parametern t_n mit einem umgebenden Objekt haben.

Da Objekte stets eine räumliche Ausdehnung haben, wird es entweder keinen oder aber eine gerade Anzahl an Schnittpunkten mit dem Objekt geben, siehe Abbildung 3.23.

$$\vec{Q}_n = \vec{P}_t + t_n \cdot \vec{n}_t \qquad [3.55]$$

Die Strecke $\Delta z_n = t_n \cdot \vec{n}_t$ gibt an, wie weit der taktile Sensorpunkt im oder vom Objekt entfernt liegt. Anhand der Vorzeichen der einzelnen Parameter $t_n \in \mathfrak{R}$ kann erkannt werden, ob der Punkt $\vec{P}_t$ vor, in oder hinter einem Objekt liegt. Nur in dem Fall, in dem die Anzahl der Parameter t_n, für die gilt: $t_n < 0$ ungerade ist, liegt $\vec{P}_t$ im Objekt. In diesem Fall gibt das Minimum der Strecken $\Delta z = t_n \cdot \vec{n}_t$ mit: $t_n < 0$ die Tiefeninformation für den taktilen Sensorpunkt an.

Bestimmung der Entfernungsparameter
Die Geometrie eines Objektes kann annähernd durch k Dreiecke nachgebildet werden (STL, Wavefront). Diese bilden mit ihren Eckpunkten $\vec{Q}_1, \vec{Q}_2, \vec{Q}_3$ Ebenen $\vec{E}_q$ im Raum:

$$
\begin{aligned}
\vec{E}_q &= \vec{Q}_1 + r \cdot \vec{V}_1 + s \cdot \vec{V}_2 = \vec{Q}_1 + r \cdot (\vec{Q}_2 - \vec{Q}_1) + s \cdot (\vec{Q}_3 - \vec{Q}_1) & [3.56] \\
\vec{n}_q &= \vec{V}_1 \times \vec{V}_2 = (\vec{Q}_2 - \vec{Q}_1) \times (\vec{Q}_3 - \vec{Q}_1) & [3.57] \\
d_q &= \vec{n}_q \cdot \vec{Q}_1 & [3.58]
\end{aligned}
$$

Da die Gerade $\vec{g}_t$ durch den Punkt $\vec{P}_t$ mit dem Normalenvektor $\vec{n}_t$ als Richtungsvektor die Ebene $\vec{E}_q$ im Punkt $\vec{Q}$ schneidet, gilt für den Parameter t

$$
\begin{aligned}
\vec{Q} &= \vec{P}_t + t_n \cdot \vec{n}_t \\
d_q &= \vec{n}_q \cdot \vec{Q} = \vec{n}_q \cdot (\vec{P}_t + t_n \cdot \vec{n}_t) \\
t_n &= \frac{d_q - \vec{n}_q \cdot \vec{P}_t}{\vec{n}_q \cdot \vec{n}_t}. & [3.59]
\end{aligned}
$$

In dem Sonderfall $\vec{n}_q \cdot \vec{n}_t = 0$ ist die Ebene parallel zum Normalenvektor und es gibt nur einen Schnittpunkt, wenn gleichzeitig $(d_q - \vec{n}_q \cdot \vec{P}_t) = 0$ gilt. In diesem Fall liegt $\vec{P}_t$ direkt auf einer die Oberfläche beschreibenden Ebene $\vec{E}_q$ und für die Kontakttiefe gilt: $\Delta z = 0$. Ist $\vec{n}_q \cdot \vec{n}_t \neq 0$ muss überprüft werden, ob der Schnittpunkt $\vec{Q}$ mit der Ebene $\vec{E}_q$ in der zulässigen Fläche, die durch $\vec{Q}_1, \vec{Q}_2, \vec{Q}_3$ aufgespannt wird, liegt. Dafür muss in Gleichung 3.56 gelten:

$$(0 \leq r \leq 1) \qquad (0 \leq s \leq 1) \qquad 0 \leq (r+s) \leq 1 \qquad [3.60]$$

Liegt der Schnittpunkt innerhalb der zulässigen Fläche, so ist mit $\Delta z = t_n \cdot \vec{n}_t$ die gesuchte Eindringtiefe bestimmt. Diese Untersuchung muss für jeden Sensorpunkt i, j auf allen Dreiecksflächen k des Objektes durchgeführt werden. Aufbauend auf diese Untersuchungen kann ein

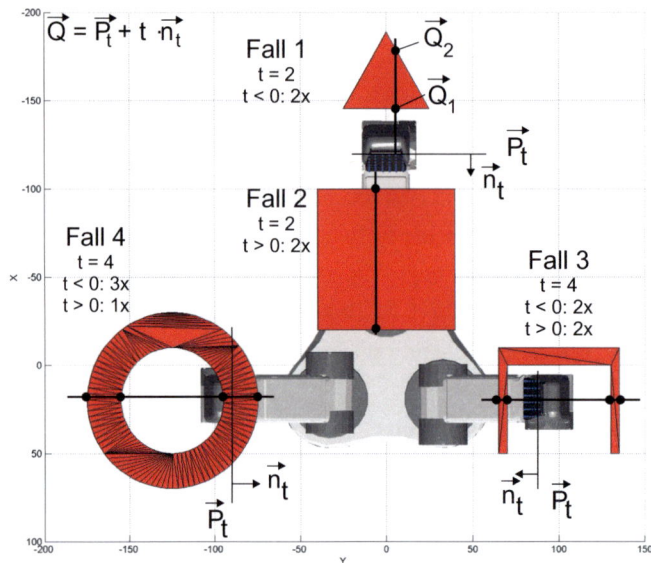

Abb. 3.23.: Anzahl und Richtung der Objektschnittpunkte

Verfahren zur Reduzierung des Rechenaufwands auf Grundlage der räumlichen Ausdehnung taktiler Sensormatrizen hergeleitet werden.

3.7. Taktile Sensordatenanalyse und -auswertung

Im Folgenden werden Methoden für das Extrahieren von Informationen aus taktilen Sensoren vorgestellt und ihre Notwendigkeit für Reaktives Greifen beschrieben. Das Ziel der Extraktion besteht in einer mathematischen Beschreibung einer taktilen Abbildung. Nachfolgenden Analysen liegen zweidimensionale taktile Sensormatrizen $T_s \in \mathbb{R}^{k \times l}$ zugrunde. Der Sensorwert eines druckempfindlichen Taxels in Zeile i und Spalte j wird mit $t_{ij} \in \mathbb{R}$ bezeichnet.

3.7.1. Statistische Beschreibung des Sensorfeldes - Momente

Momente innerhalb einer taktilen Bildverarbeitung beschreiben grundlegende Eigenschaften eines Bildes. Nicht zentrierte Momente einer zweidimensionalen taktilen Sensormatrix T_s mit den Abmessungen $[k,l]$ werden berechnet durch:

$$M_{nm} = \sum_{i=1}^{k} \sum_{j=1}^{l} i^n j^m \cdot T_s(i,j) = \sum_{i=1}^{k} \sum_{j=1}^{l} i^n j^m t_{i,j}. \qquad [3.61]$$

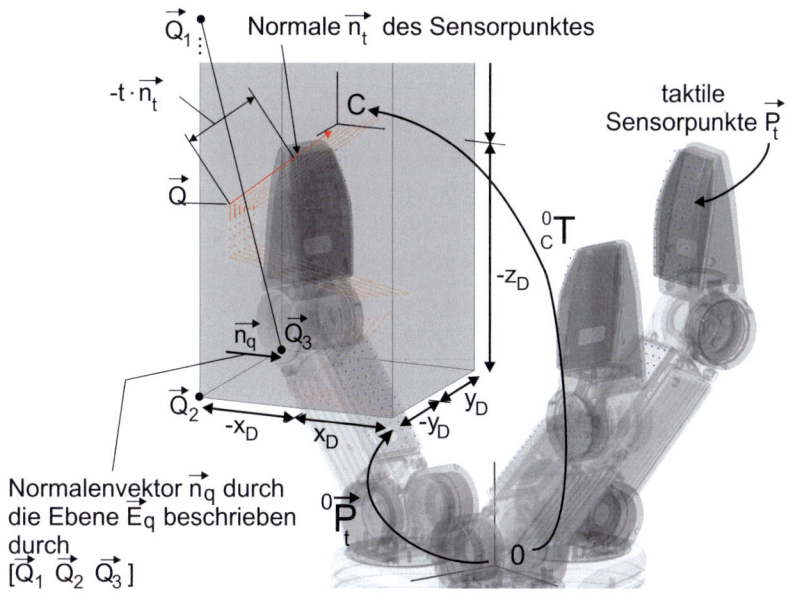

Abb. 3.24.: Tiefenanalyse taktiler Sensoren in gegriffenen bzw. umgebenden Objekten

Gilt: $t_{i,j} \in \mathbb{Z} \mid t_{i,j} = [0, t_{max}]$, wobei t_{max} den maximal digitalisierbaren Wert klassifiziert, so wird der druckbezogene Schwerpunkt $\vec{m}_d$ berechnet über:

$$\vec{m}_d = \left(\frac{M_{10}}{M_{00}}, \frac{M_{01}}{M_{00}} \right).$$
[3.62]

Gilt alternativ $t_{i,j} \in \mathbb{Z} \mid t_{i,j} = [0, 1]$, so liegt den Untersuchungen ein binäres taktiles Sensorbild zugrunde. Mittels Gleichung 3.62 wird die Lage des geometrischen Schwerpunktes $\vec{m}_g$ berechnet. Der Mittelwert der Sensorwerte ist über

$$\bar{t} = \frac{M_{00}}{k \cdot l} = \frac{1}{k \cdot l} \sum_{i=1}^{k} \sum_{j=1}^{l} t_{ij}$$
[3.63]

definiert. Bezeichnet q die Anzahl aktiver taktiler Sensorzellen t_{ij} mit $t_{ij} > 0$, so ist damit ein Maß für die Kontaktgröße innerhalb der taktilen Abbildung gegeben und der Mittelwert aller aktiven Sensorzellen kann mittels $\bar{t}_{act} = \frac{M_{00}}{q}$ bestimmt werden. Die Varianz $VAR(t)$ bzw. die zugehörige Standardabweichung σ des jeweiligen Erwartungswertes können über:

$$VAR(t) = \sigma^2 = \frac{\sum_{i=1}^{k} \sum_{j=1}^{l} (t_{ij} - \bar{t})^2}{k \cdot l - 1}$$
[3.64]

59

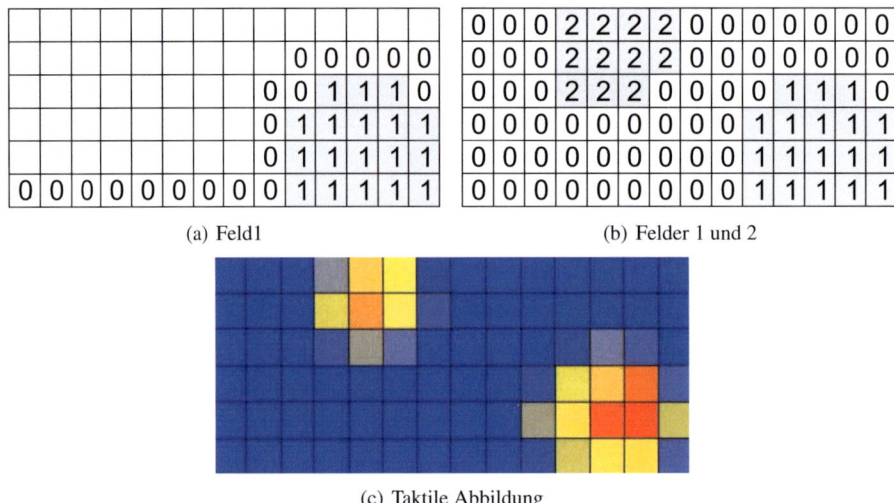

(a) Feld1   (b) Felder 1 und 2

(c) Taktile Abbildung

Abb. 3.25.: Verfahren zur Detektion unabhängiger Kontaktstellen

erhalten werden. Die relative Beziehung zwischen Erwartungswert und Standardabweichung wird durch den Variationskoeffizienten V_t mit:

$$V_t = \frac{\sigma}{\bar{t}}.$$ [3.65]

abgebildet. Für ergänzende Untersuchungen weiterer translations- und rotationsinvarianter Momente, die insbesondere im Rahmen bildverarbeitender Methoden Anwendung finden können, sei auf [36] verwiesen.

3.7.2. Determination unabhängiger Kontaktflächen

Die Detektion unabhängiger Kontaktstellen bildet die Grundlage verschiedener reaktiver Greifskills sowie die individuelle und unabhängige Behandlung punktueller Berührungen. Ihr Beitrag im reaktiven Greifprozess lässt sich wie folgt zusammenfassen:

• Griffbewertung: Gegenüberstellung gegebener und erwarteter Objektkontakte

• Reduzierung des notwendigen Rechenaufwands für bildverarbeitende Methoden

• Individuelle Kontaktklassifizierung

• Taktile Rutschdetektion: Analyse und Auswertung individueller Verhaltensweisen

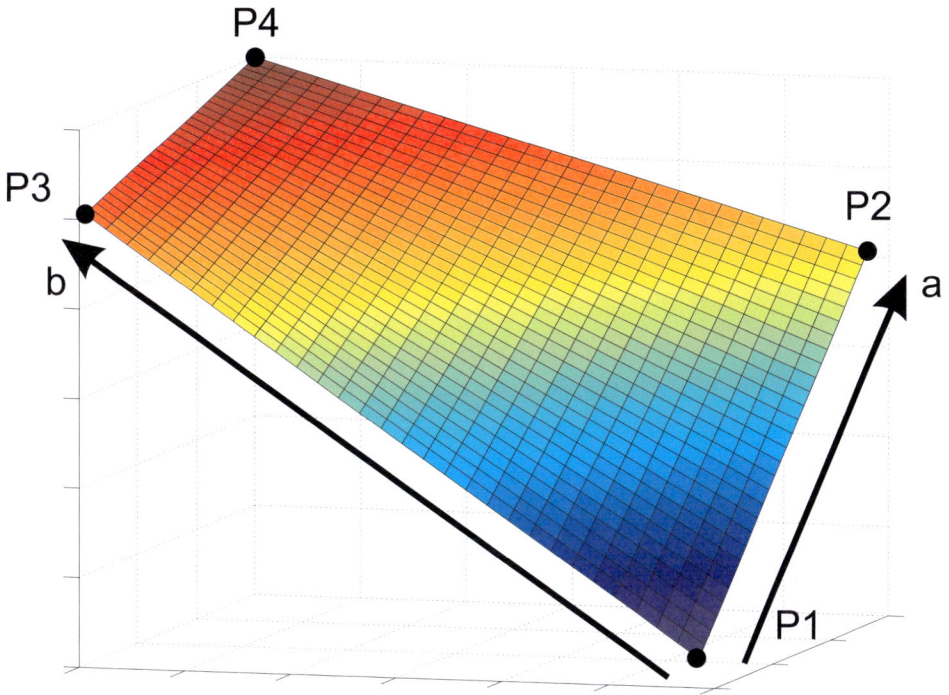

Abb. 3.26.: Interpolationsverfahren zwischen 4 Punkten im Originalbild

Während der "Watershed Algorithmus", der ebenfalls zur Bildsegmentierung herangezogen werden kann, von lokalen Maxima ausgeht und damit taktile Abbildung vorab nach Extremstellen durchsucht, wird im Folgenden ein beschleunigtes Verfahren vorgestellt, um Echtzeitfähigkeit zu gewährleisten [36, 99, 104]. Die Abbildung 3.25 stellt das diesem Verfahren zugrunde liegende Prinzip dar. Es ist entsprechend Abbildung 3.25(c) eine taktile Matrix $T_s \in \Re^{k,l}$ mit zwei unabhängigen Kontaktflächen gegeben. Diese wird nach einer ersten aktiven Zelle $t_{i,j} > 0$ durchsucht. Wird ein aktives Element gefunden, wird ausgehend von ihrem Index (i, j) innerhalb der Matrix rekursiv nach benachbarten aktiven Zellen gesucht, um eine zusammenhängende Kontaktfläche zu detektieren, Abbildung 3.25(a). Der Vorgang wiederholt sich äquivalent für weitere, noch nicht untersuchte, taktile Sensorzellen 3.25(b).

3.7.3. Skalierung taktiler Abbildungen

Bildverarbeitende Methoden zur Analyse taktiler Sensordaten, beispielsweise die taktile Eingabesprache nach Abschnitt 3.9, können einheitliche Bildgrößen zur Detektion eingegebener Daten und Informationen erfordern. Für die Anpassung zweidimensionaler Abbildungen stehen aus dem Bereich der Bildbearbeitung verschiedene Interpolationsverfahren (bilinear, bikubisch)

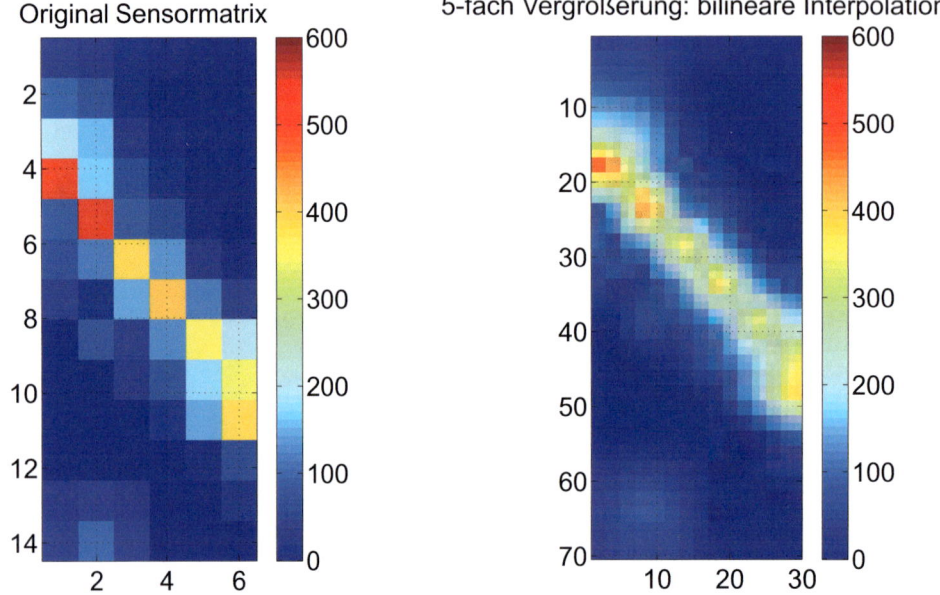

Abb. 3.27.: Gegenüberstellung der taktilen Matrizen

zur Verfügung. Beispielhaft wird die Methodik und ein Ergebnis einer bilinearen Interpolation in den Abbildungen 3.26 und 3.27 dargestellt. Die neuen Koordinaten i', j' eines originalen Bildpunktes mit den Koordinaten i, j lassen sich bei einer Vergrößerung um den gemeinsamen Faktor f durch:

$$\begin{pmatrix} i' \\ j' \end{pmatrix} = \frac{f+1}{2} \cdot \begin{pmatrix} 1 \\ 1 \end{pmatrix} + f \cdot \begin{pmatrix} (i-1) \\ (j-1) \end{pmatrix} \qquad [3.66]$$

berechnen. Die Umkehrung von Gleichung 3.66 ergibt sich zu:

$$\begin{pmatrix} i \\ j \end{pmatrix} = \frac{f-1}{2f} \cdot \begin{pmatrix} 1 \\ 1 \end{pmatrix} + \frac{1}{f} \cdot \begin{pmatrix} i' \\ j' \end{pmatrix}. \qquad [3.67]$$

Damit ist bekannt, zwischen welchen 4 Punkten im Originalbild ein Punkt im skalierten Bild liegt. Mit der bilinearen Interpolationsgleichung

$$\begin{aligned} f(i',j') &= (1-a)(1-b)P_1 + a(1-b)P_2 + b(1-a)P_3 + a \cdot b \cdot P_4 \qquad [3.68] \\ a,b &\in [0,1] \end{aligned}$$

kann der zugehörige Wert $f(i', j')$ des neuen Bildpunktes $P(i', j')$ mit $i \in [1, k'], j \in [1, l']$ im skalierten Bild berechnet werden.

Binärbildskalierung auf feste Ausgangsgröße

Eine binäre Eingangsmatrix $T_{in}^{k,l}$ wird auf die binäre Ausgabematrix $T_{out}^{k',l'}$ mit benutzerdefinierter Dimension k', l' skaliert. Der zugehörige Wert eines Pixels $t_{i,j}$ der Zeile $i \in [1, k']$ und Spalte $j \in [1, l']$ der Ausgabematrix T_{out} wird bestimmt über:

$$t_{i,j} = T_{in}(i', j') \text{ mit } i' = \lfloor \frac{i \cdot k}{k'+1} \rfloor + 1 \text{ und } j' = \lfloor \frac{i \cdot l}{l'+1} \rfloor + 1 \qquad [3.69]$$

Bilineare Interpolation auf feste Ausgangsgröße

Bei der Skalierung von $T_{in}^{k,l}$ auf $T_{out}^{k',l'}$ können die Verfahren der bilinearen Interpolation verwendet werden. Dazu muss Gleichung 3.67 bei unterschiedlicher horizontaler und vertikaler Skalierung angepasst werden auf:

$$\vec{f} = \begin{pmatrix} f_k & f_l \end{pmatrix} = \begin{pmatrix} \frac{k'}{k} & \frac{l'}{l} \end{pmatrix} \qquad [3.70]$$

$$\begin{pmatrix} k \\ l \end{pmatrix} = \frac{1}{2} + \begin{pmatrix} i - \frac{1}{2} & 0 \\ 0 & j - \frac{1}{2} \end{pmatrix} \cdot \begin{pmatrix} \frac{1}{f_k} \\ \frac{1}{f_l} \end{pmatrix} \qquad [3.71]$$

und ermöglicht damit die Berechnung der Punkte $P_1 ... P_4$. Die Skalierung der Matrizen kann mit der Interpolationsvorschrift 3.68 erfolgen.

$$P_1 = T_{in}(\lfloor k \rfloor, \lfloor l \rfloor) \quad P_2 = T_{in}(\lceil k \rceil, \lfloor l \rfloor) \quad P_3 = T_{in}(\lfloor k \rfloor, \lceil l \rceil) \quad P_4 = T_{in}(\lceil k \rceil, \lceil l \rceil)$$
$$a = k - \lfloor k \rfloor \qquad b = l - \lfloor l \rfloor$$

3.7.4. Hauptkomponentenanalyse (PCA)

Die Hauptkomponentenanalyse (PCA) stellt im mathematischen Sinn eine Hauptachsentransformation dar und wird in der Bildverarbeitung zur Beschreibung von Abbildungen herangezogen [14]. Dazu werden mit Hilfe der Kovarianzmatrix die Hauptachsen der Bildpunkte bestimmt, um den Verlauf einer taktilen Abbildung zu charakterisieren, Abbildung 3.28. Die Matrix $M_A \in \mathfrak{R}^{n \times 2}$ enthält die Koordinaten x, y der n aktiven taktilen Sensorzellen einer taktilen Abbildung T_s. Mit Hilfe der Kovarianzmatrix:

$$Cov(M_A) = \begin{pmatrix} Cov(x,x) & Cov(x,y) \\ Cov(y,x) & Cov(y,y) \end{pmatrix} \qquad [3.72]$$

mit

$$Cov(x,y) = \frac{\sum_{i=1}^{n} (x_i - \bar{x})(y_i - \bar{y})}{n-1} \qquad [3.73]$$

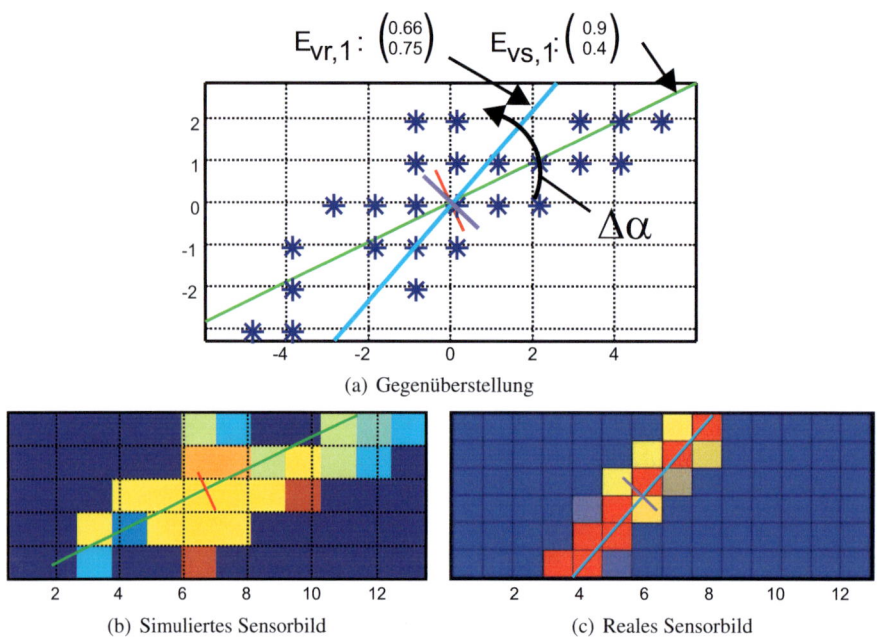

(a) Gegenüberstellung

(b) Simuliertes Sensorbild   (c) Reales Sensorbild

Abb. 3.28.: Hauptkomponentenanalyse taktiler Sensormatrizen

wird der Zusammenhang zwischen dem Verlauf der n aktiven Bildpunkte entlang der Bildachsen x, y bestimmt. Die Hauptachsen sind identisch mit den Eigenvektoren der Kovarianzmatrix, orthogonal zueinander, beschreiben eine Rotation um das ursprüngliche Koordinatensystem und damit die Orientierung der Abbildung. Die zugehörigen Eigenwerte sind ein Maß für die Stärke des Zusammenhanges. Beispielhaft kann entsprechend Abbildung 3.28 ein Orientierungsfehler mittels einer Winkeldifferenz $\Delta\alpha$ zwischen den Rotationen in der simulierten $E_{v,s}$ und der realisierten $E_{v,r}$ Eigenvektormatrix bestimmt werden, dass als Maß für die Güte eines umgesetzten Griffes herangezogen werden kann:

$$E_{v,s} = \begin{pmatrix} 0.9 & -0.4 \\ 0.4 & 0.9 \end{pmatrix} \qquad E_{v,r} = \begin{pmatrix} 0.66 & -0.75 \\ 0.75 & 0.66 \end{pmatrix}$$

$$\Delta\alpha = \alpha_1 - \alpha_2$$

$$\Delta\alpha = \arcsin(0.4) - \arcsin(0.75) \approx 23.6° - 48.5° \approx -24.9°. \qquad [3.74]$$

3.7.5. Kontaktklassifizierung taktiler Eingaben

Die Rekonstruktion des tatsächlich auf den taktilen Sensor einwirkenden Druckprofiles ist aufgrund der Spannungsverteilung innerhalb der taktilen Matrix nicht möglich. Mittels der durch

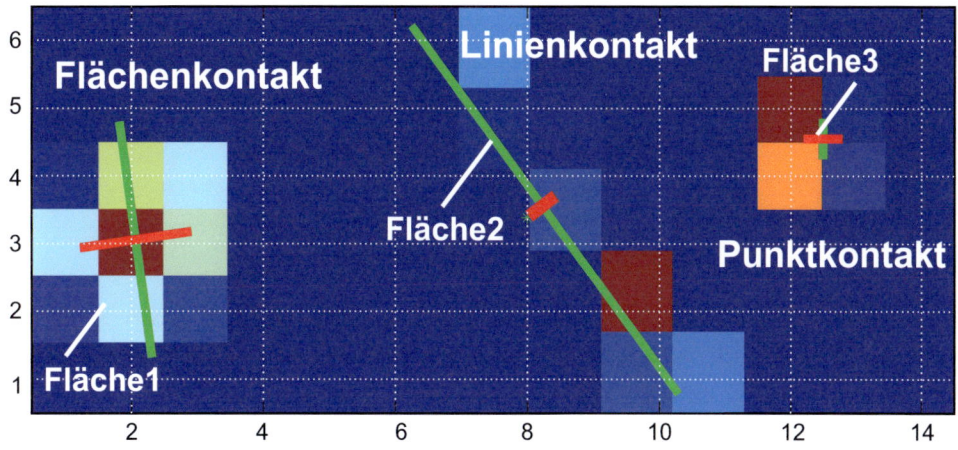

Abb. 3.29.: Kontaktklassifizierung taktiler Eingaben

die PCA berechneten Eigenvektoren und Eigenwerte können grundlegende geometrische Unterscheidungen innerhalb des taktilen Abdruckes angegeben werden. Dazu ist es notwendig, unabhängige Kontaktflächen wie in Abbildung 3.27 mittels Abschnitt 3.7.2 voneinander zu trennen. Die Abbildung 3.29 zeigt ein Ergebnis einer Sensormatrix mit mehreren Kontaktflächen. Während die Eigenvektoren die Hauptachsen - und damit die Hauptorientierung der Abbildung repräsentieren, können anhand der Höhe der Eigenwerte Aussagen über die Geometrie selbst gemacht werden. Sie klassifizieren einen Kontakt als Punkt -, Flächen- oder Linienkontakt. Mit den Eigenwerten e_1, e_2 und $e_1 > e_2$, gilt:

$$\frac{e_1}{e_2} : \begin{cases} > x_l & \textbf{Linienkontakt} \\ \leq x_l : \begin{cases} e_2 > x_p & \textbf{Flächenkontakt} \\ e_2 \leq x_p & \textbf{Punktkontakt} \end{cases} \end{cases} \qquad [3.75]$$

Der Wert x_p beschreibt die Unterscheidung zwischen Punkt- und Flächenkontakt durch die Festlegung der zulässigen Abmessung eines Punktes. x_l legt das minimale Verhältnis zwischen Länge und Breite für einen Linienkontakt fest.

Beschreibung der Kontaktgröße

Unter Verwendung der generierten Eigenwerte der Hauptkomponenten Analyse (PCA) können am Objekt ausgerichtete Quader (OOBB) zur Bestimmung der Kontaktgröße herangezogen werden. Die Eigenvektoren bestimmen dazu die Richtungsvektoren der Achsen, minimieren damit den Flächeninhalt der OOBB's und ermöglichen rotationsinvariante Darstellungen. Alternativ dazu bieten an den Achsen ausgerichtete Quader (AABB) eine sehr einfache Möglichkeit, die Größe des Druckkontaktes abzuschätzen. Beiden Verfahren gemein ist die Berechnung der Hüllkörper aufbauend auf definierten Schwellwerten, um schwach aktive Randelemente eines taktilen Kontaktes, die infolge einer Spannungsverteilung innerhalb der Sensorik auftreten, heraus zu filtern.

Laplace Operatoren zur Punkt- und Kantendetektion

Zur eindeutigeren Bestimmung der Art des Kontaktes können mit Hilfe von Laplace-Operatoren $\Delta f = \frac{\delta^2 f}{\delta x^2} + \frac{\delta^2 f}{\delta y^2}$ mögliche Kanten oder Punkte in taktilen Sensorflächen zusätzlich hervorgehoben werden. Dabei werden in diskreten Funktionen Faltungsmasken vom Typ

$$
\begin{pmatrix} 0 & 1 & 0 \\ 1 & -4 & 1 \\ 0 & 1 & 0 \end{pmatrix} \quad \text{bzw.} \quad \begin{pmatrix} 1 & 1 & 1 \\ 1 & -8 & 1 \\ 1 & 1 & 1 \end{pmatrix} \quad [3.76]
$$

verwendet. Diese ergeben sich anschaulich aus der diskreten Berechnung der zweiten Ableitung eines Punktes $f(x)$ entsprechend:

$$
\Delta f = \frac{\delta^2 f}{\delta x^2} = \frac{\frac{P_{x+1}-P_x}{\Delta x} - \left(\frac{P_x - P_{x-1}}{\Delta x}\right)}{\Delta x} \quad [3.77]
$$

$$
\Delta f = \frac{P_{x-1} - 2 \cdot P_x + P_{x+1}}{2 \cdot \Delta x} \approx \begin{pmatrix} 1 & -2 & 1 \end{pmatrix} \cdot \begin{pmatrix} P_{x-1} \\ P_x \\ P_{x+1} \end{pmatrix} \quad [3.78]
$$

Die Faltungsmasken werden vor der Berechnung der Hauptkomponentenanalyse auf die Sensormatrix angewendet und haben damit direkten Einfluss auf die Eigenwerte der Matrix.

3.7.6. Der Hit-or-Miss-Operator

Der Hit-or-Miss-Operator ist ein morphologischer Operator und kann zur Detektion von Bildelementen mit bestimmten Erscheinungsformen herangezogen werden. Der Hit - or - Miss - Operator, auf ein taktiles Sensorbild T_s angewandt, ermöglicht damit eine verbesserte Darstellung eingegebener Konturen sowie die Eliminierung des Einflusses defekter Taxel. Eine detaillierte Beschreibung des Hit- or- Miss- Operators ist in [36] dargestellt. Abbildung 3.30(a) stellt eine unbearbeitete taktile Eingabe dar. Mit Hilfe des Hit-or-Miss-Operators werden diejenigen Pixel erkannt, die überstrichen, aber infolge zu schwacher bzw. zu schneller Eingabebewegungen oder infolge eines Defektes nicht angesprochen wurden. Dazu werden vier verschiedene, in der Morphologie als strukturierte Elemente bzw. Strukturelemente bezeichnete, Bildelemen-

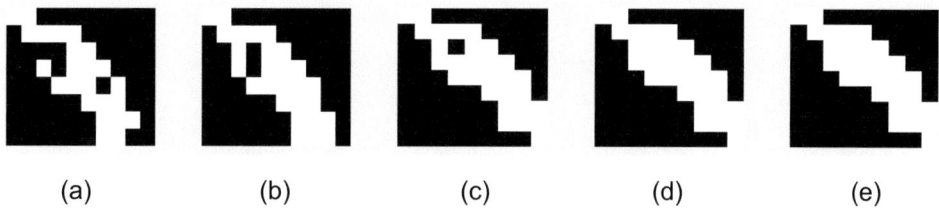

$$(a) \qquad (b) \qquad (c) \qquad (d) \qquad (e)$$

Abb. 3.30.: Beispiel zur Nachbearbeitung des Eingabebildes: (a) Originalbild; (b) nach B_1 (c) Überarbeitung mit B_1, B_2 (d) Überarbeitung mit B_1, B_2, B_3 (e) Vollständig überarbeitetes Bild

te B_1 bis B_4 definiert, welche die zu detektierenden Pixelanordnungen beinhalten, Gleichung 3.80. Der Hit-or-Miss-Operator eines Strukturelementes B angewandt auf ein Binärbild T_s wird bezeichnet mit: $T_s \otimes B$. Die Strukturelemente werden entsprechend Gleichung 3.79 mit $T_{s,0}$ als binäres Ausgangsbild und $T_{S,4}$ als vollständig überarbeitetes Bild angewandt.

$$T_{s,i} = T_{s,i-1} \vee (T_{s,0} \otimes B_i) \qquad [3.79]$$

$$B_1 = \begin{pmatrix} 0 & 1 & 0 \\ 0 & 0 & 0 \\ 0 & 1 & 0 \end{pmatrix} \quad B_2 = \begin{pmatrix} 0 & 0 & 0 \\ 1 & 0 & 1 \\ 0 & 0 & 0 \end{pmatrix} \quad B_3 = \begin{pmatrix} 1 & 0 & 0 \\ 0 & 0 & 0 \\ 0 & 0 & 1 \end{pmatrix} \quad B_4 = \begin{pmatrix} 0 & 0 & 1 \\ 0 & 0 & 0 \\ 1 & 0 & 0 \end{pmatrix} \qquad [3.80]$$

Das Ergebnis der beispielhaften Überarbeitung ist in Abbildung 3.30 in den Teilabbildungen (b) bis (e) dargestellt.

3.8. Taktile Rutschdetektion

Die taktile Sensorik ermöglicht das Erkennen und Bewerten von Bewegungen zwischen gegriffenen bzw. kontaktierten Objekten und dem Fingerelement eines Greifers. Im Folgenden werden drei verschiedene Verfahren vorgestellt, die zur Detektion taktiler Rutschbewegungen herangezogen werden können.

3.8.1. Momentenanalyse zur Rutschdetektion

Bildschwerpunkte gehören zu den nicht zentrierten Momenten eines Bildes und können zur Detektion von Rutschbewegungen herangezogen werden. Sind zu einem Zeitpunkt t_0 der flächenmäßige $\vec{m}_g^{(t_0)}$ oder auch druckbezogene $\vec{m}_d^{(t_0)}$ Bildschwerpunkt entsprechend Abschnitt 3.7.1 gegeben, so können Deplatzierungen $\Delta \vec{s}$ zu einem späteren Zeitpunkt t mit $t > 0$ berechnet werden über:

$$\Delta \vec{s}_x^t = \vec{m}_x^t - \vec{m}_x^{(t_0)} \qquad x \in \{g, d\}. \qquad [3.81]$$

Die absolute Verschiebung $\Delta s_x^t \in \mathbb{R}^+$ ergibt sich in Kombination mit der realen Taxeldimension d zu:

$$\Delta s_x^t = \|\Delta \vec{s}_x^t\| \cdot d \qquad x \in \{g,d\}. \tag{3.82}$$

Die Ableitung der Verschiebung liefert die aktuelle Rutschgeschwindigkeit:

$$\dot{s}_x^t = \frac{\|\Delta \vec{s}_x^t - \Delta \vec{s}_x^{t-1}\| \cdot d}{\Delta t} \qquad x \in \{g,d\}. \tag{3.83}$$

3.8.2. Die Fast Fourier Transformation (FFT) in der Rutschdetektion

E.G.M. Holweg in [53] sowie L. Marconi in [75] beschreiben ein Verfahren zur Bestimmung anfänglicher Verschiebungen auf taktilen Sensoren. Dabei findet zum aktuellen Zeitpunkt der Untersuchung kein Rutschen auf den Sensoren statt. Vielmehr wird die durch die Elastizität des Sensormaterials ermöglichte Verschiebung des Schwerpunktes auf der Sensorik sichtbar gemacht. Das Verfahren beruht auf den Verschiebungen des aktuellen Schwerpunktes $\vec{m}_x^t$ mit $x \in \{g,d\}$ innerhalb einer taktilen Abbildung entsprechend Gleichung 3.62. Holweg überführt die Schwerpunkte in Polarkoordinaten ρ, θ und bezieht im Weiteren die Rutschdetektion nur auf die orientierungslose, generalisierte Koordinate ρ. Damit wird das Verfahren dahingehend eingeschränkt, dass rotationssymmetrische Bewegungen mit $\rho = konst.$ sowie die Bewegungsrichtung nicht erkannt werden. Zum aktuellen Zeitpunkt wird die schnelle Fouriertransformation (FFT) auf Basis der letzten N - Werte der Koordinate ρ berechnet(mit $N = 2^x | x \in \mathbb{N}$):

$$R(k) = \sum_{i=0}^{N-1} \rho_i e^{j2\pi ik/N} \tag{3.84}$$

Im Gegensatz zur theoretischen Herleitung in [53] sind die Amplitudenspektren der FFT mit und ohne Rutschen ähnlich, Abbildung 3.31. Tiefe Frequenzamplituden dominieren das Spektrum und kennzeichnen nur durch ihre Amplituden $\hat{A}$ eine tatsächliche Verschiebung des Druckschwerpunktes und damit Rutschen s_{fft}. Die vorhandenen Amplituden $\hat{A}$ innerhalb der FFT ohne Rutschen resultieren aus dem Rauschen der Sensorik. Daher muss für die Differenzierung zwischen Rutschen und nicht Rutschen ein Amplitudenschwellwert $\hat{a}_r$ definiert werden, der je nach Sensibilität den bestehenden Anforderungen anzupassen ist und das Rauschen des Sensors und die damit einhergehende Ungenauigkeit des Schwerpunktes unterdrückt.

$$s_{fft} = \begin{cases} 1 & \text{falls } \hat{A} \geq \hat{a}_r \\ 0 & \text{falls } \hat{A} < \hat{a}_r \end{cases} \tag{3.85}$$

Die FFT basiert auf dem Wissen von N zurückliegenden Schwerpunktskoordinaten. Dadurch wird der Berechnung ein Zeitintervall t_{fft} von $t_{fft} = N \cdot f_t$ mit der Abtastfrequenz f_t der taktilen

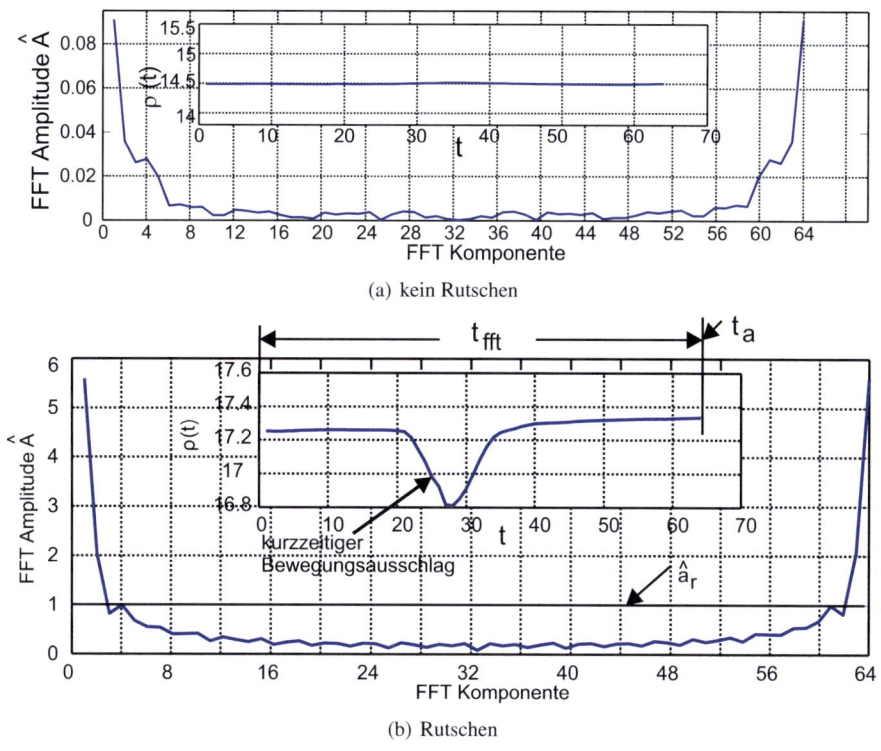

(a) kein Rutschen

(b) Rutschen

Abb. 3.31.: Rutscherkennung mittels FFT - Ergebnisse: $\hat{a}_r = 1$

Sensormatrix zugrunde gelegt. Eine kurzzeitige Verschiebung des Schwerpunktes, wie in Abbildung 3.31 dargestellt, kann mit der FFT sofort erkannt werden. Die kurzzeitige Verschiebung bleibt für die Zeitdauer t_{fft} im FIFO - Speicher der FFT. Während dieser gesamten Zeitspanne t_{fft} wird innerhalb der FFT ein Rutschen erkannt. Da zum aktuellen Zeitpunkt t jedoch kein Rutschvorgang vorliegt, liefert die FFT keine sinnvollen Aussagen mehr. Wie in [53] dargestellt, liefert damit die FFT nur zu Beginn eines Rutschvorganges eine verwertbare Aussage. Ebenso können konstante Rutschbewegungen nicht erkannt werden, da sie eine lineare Abbildung in der Koordinate ρ darstellen und damit von der FFT nicht erfasst werden.

3.8.3. Kontaktflächenbasierte Rutschdetektion

Die kontaktflächenbasierte Rutschdetektion analysiert den binären, taktilen Abdruck auf der aufnehmenden Sensormatrix und erkennt Abweichungen in Bezug auf eine nominelle Startposition. Die Genauigkeit der Rutscherkennung ist entsprechend Abbildung 3.32 abhängig von der Auflösung der taktilen Sensorzellen, die mittels der in Abschnitt 3.7.3 vorgestellten Verfahren

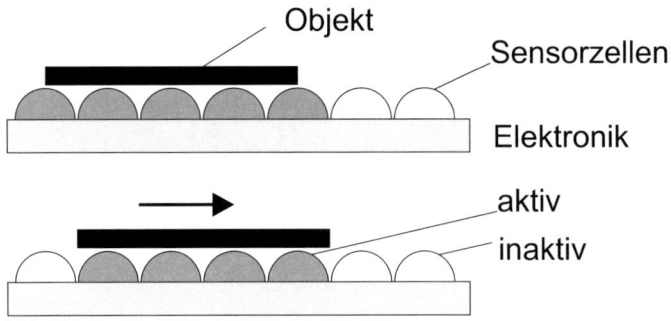

Abb. 3.32.: Diskretisierungsfehler nach [119]

angepasst werden kann. Eine taktile Sensormatrix $T_s \in \mathfrak{R}^{k,l}$ wird entsprechend Abbildung 3.33 in eine binäre Abbildungsmatrix $\bar{T}_s \in \mathfrak{R}^{k,l}$ transformiert. Als Schwellwert s_w wird der mittlere Sensorwert der belasteten Sensorzellen entsprechend Gleichung 3.63 verwendet: $s_w = \bar{t}$. Für die Elemente der Schwellwertmatrix $\bar{T}_s$ folgt damit:

$$(\bar{T}_s)_{i,j} = \begin{cases} 1 & \text{falls } (T_s)_{i,j} \geq s_w \\ 0 & \text{falls } (T_s)_{i,j} < s_w \end{cases}. \tag{3.86}$$

Die Summe der aktiven, d.h. belasteten Sensorzellen $n_a \in \mathfrak{R}$ wird während der Rutscherkennung als konstant angenommen. Dies ist zwingend für die Betrachtung einer möglichen Verschiebung über den Erfassungsbereich und erfolgt unter der Annahme, dass sich die gegriffene Geometrie während eines Greifvorgangs nicht ändert. Ausgehend von einer Anfangsabbildung $\bar{T}_s(t=0) = \bar{T}_s^0$ wird die aktuelle Schwellwertmatrix $\bar{T}_s^t$ auf Verschiebungen hin untersucht, Abbildung 3.34: $\Delta \bar{T}_s^t = \bar{T}_s^0 - \bar{T}_s^t$. Gleichzeitig werden die Ergebnisse der Berechnung von $\Delta \bar{T}_s^t$ in den vertikalen $\vec{n}_v$ und horizontalen $\vec{n}_h$ Differenzvektoren aufgenommen:

$$(\vec{n}_v)_i = \sum_{j=1}^{n} (T_s^0)_{i,j} - (T_s^t)_{i,j} \tag{3.87}$$

$$(\vec{n}_h)_j = \sum_{i=1}^{m} (T_s^0)_{i,j} - (T_s^t)_{i,j}. \tag{3.88}$$

Auf Basis der in $\vec{n}_v$ und $\vec{n}_h$ enthaltenen Informationen können Rutschbewegungen detektiert und dem Objektverhalten zugeordnet werden. Dazu werden, wie in Abbildung 3.35 dargestellt, die Vorzeichen, Beträge und Abstände der aktuellen Abbildung $\Delta \bar{T}_s^t$, enthalten in den Kenngrößen s_r, e_r, ausgewertet. Dabei kennzeichnen s_r und e_r beispielhaft die erste und letzte Zeile in der jeweiligen Matrix $\bar{T}_s^t$, in der taktile Sensorinformationen vorhanden sind und s_p bzw. e_p die durch die Ausgangsmatrix $\bar{T}_s^0$ gegebenen Startwerte. Diese Kategorisierung gilt analog für ho-

$$
\begin{bmatrix}
0 & 0 & 0 & 14 & 5 \\
0 & 520 & 452 & 578 & 8 \\
0 & 330 & 625 & 487 & 9 \\
0 & 256 & 389 & 856 & 11 \\
0 & 0 & 0 & 0 & 0
\end{bmatrix}
\xrightarrow{\quad}
\begin{bmatrix}
0 & 0 & 0 & 0 & 0 \\
0 & 1 & 1 & 1 & 0 \\
0 & 1 & 1 & 1 & 0 \\
0 & 0 & 1 & 1 & 0 \\
0 & 0 & 0 & 0 & 0
\end{bmatrix}
$$

$$
\boxed{n_a = 14 \qquad s_w = 324}
$$

Abb. 3.33.: Schwellwert- und Thresholdmatrix mit s_b und m_s

rizontale Bewegungen. Eine detaillierte Ausarbeitung des Verfahrens kann in [119] eingesehen werden. Das Ergebnis der Rutschdetektion ist ein zeitabhängiger Verschiebevektor $\Delta\vec{s}_b^{\,t}$:

$$
\Delta\vec{s}_b^{\,t} = \begin{pmatrix} \Delta x^t \\ \Delta y^t \end{pmatrix} \tag{3.89}
$$

wobei die Werte $\Delta x^t, \Delta y^t \in \mathbb{Z}$ diskrete Verschiebungen in Taxeln beschreiben und mit der Taxeldimension d in diskreten Abständen resultieren. Die absolute Verschiebung ergibt sich damit wie folgt:

$$
\Delta s_b^t = \sqrt{(\Delta x^t)^2 + (\Delta y^t)^2} \cdot d. \tag{3.90}
$$

3.9. Taktile Eingabesprache

Die taktile Eingabesprache bezeichnet die codierte Übertragung von Befehlen unter Zuhilfenahme der taktilen Sensoren. Dazu werden Kontaktmuster, Berührungsreihenfolgen und auch Bewegungsmuster auf taktilen Sensorflächen definiert, die nach erfolgreicher Detektion durch eine integrierte Steuerung festgelegte Aktionen und Verhaltensweisen auslösen. Äquivalent zu

$$
\Delta\overline{T}_s^{\,t} = \overline{T}_s^{\,0} - \overline{T}_s^{\,t} =
\begin{bmatrix}
0 & 0 & 0 & 0 & 0 & 0 \\
0 & 1 & 1 & 1 & 0 & 0 \\
-1 & 0 & 0 & 1 & 0 & 0 \\
-1 & 0 & 0 & 1 & 0 & 0 \\
-1 & -1 & -1 & 0 & 0 & 0
\end{bmatrix}
\begin{array}{l} \rightarrow \\ \rightarrow \\ \rightarrow \\ \rightarrow \\ \rightarrow \end{array}
\begin{bmatrix}
0 \\ 3 \\ 0 \\ 0 \\ -3
\end{bmatrix} \vec{n}_v
$$

$$
\begin{bmatrix} -3 & 0 & 0 & 3 & 0 & 0 \end{bmatrix} \vec{n}_h
$$

Abb. 3.34.: Vertikaler und Horizontaler Summenvektor

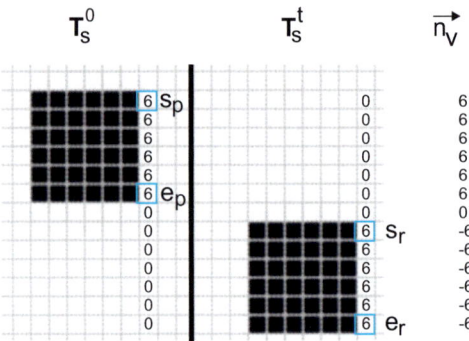

Abb. 3.35.: Vertikale Verschiebung im Summenvektor: $\vec{n}_v$ [119]

berührungsbasierten Eingaben mobiler Endgeräte [50, 58, 103] konnte A. Schmid 2007 den prinzipiellen Aufbau einer taktilen Eingabesprache zur Ansteuerung eines Roboterarmes und Benaly-Khoudja zur ergänzenden Übertragung von Emotionen aufbauen [9, 98, 99]. Dabei wurde die Intensität der Berührung, der Zeitabstand zwischen eingegebenen Zeichenketten, die Zeichenkettendauer sowie die Taktzeit als mögliche Eingabeparameter identifiziert. Im Folgenden werden zwei verschiedene Ansätze zum Aufbau einer taktilen Eingabesprache und damit zur Konfiguration eines Mehrfingergreifers über die berührende Sensorik vorgestellt.

3.9.1. Gesten-basierte Eingabesprache

Die gesten-basierte Eingabesprache greift auf Methoden der Bildbe- und verarbeitung zurück, um eingegebene Kontaktmuster zu klassifizieren. Dazu werden online einzelne, binäre, taktile Abbildungen zu einer gesamten Abbildung T_Σ addiert, die sich infolge einer Bewegung auf der Matrix ergibt. Start- und Endzeitpunkte taktiler Eingaben werden aus einer Kombination aus Eingabezeit t_E und maximalem Sensorwert $t_{ij,max}$ detektiert. Die Abbildung zum Zeitpunkt t: T_Σ^t setzt sich dabei aus einer Addition der letzten Gesamtabbildung T_Σ^{t-1} mit der aktuellen binären Sensoreingabe T_s^t zusammen, sofern ein Kontakt auf der Eingabematrix vorhanden ist: $t_{ij,max} > 0$ und die Eingabezeit t_E innerhalb einer maximal zulässigen Eingabezeit $t_{E,max}$ liegt. Die Eingabezeit t_E startet dabei zum Zeitpunkt der Detektion des ersten Kontaktes:

$$T_\Sigma^t = \begin{cases} \text{logical}(T_\Sigma^{t-1} + T_s^t) & \text{falls } (t_{ij,max} > 0) \ \& \ (t_E < t_{E,max}) \\ \text{NULL} & \text{sonst} \end{cases}. \qquad [3.91]$$

Die Abbildung T_Σ^t wird zurückgesetzt, sofern der aktuelle Kontakt verloren geht oder die maximal zulässige Eingabezeit überschritten wird. Bei Kontaktverlust innerhalb der zulässigen Eingabezeit wird das Signal auf eine gezielte Eingabe hin untersucht, Abbildung 3.36.

Vorverarbeitung taktiler Eingaben

Eine taktile Datenvorverarbeitung ist im Hinblick auf eine erfolgreichere Mustererkennung sinnvoll. Die Eingabe taktiler Gesten bzw. Muster kann je nach relativer Größe zwischen taktiler Eingabematrix und Referenzmuster örtlich auf dem Sensor variieren. Auch die Dimension einer eingegebenen taktilen Geste kann sich von der des Referenzobjektes unterscheiden. Zum Vergleich verschiedener taktiler Eingaben mit unterschiedlichen Referenzmustern ist eine einheitliche Darstellungsgröße notwendig. Die notwendige Vorverarbeitung taktiler Eingaben ist in Abbildung 3.36 dargestellt: Die taktile Eingabe wird mittels des in Abschnitt 3.7.6 vorgestellten Hit-or-Miss-Operator bezüglich grundlegender Eingabefehler nachgearbeitet. Anschließend wird der aktive Bildbereich extrahiert und auf eine festgelegte Größe $[30 \times 20]$ entsprechend Abschnitt 3.7.3 skaliert.

Merkmalsextraktion

Die Merkmalsextraktion dient zur Reduktion der Datenmenge mit Hilfe einer Identifizierung derjenigen Parameter, die eine Abbildung eindeutig und repräsentativ beschreiben. Das Ergebnis einer Merkmalsextraktion ist ein Merkmalsvektor $\vec{x}$, anhand dessen innerhalb der Symbolerkennung auf die eingegebene Geste geschlossen werden kann [36]. Der taktilen Eingabesprache liegen Freeman Chain Codes und Signaturen zugrunde. Freeman Chain Codes repräsentieren die eingegebene Geste bezüglich ihres Verlaufes, Signaturen charakterisieren die äußere Erscheinung einer Eingabe ausgehend von einem festen Bezugspunkt. Zusätzlich zur Auswertung der Darstellung T_{Σ} können für Symbolinterpretationen Informationen über die Art und Weise der taktilen Eingabe aufgenommen werden. Dazu zählen sensorspezifische Kenngrößen, die keinen direkten Einfluss auf die Mustererkennung besitzen. Diese sind die auf der taktilen Sensorik erfassbare Druckstärke des eingegebenen Signals sowie die Darstellungsgeschwindigkeit t_E der Symbole auf der Sensorik.

Gesten und Symbolerkennung

Die Aufgabe der Symbolerkennung besteht in der Zuordnung einer eingegebenen taktilen Abbildung zu einer Menge vorher definierter Symbole. In der Ausarbeitung von A. Schmid wird eine angepasste Version der auf dem Elastic-Matching Verfahren beruhenden Schriftzeichenerkennung JMerlin verwendet, um neben Buchstaben weitere Eingabesymbole erkennen zu können [48, 98]. Aufgrund der in Mehrfingergreifern zumeist kleinen Eingabematrix ist das Elastic-Matching Verfahren und die Eingabe vollständiger Buchstaben für Mehrfingergreifer ungeeignet. Zweckdienlich sind untypische Kontaktprofile (Gesten), für deren Detektion Ähnlichkeits- und Distanzmaße mit zugehörigen Entscheidungsfunktionen ausreichen [24, 36] und damit die

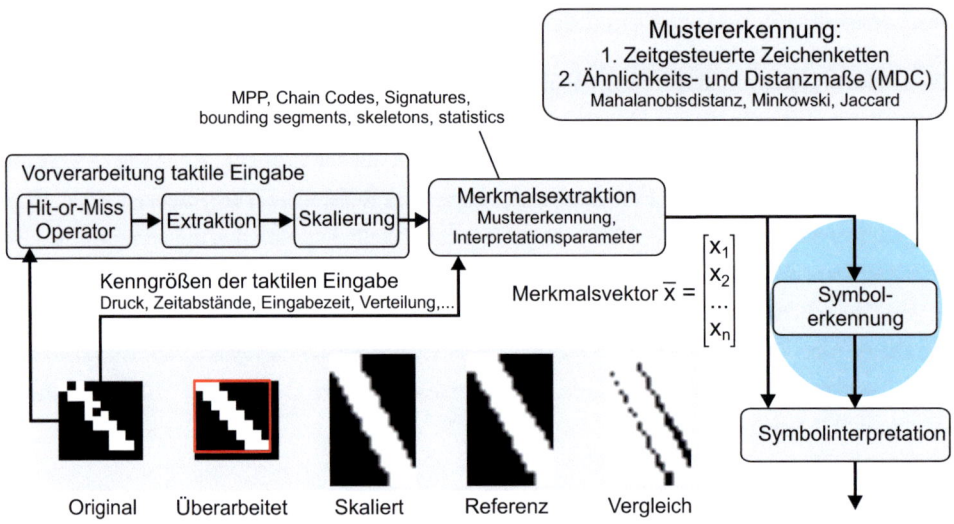

Abb. 3.36.: Ablaufplan der taktilen Eingabeanalyse

Echtzeitfähigkeit der taktilen Eingabesprache gewährleisten. Als Ähnlichkeits- bzw. Distanz-maße innerhalb der Detektion können neben den verschiedenen Spezialfällen des Minkowski-Abstands auch die Mahalanobisdistanz $d_{i,j}$, die der euklidischen Distanz verwandt ist und die inverse Kovarianzmatrix C^{-1} mit in die Distanzberechnung einbezieht:

$$d_{i,j} = \sqrt{(x_i - x_j)'C^{-1}(x_i - x_j)}, \qquad [3.92]$$

oder auch das Abstandsmaß $k_{i,j}$ nach Jaccard (ggf. Tanimoto-Koeffizient), das eher ein Maß für die Ähnlichkeit zwischen zwei Objekten ist, verwendet werden [16]:

$$k_{i,j} = \frac{x_i \cdot x_j}{\|x_i\|^2 + \|x_j\|^2 - (x_i \cdot x_j)}. \qquad [3.93]$$

Alternativ können, wie in [98] dargestellt, Symbolklassifikationen durchgeführt werden. Hier-bei werden grundlegende Klassifizierungsmerkmale aus der taktilen Eingabe extrahiert und identifiziert, die in ihrer Summe einen direkten und eindeutigen Rückschluss auf das übermittel-te Symbol geben. Klassifizierungsmerkmale sind Schwerpunkte, die Kontaktanzahl, Ergebnisse der PCA, Differenzen des anfänglichen und abschließenden Begrenzungsrahmens, Bewegungs-arten, deren Geschwindigkeiten und auch Richtungsvektoren der Eingabe.

3.9.2. Kontaktfrequenzbasierte Eingabesprache

Zum Anforderungsbereich taktiler Eingabesprachen kann der Aufbau von Griffen gehören. In diesem Fall gehört die direkte Ansteuerung eines Mehrfingergreifers entsprechend vorher festzulegender Greifstrategien zum Anforderungsbereich taktiler Eingaben. In einem vereinfachten Szenarium kann angenommen werden, dass mittels taktiler Eingaben die Befehle "Zugreifen" und "Öffnen" durchgeführt werden sollen. Dabei wird die Eingabe von Gesten auf taktilen Matrizen im gegriffenen Zustand zum einen infolge eines erschwerten Zugangs zu den Matrizen selbst erschwert. Zum anderen können bestehende Kontaktprofile zwischen dem gegriffenen Objekt und den taktilen Matrizen die Darstellung der Gesten verhindern. Auf Grundlage dieser Einschränkung wird eine ergänzende, kontaktfrequenzbasierte Eingabesprache definiert, die diese Beschränkungen handhabbar macht.

Das Prinzip

Abbildung 3.37 stellt das Prinzip einer zeitbasierten Kontaktfolge dar. Wird ein aktiver Kontakt auf einer speziellen taktilen Matrix detektiert, wird die Kontaktfolge logisch eins, ohne Kontakt logisch null. Der erste Kontaktzeitpunkt wird festgehalten. Kommt es zu einem neuen Kontakt, wird überprüft, welcher zeitliche Abstand zwischen den letzten beiden Kontakten liegt. Ist der zeitliche Abstand t kleiner als ein definierter, zulässiger, maximaler zeitlicher Abstand $\frac{1}{f_m}$: $t = \frac{1}{f} < \frac{1}{f_m}$, so wird der Zählerstand K_i der aktuellen Kontaktfolge inkrementell erhöht:

$$K_i = \begin{cases} K_{i-1} + 1 & \text{falls } (f < f_m) \\ 1 & \text{sonst} \end{cases} . \qquad [3.94]$$

Die stetige Auswertung des aktuellen Zählerstandes K_i mit ausführbaren Aktionen bei $K_i \gg 1$ ermöglicht dem Anwender einen Zugang zur Ablaufsteuerung. In Abbildung 3.37 ist die Aufnahme der Kontaktfolge auf eine bestimmte Sensormatrix der SDH2 festgelegt. Es ist zu erkennen, dass das Prinzip auf die gleichzeitige oder auch parallele Aufnahme aller vorhandenen Sensormatrizen erweitert werden kann. Auf diese Weise kann die Komplexität der Auswertung eingegebener, frequenzbasierter Kontaktfolgen beliebig auf mehrere Matrizen ausgebaut werden. Unterschiedlichste aber zeitlich eingegebene Kontaktfolgen können zur Ausführung festgelegter Aktionen herangezogen werden. Zusätzlich können aktive Kontakte als Aktivierungsfunktion benutzt werden.

Detektion von Kontaktfrequenzen im aktiven Griff

Im aktiven Griff hat die taktile Sensormatrix Objektkontakt. Im allgemeinen Fall ist der aufgebaute Griff stabil und das Objekt bewegt sich wenig bis gar nicht innerhalb der Sensormatrix.

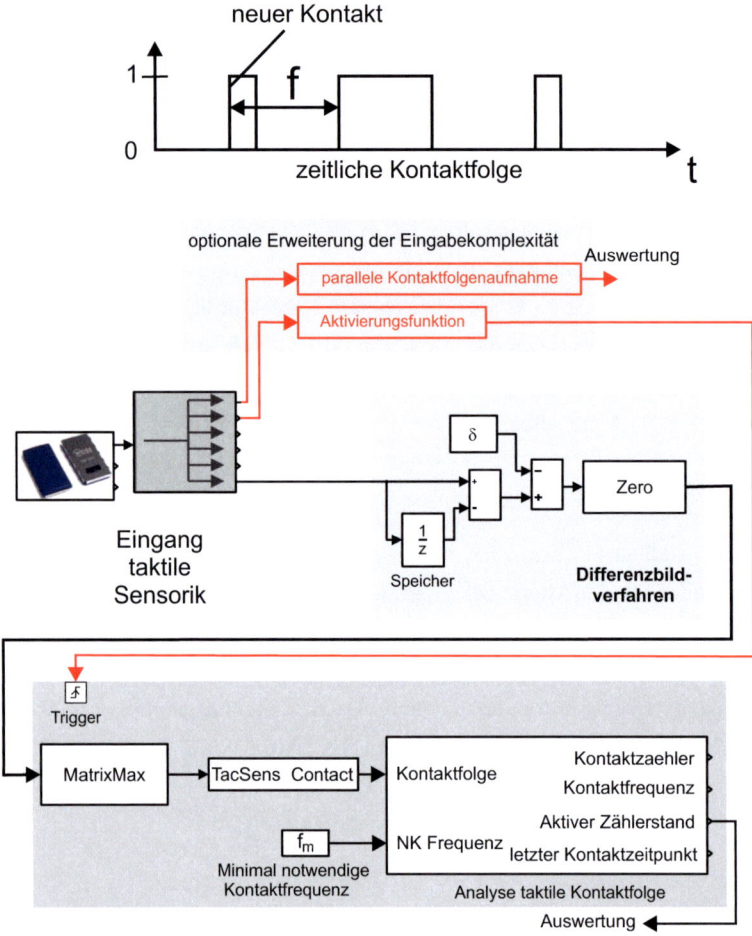

Abb. 3.37.: Prinzip der kontaktfrequenz-basierten, taktilen Eingabesprache

Mittels Differenzbildverfahren bei dem sich die überarbeitete Abbildung der Sensormatrix T_D infolge eine Subtraktion aus der aktuellen T_s^t und der vorhergehenden T_s^{t-1} Aufnahme ergibt, kann der Einfluss eines gegriffenen Objektabdruckes herausgefiltert werden.

$$T_D = T_s^t - T_s^{t-1} - \delta, \qquad\qquad [3.95]$$

Aufgrund des viskoelastischen Kriechverhaltens der Sensorik sind taktile Sensorwerte trotz unveränderter Belastung zeitlich invariant. Dieses Kriechverhalten wird in Gleichung 3.95 durch die Subtraktion eines Offsets δ eliminiert. Damit erweitert die Differenzbildmethode die Möglichkeiten der taktilen Eingabesprache auf den gegriffenen Zustand des Mehrfingergreifers.

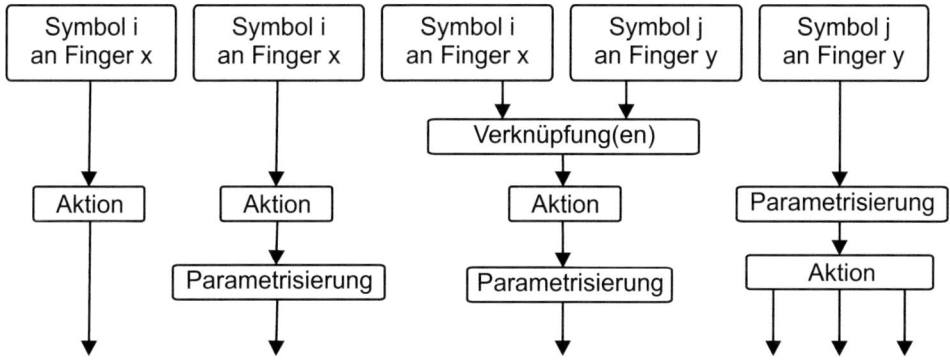

Abb. 3.38.: Interpretationsmöglichkeiten taktiler Eingaben

3.9.3. Interpretationsmöglichkeiten taktiler Eingaben

Die Interpretation taktiler Eingaben befasst sich mit der Übersetzung detektierter Symbole in zugehörige Aktionen. Die Verbindung zwischen einer Aktion und einem zugehörigen Symbol kann dabei in unterschiedlichster Art erfolgen, Abbildung 3.38. Im einfachsten Fall ist das Symbol direkt mit der Ausführung einer Aktion verbunden sein. Kann bei der Analyse einer taktilen Eingabe ein Merkmalsvektor mit zugehörigen Interpretationsparametern extrahiert werden, können diese Parameter dazu dienen, die zu einem Symbol gehörende Aktion aktiv zu manipulieren. Interpretationsparameter sind zusätzliche Merkmale innerhalb der aufnehmenden Sensorik, die keinen Beitrag innerhalb der Bildverarbeitung und damit zur Symboldetektion haben und vom Benutzer frei variierbar sind (Druck, Zeit, Geschwindigkeit). Die auszuführende Aktion setzt sich damit aus einem Symbol und zugehörigen Parametern zusammen. Variierend hierauf kann eine Aktion ebenso aus der logischen bzw. intelligenten Kombination mehrerer Symbole mit fixen Parametern bestehen. In einem vierten Ansatz haben die Parameter der Gesten selbst einen direkten Einfluss auf die auszuführende Aktion. Generell lässt sich mit Abbildung 3.38 zeigen, dass die Symbolinterpretation eine Abbildung verschiedener Symbole mit Interpretationsparametern auf zugehörige Aktionen ist.

3.10. Zusammenfassung

Innerhalb des Kapitels 3 wurden diejenigen grundlegenden Funktionen und Methoden, die für den Aufbau reaktiver Greifskills notwendig sind, hergeleitet. Das in der SDH2 integrierte, taktile Sensorsystem als alleinige Reaktivität wurde analysiert und enthaltene Informationen über gegriffene Objekte extrahiert. Darauf aufbauend wurde ein Verfahren zur Simulation und Prädiktion taktiler Sensordaten vorgestellt, auf das in Kapitel 4 Bezug genommen wird. Es wurden grundlegende Verfahren zur Ansteuerung des Mehrfingergreifers abgeleitet und damit erste Möglichkeiten zur assistierenden Ansteuerung vorgestellt. Diese individuellen Funktionen werden mit übergeordneten Steuerungen und Regelungen entsprechend der Abbildung 2.3 im weiteren Verlauf der Ausarbeitung zu reaktiven Greifskills zusammengesetzt.

KAPITEL 4

GREIFPLANUNG FÜR REAKTIVES GREIFEN

Innerhalb dieses Abschnittes wird dargestellt, wie mit Hilfe einer Greifplanung und auf Grundlage einer gegebenen Manipulationsidee Griffe an beliebigen Objekten definiert werden können. Es wird ein vollständig benutzerdefinierter Ansatz gewählt, um die Idee des Anwenders in die Greifplanung zu übertragen. Die Greifplanung führt und assistiert einen Anwender gleichzeitig durch die Griffkonfiguration und berechnet autonom essentielle, den Griff eindeutig beschreibende Kenngrößen, auf die spätere reaktive Greifskills zurückgreifen können. Es ist dargestellt, wie innerhalb kürzester Zeit und ohne fach- spezifische Grundlagen Griffe mit dem Mehrfingergreifer SDH2 an beliebigen Objekten aufgebaut werden können.

4.1. Ablauf der Semi-automatisierten Greifplanung

Das Ziel der semi-automatisierten Griffbestimmung ist es, den Greifer benutzerspezifisch mit seinen Freiheitsgraden am Objekt zu definieren, d.h. neben den Gelenkwinkeln auch die Lage und Orientierung des Greifers relativ zum Objekt zu bestimmen und Kenngrößen der integrierten Reaktivität zu simulieren. Die Planung eines reaktiven Greifvorganges unterteilt sich in zwei wesentliche Aufgabengebiete. Der erste Bereich befasst sich mit dem Greifer selbst, seiner relativen Lage zum Objekt und die Berechnung notwendiger Gelenkstellungen. Diese Berechnungen können nur auf vorhandenen Informationen über das zu greifende Objekt selbst und dessen äußerem Erscheinungsbild aufgebaut werden. Der zweite Bereich beschäftigt sich mit der Simulation und Analyse der Sensordaten, die diesen nominellen Griff beschreiben. Diese simulierten Sensordaten werden als Referenz für tatsächlich auftretende Sensordaten im realen

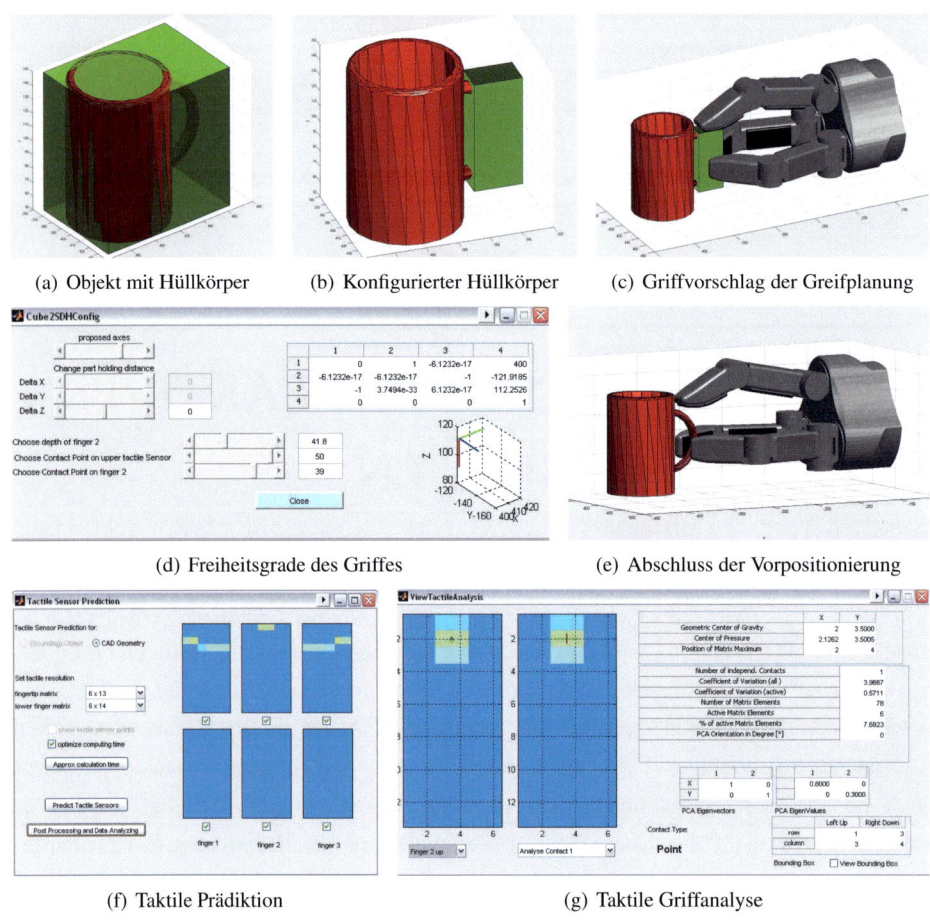

(a) Objekt mit Hüllkörper   (b) Konfigurierter Hüllkörper   (c) Griffvorschlag der Greifplanung

(d) Freiheitsgrade des Griffes   (e) Abschluss der Vorpositionierung

(f) Taktile Prädiktion   (g) Taktile Griffanalyse

Abb. 4.1.: Ablauf der intuitiven und assistierenden Greifplanung - 1

Greifprozess herangezogen und stellen damit Führungsgrößen für Greifskills zur Verfügung. Die Abbildungen 4.1 und 4.2 stellen den Ablauf der Greifplanung dar. Diese assistiert bei der Übertragung der Manipulationsidee und lässt sich in 8 verschiedene Phasen einteilen:

1: Die Greifplanung beginnt mit der Integration des Greifobjektes in die Greifplanung (rot) und ihrer Abbildung durch verschiedenste, primitive Hüllkörper (grün dargestellt), 4.1(a). Bei fehlenden Objektdaten können unabhängige Hüllkörper definiert werden, die das Objekt approximieren und den Griffaufbau ermöglichen.

2: Aus einer Griffbibliothek wird ein prinzipieller Griff bestimmt, zu dem ein griffspezifischer Hüllkörper definiert ist. Nach der Auswahl des Griffes und des zugehörigen Hüllkörpers wird letzterer auf den zu greifenden Bereich des Objektes reduziert, Abbildung

4.1(b). Da sich die Greifplanung und die Griffbibliothek auf den Hüllkörper beziehen, wird damit aktiv der Greifpunkt am Objekt bestimmt.

3: Der Griff des Mehrfingergreifers wird automatisch berechnet und dargestellt. Die Griffbiliothek schlägt dazu einen beispielhaften Griff vor, der auf dem Wissen über vorangegangene Griffe basiert, Abbildung 4.1(c)

4: Jeder Griff enthält entsprechend Abschnitt 4.1.3 eine definierte Anzahl an Freiheitsgraden, die dem Anwender intuitiv und zur gezielten Konfiguration des vorgeschlagenen Griffes dargestellt werden, Abbildung 4.1(d). Der Anwender definiert damit und nach eigenen Vorstellungen den Griff und schließt die Vorpositionierung des Greifers am Objekt ab, Abbildung 4.1(e).

5: Nach Abschluss der Hüllkörper-basierten Vorpositionierung wird der Greifer an die exakte, vorliegende Objektgeometrie geführt. Dazu wird das Verfahren zur Prädiktion taktiler Sensorik herangezogen. In Kombination mit vorgeschlagenen und konfigurierbaren Bahnen werden einzelne Gelenke an das Objekt geführt und Objektkontakte mit einstellbarer Kontaktintensität aufgebaut, Abbildung 4.1(f).

6: Die taktile Sensorik wird analysiert, ausgewertet und ermittelte Griffinformationen dem Anwender dargestellt, Abbildung 4.1(g).

7: Eine Optimierung des Griffes wird mittels benutzerseitigen Veränderungen der Vorpositionierung des Greifers am Objekt über die griffspezifischen Freiheitsgrade ermöglicht. Nach der Veränderung der Vorpositionierung ist die Greifplanung ab Schritt 5 zu wiederholen. Der Griff ist anschließend vollständig am Objekt definiert, Abbildung 4.2(a).

8: Es ist eine Pre-Grasp-Position des Mehrfingergreifers auf Gelenk-, Positions- und Orientierungsebene festzulegen. Diese Position gewährleistet ein sicheres Anfahren der definierten Greifstellung. Der Mehrfingergreifer ist geöffnet, um Kollisionen mit dem zu greifenden Objekt beim Anfahren der Zielposition zu vermeiden, Abbildung 4.2(b).

Die Greifplanung schließt mit einer Berechnung griffspezifischer, für reaktive Greifskills grundlegender Kenngrößen ab und kann umgesetzt werden, Abbildungen 4.2(c) - 4.2(d). Im Nachfolgenden wird detailliert auf die semi-automatisierte Greifplanung eingegangen.

4.1.1. Primitive Grundkörper zur Griffpositionierung

Der semi-automatisierte Griffaufbau bezieht sich auf definierte Hüllkörper, um die Komplexität der im nachfolgenden vorgestellten Griffbibliothek zu beschränken und von letztendlich umgesetzten Griffen zu entkoppeln. Primitive, automatisch berechnete Hüllkörper um komplexe

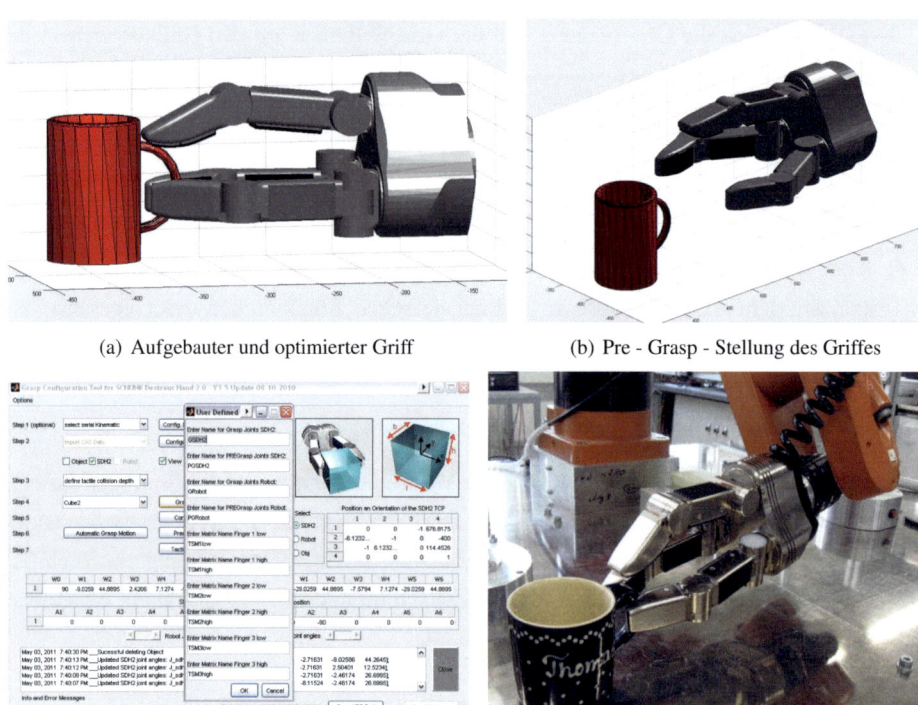

(a) Aufgebauter und optimierter Griff   (b) Pre - Grasp - Stellung des Griffes

(c) Datenaufbereitung für reaktive Skills   (d) Umgesetzter Griff

Abb. 4.2.: Ablauf der intuitiven und assistierenden Greifplanung - 2

Objekte beziehen sich stets auf das gesamte Objekt, siehe Abbildung 4.3. Die Abmessungen, Positionen und Orientierungen werden einem Anwender zur benutzerseitigen Manipulation intuitiv zur Verfügung gestellt. Damit können diese Hüllkörper in ihrer Position und Größe verändert werden, sodass sie nur noch bestimmte Teilbereiche einer komplexer CAD - Geometrie umhüllen. Abbildung 4.4 verdeutlicht diesen Zusammenhang. Der ursprünglich das gesamte Objekt umfassende Hüllkörper wurde so angepasst, dass nur noch ein gewählter Bereich des Objektes umhüllt wird (grün dargestellt). So steht nicht mehr das gesamte Objekt im Fokus der Greifplanung und der Greifer wird gezielt in diejenigen Abschnitte des Objektes geführt, in denen der Griff aufgebaut werden soll. Dieser Ansatz ermöglicht es dem Anwender, seine Manipulationsidee exakt in die Greifplanung zu übertragen. Auf diese Weise werden intuitive Griffe aufgebaut und es kann die Tasse am Griff bzw. der Teller am Tellerrand gegriffen werden. Zusätzlich ist es möglich, sicherheitskritische Greifstellungen zu umgehen oder beispielsweise rutschige und empfindliche Stellen zu vermeiden. Bereits Zhixing und Miller heben die Vorteile dieser Art Greifplanung hervor, da spezifische und in allgemeingültigen Greifplanungssystemen wie GraspIt! [77] nicht definierbare Anforderungen manuell einbezogen werden können

Vorpositionierung — Feinpositionierung

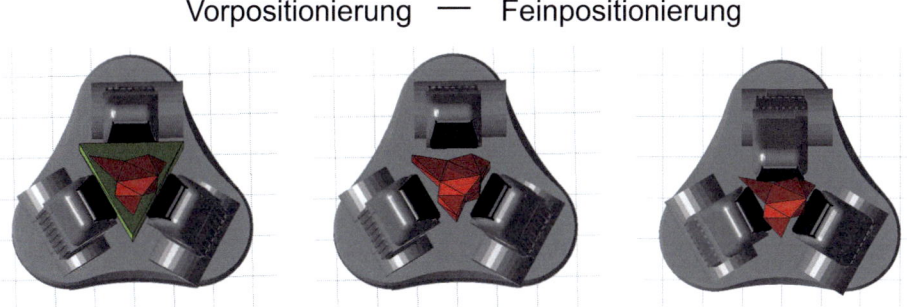

Abb. 4.3.: Strategie der Vor- und Feinpositionierung

[60, 77, 128]. Während Zhixing Xue die Hüllkörper aus optischen Aufnahmen unbekannter Objekte ableitet, wird in der Ausarbeitung von A.T. Miller mehr im Sinne einer Griffoptimierung von mehreren, die komplexe CAD - Geometrie umhüllenden Primitiven ausgegangen, die dem System beliebig zur Verfügung gestellt werden müssen. Die hier dargestellte Methode baut daher auf der Arbeit von Miller in [78] auf, indem ein intuitives Verfahren zur Generierung eines benutzerseitig angepassten Hüllkörpers in die Greifplanung integriert wird.

4.1.2. Standardgriffe an geometrischen Grundkörpern

Bei den meisten Objekten lässt sich die Art und Weise, wie sie gegriffen werden sollen, auf das Greifen gängiger Grundobjekte zurückführen. So kann z.B. das Greifen einer Glühbirne nachgebildet werden durch das Greifen einer Kugel oder auch eines Zylinders. Daraus lässt sich ableiten, dass eine überschaubare Anzahl unterschiedlichster Griffe ausreicht, um das Greifen der meisten Objekte zu ermöglichen. Eine erste Griffklassifizierung geht auf Schlesinger [97] zurück und definiert sechs verschiedene Griffe: Zylindergriff, Kugelgriff, Hohlhandgriff, Pinzettengriff, Lateralgriff sowie den Hakengriff. Eine Übersicht und Zusammenfassung der Griffe ist in [112] oder auch [17] dargestellt. Napier unterscheidet zwischen greifbaren und ungreifbaren Objekten und klassifiziert Griffe in Kraft- und Präzisionsgriffe [79]. Darauf aufbauend konnte Cutkosky in [26] eine Taxonomie herleiten, die je nach Manipulationsanforderung einen von 16 möglichen Griffen herleitet. Eine grafische Aufstellung der in [26] identifizierten und klassifizierten Griffe kann in [12, 30] gefunden werden. [92] bzw. [93] reduzieren die Vielzahl vorhandener Griffe auf vier für die meisten Mehrfingergreifer realisierbare Griffe, die mit mindestens drei Fingern und vier Freiheitsgraden ausgestattet sind: two finger pinch grasp, two finger precision grasp, all finger precision grasp und dem power grasp. Die nachfolgende Griffbibliothek des Mehrfingergreifers SDH2 orientiert sich aufgrund der Anordnung der Freiheitsgrade nur begrenzt an einer für humanoide Roboterhände hergeleiteten Grifftaxonomie. Einige der von Cutkosky beschriebenen Griffe können nachgebildet werden, andere machen aufgrund

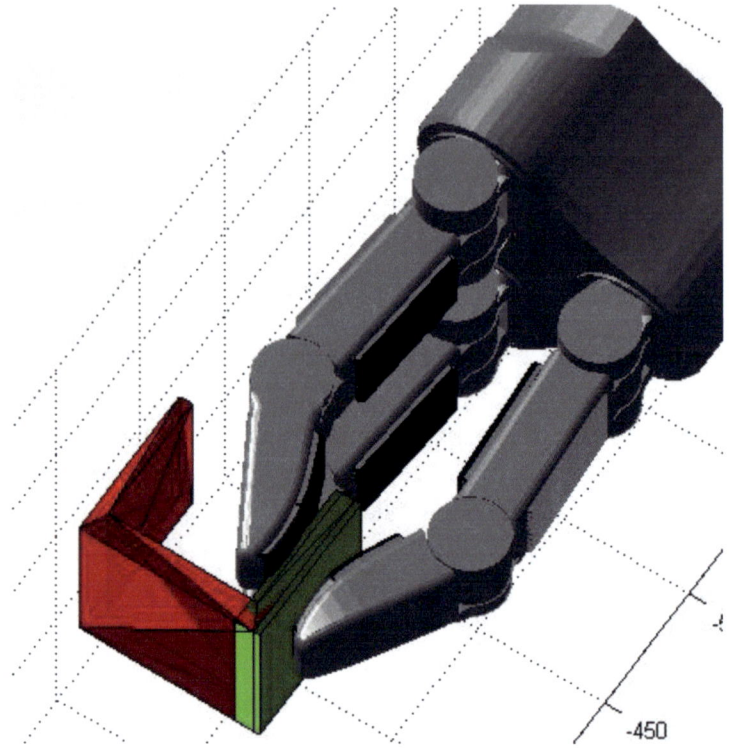

Abb. 4.4.: Benutzerspezifische Griffe über Hüllkörper

der Fingeranordnung keinen Sinn oder sind gar nicht realisierbar. Auch die Definition von Daumen sowie Zeige- und Mittelfinger ist nicht ohne Einschränkungen möglich. Die realisierbare Griffbibliothek der SDH2 kann daher keiner klassischen Taxonomie entsprechen. Mit Hilfe der inversen Kinematik des Mehrfingergreifers aus Abschnitt 3.2 ist die Grundlage zur Berechnung von Griffen an primitiven Grundkörpern gelegt und die notwendigen Gelenkwinkel können berechnet werden.

Ausrichtung von Kontaktpunkten am Objekt

Der Kontaktpunkt $\vec{P_t}$ des Greifers muss stets derart zum Objekt ausgerichtet werden, dass er und nicht andere Flächen vom Greifer das Objekt berühren. Neben der Anforderung an die Position des Kontaktpunktes $\vec{P_t}$, der durch die Inverskinematik berechnet werden kann, besteht damit auch die Anforderung an dessen orthogonaler Objektpunktorientierung. Da einzelne Finger in Mehrfingergreifern nicht ausreichend Freiheitsgrade besitzen, um beliebige Orientierungen anzufahren, bestimmt das die gesamte relative Lage zwischen Objekt und Hand. Die Wahl der Kontaktpunkte bestimmt so auch die Lage des Objektes im Greifer. Die Möglichkeit der Be-

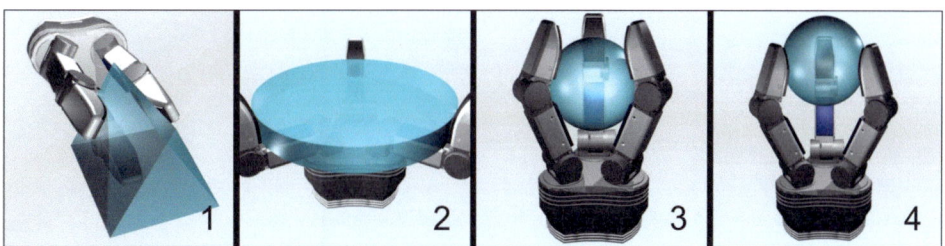

Abb. 4.5.: Varianten des 3-Finger-Zentrisch-Griffs

stimmung beliebiger Kontaktpunkte auf jedem berührenden Finger wird durch die Notwendigkeit einer bestimmten Orientierung und die zumeist nicht ausreichenden Freiheitsgrade eingeschränkt. Das wird durch zusätzlich gekoppelte Freiheitsgrade verstärkt und es ergeben sich für jeden Griff typische Zwangsbedingungen. Das Ausrichten aller Finger eines Mehrfingergreifers am Objekt ist damit nicht uneingeschränkt möglich.

Der zentrische 3-Finger-Griff

Der zentrische Dreifingergriff aus Abbildung 4.5(3) ist bauartbedingt für Radien R im Bereich $R \in [42, 56]$ ausgelegt. Kleinere Radien haben direkten Kontakt zum distalen Gelenk. Die distale Drehachse sowie der Mittelpunkt der Kugel bilden eine horizontale Linie: $z_{SDH} = z_{Sphere}$. Diese Ausrichtung beschränkt durch die Länge des unteren Fingergliedes den oberen greifbaren Radius. Zwischen proximalen ϕ_p und distalen ϕ_d Gelenkwinkeln besteht der Zusammenhang $\phi_d = -2 \cdot \phi_p$. Mit Hilfe der Abbildung 4.7(b) lassen sich für die Berechnung der Gelenkwinkel die Beziehungen:

$$l_3 + \sin\phi_p \cdot l_1 = \cos\phi_p \cdot (R+D) \qquad [4.1]$$

$$z_{SDH} = t_1 + \cos\phi_p \cdot L_1$$

$$z_{Sphere} = t_1 + \cos\phi_p \cdot l_1 + \sin\phi_p(R+D) \qquad [4.2]$$

herleiten, um einen Kontakt mit den unteren taktilen Sensoren in Abhängigkeit der Dimension R aufzubauen. Der Winkel ϕ_p muss derart bestimmt werden, dass $z_{SDH} = z_{Sphere}$ gefunden werden kann. Der Griff aus Abbildung 4.5(4) erlaubt das Greifen von Radien R im Bereich $R \in [11, 83]$. Der Berührungspunkt ist für alle Finger identisch und wird stets parallel zur Z-Achse der SDH2 an das Bauteil geführt. Damit werden mögliche anderweitige Bauteilkollisionen ausgeschlossen. Analog gelten alle Berechnungen für die Abbildungen 4.5(1) bei zugelassener Kantenlänge $a \in [35, 379]$ und 4.5(2), wobei hier neben dem zugelassenen Radius $R \in [10, 109]$ auch der Berührungspunkt auf den taktilen Matrizen auf den Bereich $h_u \in [1, 16]$ festgelegt wird.

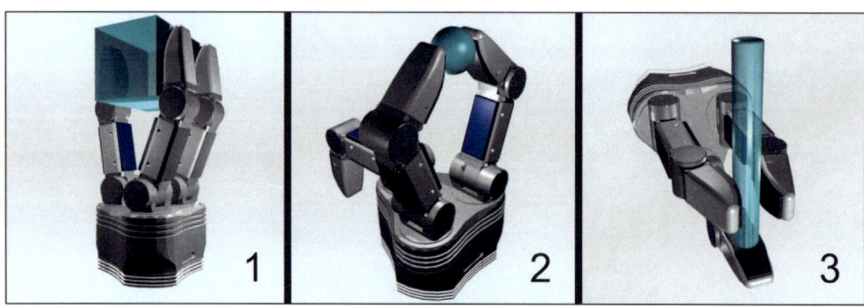

Abb. 4.6.: Der Zweibackengriff im Mehrfingergreifer

$$
\begin{aligned}
x_1 &= 0.5 \cdot R & y_1 &= -\sin 60 \cdot R & z_1 &= z \\
x_2 &= -R & y_2 &= 0 & z_2 &= z \\
x_3 &= 0.5 \cdot R & y_3 &= +\sin 60 \cdot R & z_3 &= z
\end{aligned}
$$

Der Zweibackengriff

Der Zweibackengriff ist der am weitesten verbreitete Griff im industriellen Umfeld. Mehrfinger-greifer können diesen Griff in verschiedenen Versionen nachbilden. Die Abbildungen 4.6 und 4.7(a) stellen vier Möglichkeiten dar, wie dieser Griff mit dem Mehrfingergreifer SDH2 abge-bildet werden kann. In allen Fällen ist der Abstand zwischen den gegenüberliegenden Fingern entscheidend. Unbeteiligte Finger können beliebig positioniert 4.6(2), oder zur ergänzenden Unterstützung bzw. Stabilisierung im Zweibackengriff herangezogen werden. Die mathemati-sche Beschreibung der Gelenke ist abhängig vom Mehrfingergreifer. Beispielhaft kann für den Typ 1 der Abbildung 4.6 zusammen mit Abbildung A.2 folgender Zusammenhang für einen gewünschten Abstand A der Backen, äquivalent zur Abbildung 4.7(a), hergeleitet werden:

$$
\begin{aligned}
x_1 &= 0.5 \cdot A - x_M & y_1 &= -33 & z_1 &= z \\
x_2 &= 0.5 \cdot A - x_M & y_2 &= 0 & z_2 &= z \\
x_3 &= 0.5 \cdot A - x_M & y_3 &= +33 & z_3 &= z
\end{aligned}
$$

Die Rückenhöhe z_2 des Fingers 2 aus Abbildung 4.7(a) kann über die Winkel ϕ_p und ϕ_d und dem Winkel $\beta = 6.46°$ aus Abbildung A.1 eingestellt werden:

$$
\phi_d = \arccos\left(\frac{z_2 - \sin\beta \cdot t_4 - \cos\beta \cdot d_3 - t_1}{L_1}\right) \tag{4.3}
$$

$$
\phi_p = 90° - \phi_d - \beta \tag{4.4}
$$

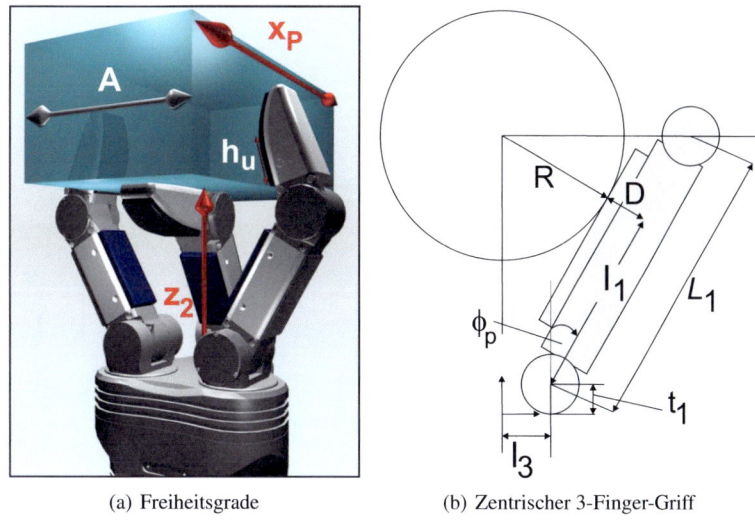

(a) Freiheitsgrade (b) Zentrischer 3-Finger-Griff

Abb. 4.7.: Freiheitsgrade und Greifplanung

Mögliche Freiheitsgrade eines Zweibackengriffs werden in Abbildung 4.7(a) erläutert: Der Abstand A der Finger 1 und 3 wird durch die Objektabmessung direkt vorgegeben. Die Wahl des Kontaktpunktes h_u nach Abbildung A.1, die Höhe z_2 des Fingers 2 sowie der Greifpunkt x_P entlang der x_{SDH}−Achse können in bestimmten Schranken variiert werden. Damit besitzt der Zweibackengriff 3 Freiheitsgrade, die durch mechanische Abmessungen M_A, zulässige Gelenkstellungen $\vec{\phi}$, mögliche Kollisionen K_m, instabile Griffpositionen G_I und den Bauteilabmessungen $B_A = [x_{dim}, y_{dim}, z_{dim}]$ eingeschränkt werden:

$$G = f(h_u[\vec{\phi}, B_A, M_A], z_2[\vec{\phi}, B_A, M_A], x_P[B_A, M_A])$$

Der 3-Finger Zylinder Griff

Die Gelenkwinkel des 3-Finger Zylinder Griffs, der in Abbildung 4.8(a) dargestellt ist, lassen sich aus Abbildung 4.7(b) und den Gleichungen 4.1 bis 4.2 berechnen. Dabei ist die Z-Achse des Zylinders entlang x_{SDH} um $\Delta z = x_M$ verschoben, um äquivalente Gelenkwinkel zu erreichen. Der minimale Radius für einen Griff ohne Kontakt mit den distalen Getrieben ist $R_{min} = 40$. Große Radien finden ihren Auflagepunkt mittig auf den unteren Sensoren. Damit ergibt sich für l_1 nach Abbildung 4.7(b) und entsprechend der Gleichung 4.1: $l_1 = 43.25$ und es kann direkt ein zugehöriger Winkel α für die proximalen Gelenke über die Gleichung 4.5 berechnet werden.

$$0 = l_{3,neu} + \sin\alpha \cdot l_1 - \cos\alpha \cdot (R + D) \qquad [4.5]$$

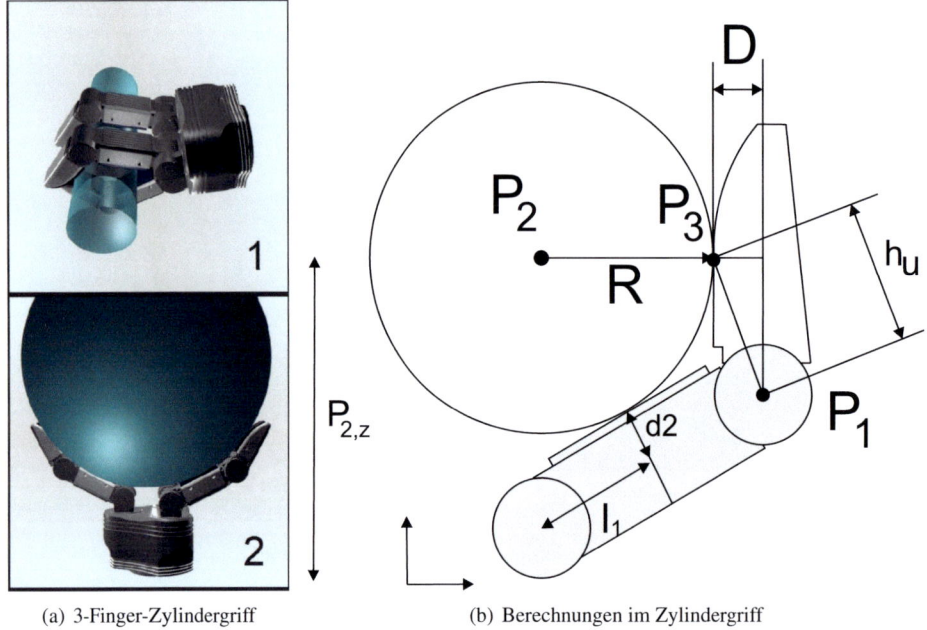

(a) 3-Finger-Zylindergriff   (b) Berechnungen im Zylindergriff

Abb. 4.8.: Der Zylindergriff bei kleinen und großen Radien

Der distale Gelenkwinkel ergibt sich aus der Bedingung $R = \|\vec{P}_2 - \vec{P}_3\|$ gemäß Abbildung 4.8(b). Die zugehörige Gelenkstellung kann iterativ berechnet werden. Für den Abstand D aus Abbildung 4.8(b) gilt:

$$D = \begin{cases} d_1 & h_u < hR \\ d_1 - R + \sqrt{R^2 - (h_u - hR)^2} & h_u > hR \end{cases}.$$

4.1.3. Grundkörper und Griffoptimierung

Mehrfingergreifsysteme bieten Möglichkeiten zum Aufbau individueller Griffe. Vorhandene Freiheitsgrade in Griffen sind die Basis möglicher Griffoptimierungen. Erste grundlegende Untersuchungen über diese Freiheitsgrade wurden von S. Ramos vorgestellt [90]. Es wurde gezeigt, dass das Greifen ein und desselben Objektes, in fester Position und Orientierung mit ein und demselben Griff in verschiedener Weise erfolgen kann. S. Ramos leitete daraus bereits diskrete Greifzustände her, die sich aufgrund definierter Freiheitsgrade in Griffen ergaben. Ähnlich diskret wurde dieser Ansatz innerhalb der Griffoptimierung in einer Ausarbeitung von Miller zur Limitierung der großen Anzahl möglicher Greiferstellungen angewandt [78]. Jedes

Objekt besitzt bei einer freien Orientierung $\vec{o} \in \Re^3$ und Positionierung $\vec{p} \in \Re^3$ im Raum sechs Freiheitsgrade. Greifer bieten dem Anwender zusätzliche n Freiheitsgrade $\vec{f} \in \Re^n$, mit denen Manipulationen an bzw. mit Objekten durchgeführt werden können. Das Ziel einer Greifplanung besteht in der Definition aller Freiheitsgrade eines Greifers sowie seiner Orientierung und Position am Objekt im Raum, zusammengefasst im Vektor $\vec{X}_\Sigma$:

$$\vec{X}_\Sigma^{6+n} = \begin{pmatrix} \vec{f} \\ \vec{o} \\ \vec{p} \end{pmatrix} = \mathbf{M}^{(6+n)\times(m)} \cdot \vec{I}^m \qquad [4.6]$$

Die Matrix $\mathbf{M}^{(6+n)\times(m)}$ bildet den Vektor $\vec{I}^m$ auf die gesuchten Größen ab. Der Vektor $\vec{I}^m$ enthält dabei sowohl die Griffanforderungen als auch vorhandene Informationen über die Greifsituation und das Objekt. Wird das Greifen von Objekten auf das Greifen primitiver Hüllkörper zurückgeführt, so enthält die Objektbeschreibung Informationen bezüglich der:

* Dimension $\rightarrow$ Kugel: $d \in \Re^1$, Zylinder: $d \in \Re^2$, Rechteck: $d \in \Re^3$

* Raumposition $\vec{p}_{obj} \in \Re^3$

* Orientierung $\vec{o}_{obj} \in \Re^3$

Innerhalb einer Manipulationsidee können zusätzlich gewünschte Griffe, zulässige Gelenkwinkel, Greifkräfte o.ä. definiert sein. Ergänzend können für die Manipulation greiferspezifische Informationen und Randbedingungen festgelegt werden. Die Summe aller Informationen m über einen Griff wird repräsentiert durch den Vektor $\vec{I} \in \Re^m$, definiert damit den Aufbau und die Dimension von $\mathbf{M}^{(6+n)\times(m)}$ und ist innerhalb eines unveränderten Hand-Arm-Systems griffspezifisch variabel. Der konstruktive Aufbau von Mehrfingergreifern und die Greifanforderungen bestimmen den Zeilenrang der Matrix $\mathbf{M}^{(6+n)\times(m)}$ mit: $\mathrm{rg}(\mathbf{M}) \leq (6+n)$. Eine mögliche konstruktive Rangreduzierung beruht auf der linearen Abhängigkeit vorhandener Freiheitsgrade. Da die Dimension der Matrix $\mathbf{M}$ zusätzlich abhängig von der einzubringenden Informationsmenge m ist und diese Informationsmenge griff-, greifer- und objektspezifisch ist, ist die Rangreduzierung nicht konstant. Die rechteckige Koeffizientenmatrix $\mathbf{M}$ mit $(6+n)$ Gleichungen und m Unbekannten ist lösbar, wenn der Rang der Koeffizientenmatrix $\mathrm{rg}(\mathbf{M})$ gleich dem Rang der um den Vektor der rechten Seite $\vec{X}_\Sigma$ erweiterten Matrix $\mathrm{rg}(\mathbf{M}, \tilde{\mathbf{X}}_\Sigma)$ ist. Ist dieser Rang identisch mit der Anzahl vorhandener Unbekannter m, so ist der Griff eindeutig bestimmt. Ist der Rang kleiner als die Anzahl vorhandener Unbekannter m, so existieren $m - \mathrm{rg}(\mathbf{M})$ Freiheitsgrade. Die Matrix $\mathbf{M}^{(6+n)\times(m)}$ ist in diesem Fall singulär.

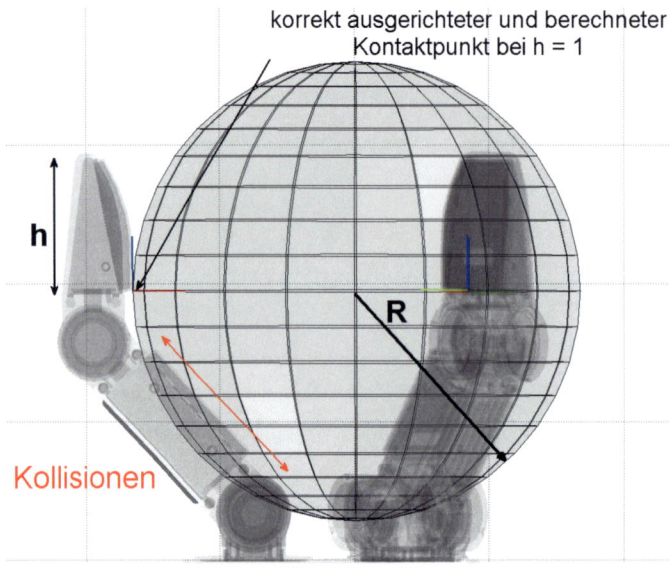

Abb. 4.9.: Objektkollisionen bei zu tiefem Greifpunkt

Diskrete und Kontinuierliche Freiheitsgrade

Freiheitsgrade in der Greifplanung lassen sich in diskrete und kontinuierliche Freiheitsgrade unterscheiden. Ein (wert-)diskreter Freiheitsgrad f_d kann nur endlich viele Werte annehmen. γ_{SDH} aus Abbildung 4.10 stellt anschaulich einen diskreten Freiheitsgrad dar. Der Definitionsbereich γ_{DoF} liegt bei $f_d : \gamma_{DoF} \in \{0°, 180°\}$, da griffspezifisch die lineare Abhängigkeit von z_{Zyl} und y_{SDH} gefordert wird. Im Gegensatz dazu stellen die Freiheitsgrade α_{DoF}, y_{DoF} zwei kontinuierliche Freiheitsgrade f_k dar. Kontinuierliche Freiheitsgrade f_k besitzen einen griffspezifischen und objektabhängigen Definitionsbereich mit einer unteren d_u und oberen d_o zulässigen Schranke: $f_k \in \mathbb{R} \setminus [d_u, d_o]$.

Anwendungsbeispiel

Abbildung 4.10 stellt einen Zylindergriff mit der SDH2 dar. Die Gelenkwinkel der Finger und damit die Freiheitsgrade des Greifers $\vec{f}$ werden durch den Griff g_{zyl} und die Dimensionen des Zylinders festgelegt. Sie reduzieren den Rang der Freiheitsgrade $\vec{f}$ auf $f \in \mathbb{R}^2$. Zusätzlich wird durch den Griff die Orthogonalität zwischen der Zylinderachse z_{Zyl} und z_{SDH} sowie die lineare Abhängigkeit von z_{Zyl} und y_{SDH} gefordert. Der Zylinderdurchmesser definiert ergänzend den Achsabstand $P_{2,z}$. Verbleibende Freiheitsgrade sind die Rotation α_{DoF} um die Zylinderachse, die Wahl des Greifpunktes entlang y_{DoF} und ein diskreter Freiheitsgrad $\gamma_{DoF} \in \{0°, 180°\}$. Während die Rotation um α_{DoF} uneingeschränkt ist, wird die zulässige Greifpunktverschiebung entlang

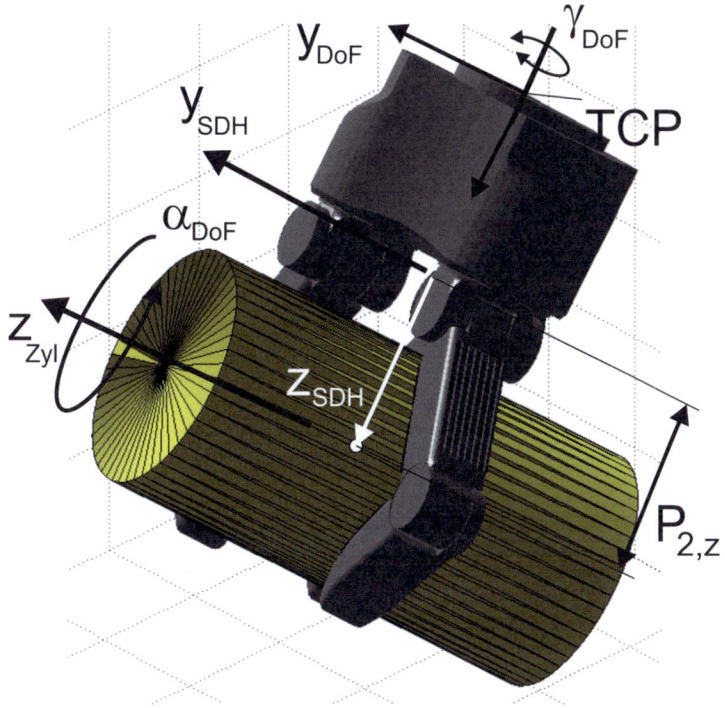

Abb. 4.10.: Freiheitsgrade im Zylindergriff

y_{DoF} durch die Zylinderlänge bestimmt. Beide Freiheitsgrade sind linear unabhängig. Die Definition der Zylinderposition und -orientierung wird vorausgesetzt. Die Informationsmenge m setzt sich zusammen aus dem Griff g_{zyl}, den Zylinderabmessungen $\vec{d}_z = [d_R, d_L]$, seiner Position $\vec{p}_{obj} = [x_z, y_z, z_z]$ und Orientierung $\vec{o}_{obj} = [\alpha_z, \beta_z, \gamma_z]$ sowie den Freiheitsgraden $\alpha_{DoF}, \gamma_{DoF}$ und y_{DoF}. Die Gleichung 4.6 lässt sich mit $n = 7$ darstellen als:

$$\vec{X}_{\Sigma}^{13} = \begin{pmatrix} \vec{f} \\ \vec{p} \\ \vec{o} \end{pmatrix} = \mathbf{M}^{13 \times 12} \cdot \begin{pmatrix} g_{zyl} \\ \vec{d}_z \\ \vec{p}_{obj} \\ \vec{o}_{obj} \\ \alpha_{DoF} \\ \gamma_{DoF} \\ y_{DoF} \end{pmatrix} \qquad [4.7]$$

Während die Objektabmessungen und -orientierungen griffunabhängig sind, beziehen sich die Freiheitsgrade $\alpha_{DoF}, \gamma_{DoF}$ und y_{DoF} auf den Griff g_{zyl} und machen ihn damit griffspezifisch.

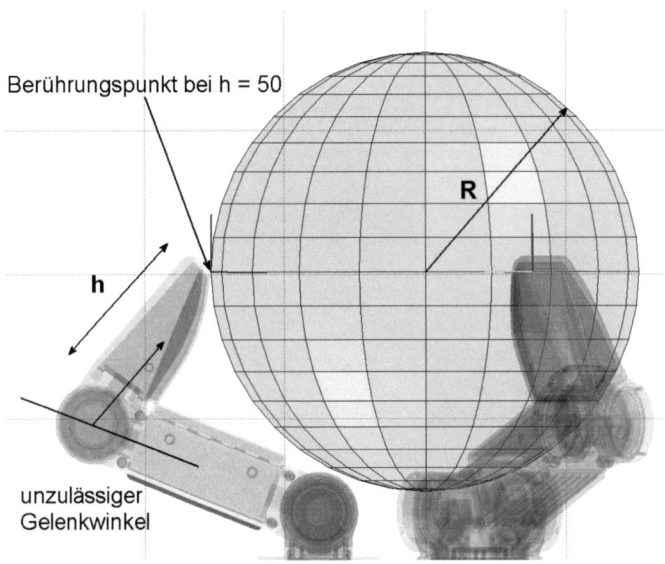

Abb. 4.11.: Fehlerhafte Gelenkwinkel bei zu hohem Greifpunkt

Intuitive Darstellung verbleibender Freiheitsgrade

Es lässt sich zeigen, dass jeder Griff an einem primitiven Objekt eine fest definierte, greifer-abhängige Anzahl an Freiheitsgraden besitzt. Werden dem Anwender einer Greifplanungssoft-ware diese Freiheitsgrade zur manuellen Änderung bzw. Optimierung eines Griffes angeboten, so müssen diese innerhalb ihres Definitionsbereiches überwacht werden, um Schäden am Objekt und dem Greifer zu vermeiden. Es muss sichergestellt werden, dass die Finger eines Mehrfin-gergreifers insbesondere bei kleinen Bauteilabmessungen nicht miteinander kollidieren. Ebenso sind der gegenseitige Einfluss linear abhängiger Freiheitsgrade und deren Definitionsbereiche zu untersuchen. Beim Greifen von großen Objekten können beispielsweise taktile Kontaktpunk-te nur in bestimmten Bereichen ermöglicht werden, Abbildung 4.11. Ebenso kann das Greifen in bestimmten Bereichen eines Fingers bei großen Objekten früher zu Kollisionen führen als in anderen Bereichen des Mehrfingergreifers, Abbildung 4.9. Die Abbildung 4.12 zeigt dafür beispielhaft den eingeschränkten zulässigen Bereich für das Greifen einer Kugel mit der dista-len Sensorik, wobei der Kontaktpunkt zwischen Greifer und Objekt frei wählbar ist. Es ist zu erkennen, dass je nach Bauteilabmessungen die Auswahl erlaubter Kontaktpunkte auf den tak-tilen Sensoren eingeschränkt werden muss. Kontaktpunkte außerhalb des zulässigen Bereiches können entweder aufgrund der Bewegungsmöglichkeiten der Finger gar nicht realisiert werden oder Kollisionen in anderen Handbereichen verursachen.

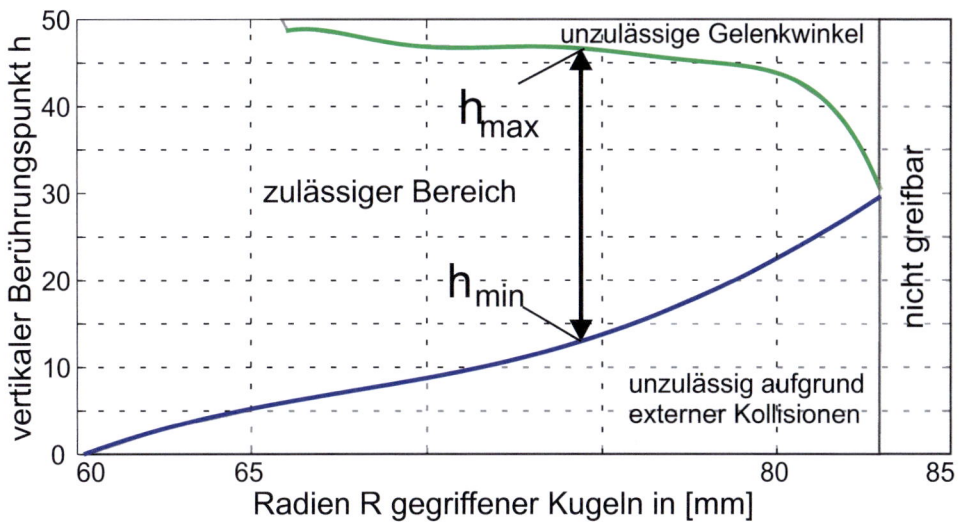

Abb. 4.12.: Zulässige, radiusabhängige Greifpunkte

Analyse von Freiheitsgraden

Die intuitive Darstellung der Freiheitsgrade und ihr gegenseitiger Einfluss beruht auf denselben Methoden wie die Griffoptimierung. Vorhandene n - Freiheitsgrade spannen einen n-dimensionalen Raum auf, in dem Griffe am Objekt definiert werden können. Eine erste Klassifizierung möglicher Griffe kann die in zulässige und unzulässige Griffe sein. Die Qualität zulässiger Griffe bleibt an dieser Stelle unbeachtet. Entsprechend der griffspezifischen Gleichung 4.6 mit dem griffspezifischen Vektor $\vec{I}^m$ werden iterativ über alle n Freiheitsgrade die zulässigen Griffe bestimmt. Das Beispiel aus Abbildung 4.12 zeigt das Ergebnis der Untersuchung bei der Variation des Greifpunktes $\vec{P}_t(h,w)$ auf einer distalen taktilen Sensorik über den Radius R der gegriffenen Kugel. Dabei werden diejenigen Kontaktpunkte und Radien ermittelt, die zu Kollision außerhalb des Kontaktpunktes und zu nicht realisierbaren Gelenkstellungen führen. Die begrenzenden Kurvenverläufe werden mit den Gleichungen 4.8 und 4.9 approximiert.

$$h_{min} = 49 \cdot \sin(\frac{R}{20} + 3.3) + 10.5 \cdot \sin(\frac{3R}{20} + 12) \qquad [4.8]$$

$$h_{max} = 129 \cdot \sin(\frac{R}{5} - 1.5) + 257 \cdot \sin(\frac{3R}{10} + 4.9) + 174 \cdot \sin(\frac{4R}{10} + 24.6) \qquad [4.9]$$

Wird nun innerhalb der Greifplanung das Greifen einer Kugel geplant, so kann allein aufgrund ihrer Abmessung die Angabe aller möglicher Kontaktpunkte $\vec{P}_t$ auf die Angabe der realisierbaren Kontaktpunkte beschränkt werden: $\vec{P}_t = \vec{P}_t(h,w) \rightarrow \vec{P}_{t,zul}(h,w)$. Die beschriebene Beschränkung auf nur zulässige Griffe verhindert einen benutzerseitig fehlerhaft aufgebauten Griff. Zusätzlich kann, bei einer nachträglichen Veränderung der Objektabmessungen stets eine zulässige Griffkonfiguration automatisch berechnet und eingestellt werden.

4.1.4. Der Semi-automatisierte Griffaufbau am Beispiel

Der Semi-automatisierte Griffaufbau soll beispielhaft am Greifen eines Zylinder mit dem Radius $R_z = 50mm$ und der Länge $L_z = 200mm$, dessen Lage und Orientierung mit

$$T_z = \begin{pmatrix} 0.883 & 0.32 & -0.34 & 400 \\ -0.1355 & 0.87 & 0.47 & 400 \\ 0.45 & -0.37 & 0.81 & 100 \\ 0 & 0 & 0 & 1 \end{pmatrix} = \begin{pmatrix} & & & x_z \\ & R_z & & y_z \\ & & & z_z \\ 0 & 0 & 0 & 1 \end{pmatrix}$$

gegeben ist, demonstriert werden. Die Abbildungen 4.5 bis 4.8 stellen Möglichkeiten zum Greifen eines Zylinders dar und der Griff 1 aus Abbildung 4.8 wird ausgewählt. Dieser Griff bestimmt die Lage der Y-Achse der SDH2 entsprechend Abbildung A.3 eindeutig:

$$T_{SDH2} = \begin{pmatrix} x_1 & 0.32 & z_1 & x_{SDH2} \\ x_2 & 0.87 & z_2 & y_{SDH2} \\ x_3 & -0.37 & z_3 & z_{SDH2} \\ 0 & 0 & 0 & 1 \end{pmatrix}. \qquad [4.10]$$

Der Mehrfingergreifer kann beliebig um einen Winkel α entlang der Zylinderachse $Z_{Cyl} = T_z(1:3,3) = [k_x; k_y; k_z]^T$ rotiert werden. Der diskrete Freiheitsgrad $\gamma_{DoF} \in \{0°, 180°\}$ wird über die Transformation R_D in die Berechnungen integriert und legt dabei entsprechend Abbildung A.3 aus Abschnitt A.2 die Y-Achse der SDH2 in die positive oder negative Z-Achse des Zylinders. Es gilt:

$$v = 1 - \cos\alpha \qquad s = \sin\alpha \qquad c = \cos\alpha$$

$$R_{euler} = \begin{pmatrix} k_x^2 v + c & k_x k_y v - k_z s & k_x k_z v + k_y s \\ k_x k_y v + k_z s & k_y^2 v + c & k_y k_z v - k_x s \\ k_x k_z v - k_y s & k_y k_z v + k_x s & k_z^2 v + c \end{pmatrix}$$

$$R_D = \begin{pmatrix} 1 & 0 & 0 \\ 0 & 0 & \pm 1 \\ 0 & \mp 1 & 0 \end{pmatrix}$$

$$R_{SDH} = R_{euler} \cdot R_z \cdot R_D. \qquad [4.11]$$

Die prinzipielle Lage der SDH2 berechnet sich mit Hilfe des Punktes P_2 aus Abbildung 4.8(b) und den SDH2 Abmessungen aus Abbildung A.2:

$$R_{SDH} = \begin{pmatrix} \vec{x} & \vec{y} & \vec{z} \end{pmatrix}$$
$$\vec{V} = -\vec{z} \cdot (P_{2,z} + 71.9) + \vec{x} \cdot x_M - \vec{y} \cdot \Delta y \qquad [4.12]$$

$$T_{TCP} = \begin{pmatrix} & & & V_1 + x_z \\ & R_{SDH} & & V_2 + y_z \\ & & & V_3 + z_z \\ 0 & 0 & 0 & 1 \end{pmatrix} \qquad [4.13]$$

Die Gelenkwinkel der SDH2 berechnen sich wie in Abschnitt 4.1.2 hergeleitet:

$$\vec{\phi} = \begin{pmatrix} 0 & -34.88 & 67.92 & -34.88 & 67.92 & -34.88 & 67.92 \end{pmatrix}.$$

Die Freiheitsgrade des Griffes beschränken sich auf eine Verschiebung Δy entlang der Zylinderachse und der Orientierung um den Zylinder α_{DoF}, Gleichung 4.12. Der Freiheitsgrad ist beschränkt durch die Länge des Zylinders sowie der Fingerbreite b und ihrem Abstand D_F entsprechend Abbildung A.1. Bei einer gegebenen Zylinderlänge von $L_z = 200mm$ ergibt sich ein zulässiger Bereich für Δy von:

$$\Delta y = \pm \frac{L_z}{2} - \frac{1}{2} \cdot (D_F + b).$$

Auf die Angabe einer Pre - Grasp - Stellung des Greifers wird an dieser Stelle verzichtet.

4.2. Sensordatenprädiktion und Greifplanung

Wie in den vorangegangenen Abschnitten beschrieben, kann jedes zu greifende Objekt durch verschiedene primitive Körper in bestimmten Bereichen seiner Geometrie approximiert werden und es lässt sich eine Vorpositionierung der Gelenkstellungen des Mehrfingergreifers analytisch berechnen. Die resultierenden Gelenkstellungen haben infolge der Approximation der realen Abbildung zumeist keinen oder einen fehlerhaften Objektkontakt und weichen in Abhängigkeit der Genauigkeit der durchgeführten Greifplanung von der realen Objektgeometrie um einige Grad von ihrer idealen Position ab. Die zum Finden dieser idealen Position notwendige Feinjustierung kann mittels der in den Abschnitten 3.1.3 und 3.6 vorgestellten Prädiktion taktiler Sensordaten ermöglicht werden. Über die taktile Prädiktion kann der vorhandene, fehlende oder fehlerhafte Objektkontakt erkannt und entsprechend aufzubauender Verfahren geeignet darauf reagiert werden. In Abschnitt 4.2.1 wird dargestellt, wie die ideale Kontaktposition gefunden und berechnet werden kann. Die vollständige Berechnung des Griffes am Objekt erfolgt damit

Start Position Greifstellung

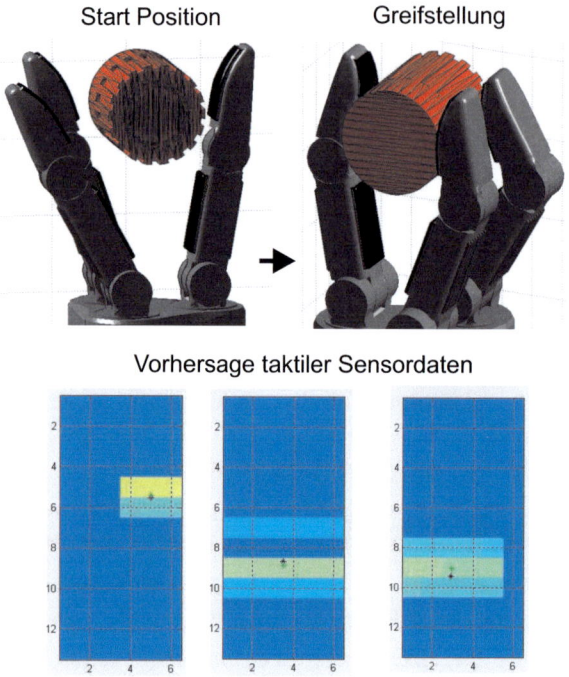

Vorhersage taktiler Sensordaten

Abb. 4.13.: Iterative Bestimmung der Fingergelenke

aus einer Kombination analytischer Berechnungen und der taktilen Sensordatenprädiktion. Die analytische Berechnung von Griffen ist zwar nur für Objektprimitive anwendbar, erfordert aber nur einen vernachlässigbar kleinen Zeitaufwand. Dem gegenüber steht das taktil - gesteuerte Iterationsverfahren, mit dem Griffe an beliebig komplexen Bauteilen gefunden werden können, aber in Abhängigkeit von der Komplexität des Objektes viel Zeit beansprucht. Dieser Aufwand wird aufgrund der Vorpositionierung deutlich reduziert.

4.2.1. Die Sensordatenprädiktion im Semi-automatisierten Griffaufbau

Das in Abschnitt 3.6 vorgestellte Verfahren zur Prädiktion taktiler Sensordaten kann zur Bestimmung und Herleitung von Griffen herangezogen werden. Dieses Verfahren ermöglicht den Übergang von der auf Hüllkörper - basierten Greifplanung auf Griffe an der realen, abgebildeten Objektgeometrie, Abbildung 4.13. Dazu werden, ausgehend von einer gegebenen Vorpositionierung des Greifers am Objekt entsprechend Abbildung 4.1(e) iterativ ausgewählte Finger und Gelenke entsprechend einer definierten Bahn zum Objekt hin bewegt. In jedem Iterationsschritt wird der aktuelle taktile Abdruck der Sensormatrizen berechnet, um mögliche Objektkontakte und Kontaktintensitäten festzustellen. Werden vorher definierte Kontaktintensitäten erreicht, ist

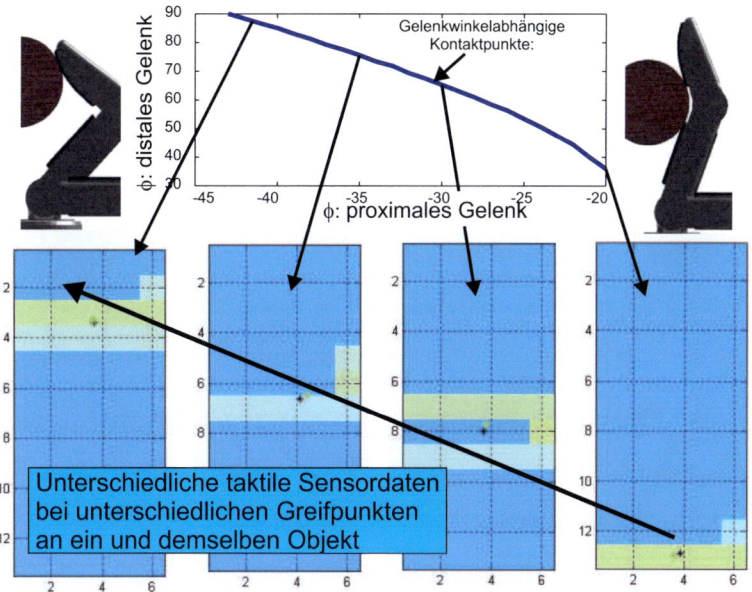

Abb. 4.14.: Freiheitsgrade im Griffaufbau

der gewünschte Objektkontakt hergestellt. Besitzt ein Mehrfingergreifer in jedem seiner Finger mehrere Freiheitsgrade, so beeinflusst die Trajektorie jedes Gelenkes die Greifposition. Wie in Abbildung 4.14 dargestellt, kann ein Objekt mit invarianter Position und Orientierung zum Greifer auf verschiedenste Weise gegriffen werden und unterschiedlichste Abbildungen der vorhergesagten taktilen Sensordaten erzeugen. Die Wahl der Vorpositionierung und der Art der Überführung beeinflussen damit wesentlich den resultierenden Griff. Nach [38] ist es aus sicherheitskritischen Überlegungen notwendig, Mehrfingergreifer beim Kontaktaufbau mit Objekten von "unten nach oben" zu schließen, d.h. proximale Kontakte müssen vor distalen Kontakten aufgebaut werden. Der Aufbau geeigneter Überführungstrajektorien zum Griffaufbau muss diesen Ansatz berücksichtigen. Daher ist es sinnvoll, Anrückbewegungen ebenfalls von "unten nach oben" aufzubauen und bei der Bewegung proximaler Gelenke ebenfalls distale Kontaktpunkte zu berücksichtigen. Werden nur distale Gelenke bewegt, müssen proximale Fingerabschnitte nicht berücksichtigt werden, da ihre Position und Orientierung von diesen Gelenkbewegungen unabhängig sind. Sind proximale Objektkontakte aufzubauen und kann sichergestellt werden, dass diese vor möglichen distalen Punkten erreicht werden, so findet ein sequentieller Griffaufbau statt, bei dem entweder nur das proximale, oder aber das distale Gelenk bewegt wird. Im nachfolgenden Abschnitt wird dazu das Verfahren der Bisektion zum Griffaufbau vorgestellt, mit dem alle möglichen Griffe, ausgehend von einer beliebigen Vorpositionierung, am Objekt gefunden und aufgebaut werden können.

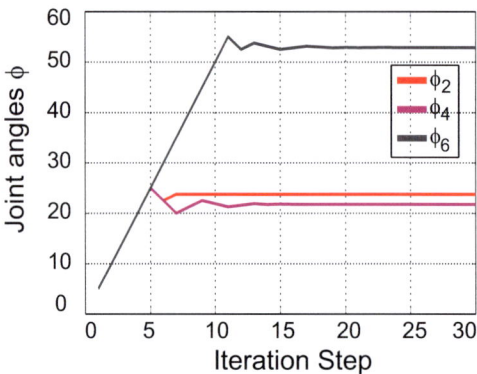

Abb. 4.15.: Die Bisektion zum Griffaufbau zur Abbildung 4.13

Die Bisektion im Griffaufbau

Die Bisektion entspricht einem Intervallhalbierungsverfahren und wird durch die Gleichungen 4.14 bis 4.16 beschrieben. Die Bisektion ist sowohl für proximale als auch distale Gelenkbewegungen einsetzbar. Ausgewählte, voneinander unabhängige Gelenke des Mehrfingergreifers werden iterativ in Richtung Objekt bewegt. Dabei ergibt sich der neue Gelenkwinkel ϕ_{n+1} anhand der letzten Gelenkposition ϕ_n sowie einer richtungsbezogenen ($sign(k_n)$) Addition der veränderbaren Iterationsschrittweite $\Delta\phi_n$. In jedem Iterationsschritt wird mit Hilfe der Prädiktion ein taktiler Abdruck der Sensoren simuliert. Dieser Abdruck wird hinsichtlich seiner Kontaktstärke $\Delta z_{d,zul}$ in das Objekt untersucht und wird beendet, sobald die zulässige Abweichung der aktuellen Kontakttiefe vom Sollwert im Bereich $|\Delta z_{d,zul} - \Delta z_{d,act}| \leq \varepsilon$ liegt. An der Berechnung von $\Delta z_{d,act}$ nehmen alle taktilen Sensormatrizen teil, die durch das Gelenk ϕ mit bewegt werden. Daher können durch die Bewegung proximaler Gelenke Kontakte in distalen Bereichen gefunden und entsprechend darauf reagiert werden. Ist ein Finger nicht oder zu schwach im Objekt, wird die Gelenkstellung weiter zum Objekt hin geführt. Wird der zulässige Sollwert auf einer der taktilen Matrizen $\Delta z_{d,zul}$ um mehr als $\pm\varepsilon$ über- oder unterschritten, ändert sich die Bewegungsrichtung und die Iterationsschrittweite $\Delta\phi_{n+1}$ wird halbiert.

$$\phi_{n+1} = \phi_n + sgn(k_n) \cdot i_n \qquad [4.14]$$

$$sgn(k_{n+1}) = \begin{cases} +1 & \forall \quad \Delta z_{d,act} \leq (\Delta z_{d,zul} - \varepsilon) \\ -1 & \forall \quad \Delta z_{d,act} > (\Delta z_{d,zul} + \varepsilon) \end{cases} \qquad [4.15]$$

$$\Delta\phi_{n+1} = \begin{cases} \frac{1}{2} \cdot \Delta\phi_n & \text{falls } sgn(k_{n+1}) \neq sgn(k_n) \\ \Delta\phi_n & \text{falls } sgn(k_{n+1}) \equiv sgn(k_n) \end{cases} \qquad [4.16]$$

Ein beispielhaftes Ergebnis der Bisektion wird in Abbildung 4.15 dargestellt. Ausgehend von einer kollisionsfreien Vorpositionierung $\vec{\phi}_s$ mit:

$$\vec{\phi}_s = [0; -20; 5; -10; 5; -30; 5]$$

und einer beginnenden Iterationsschrittweite von $\Delta\phi = 5°$ kann die Greifstellung $\vec{\phi}_t$ mit:

$$\vec{\phi}_t = [0; -20; 23.75; -10; 21.75; -30; 52.87]$$

nach etwa $i = 20$ Iterationen bestimmt werden. Die Anzahl der notwendigen Iterationen hängt damit direkt mit der Genauigkeit der Kontakttiefe in das Objekt und der Vorpositionierung der Gelenkwinkel $\vec{\phi}_s$ zusammen.

4.3. Simulierte Reaktivität und Griffoptimierung

Durch griffspezifische Freiheitsgrade existieren vielfältigste Möglichkeiten, ein und denselben Griff aufzubauen. Die Festlegung aller Freiheitsgrade kann beliebig oder entsprechend gezielter Optimierungskriterien erfolgen. Optimierungskriterien für Griffe können sein:

- Maximierung der Auflagefläche $A \rightarrow A_{max}$

- Minimierung der Gelenkwinkeländerungen ausgehend von einer gegebenen Startkonfiguration $\Delta\vec{\phi} \rightarrow \min$: $\sum_{i=1}^{2} |\phi_{t,i} - \phi_{s,i}| \rightarrow MIN$

- Maximierung der Übereinstimmung taktiler Sensordaten einer Greiferbacke $\mathbf{T}_s, i \approx \mathbf{T}_{s,i+1}$

- Maximierung der Anzahl berührender taktiler Sensorflächen am Objekt $\sum \mathbf{T}_s | p_i > 0 \rightarrow$ max

- Minimierung der Streuung bzw. Variation der Sensordaten innerhalb der taktilen Sensordaten $\sigma \rightarrow \min$

- Minimierung der Anzahl berührender Kanten und Ecken

- Berührung des Objektes ausschließlich mit bestimmten Sensorflächen

- Gewährleistung der statischen Stabilität

Eine vollständige Iteration über alle zulässigen Freiheitsgrade eines Griffes liefert das gesamte Optimierungspotential und kann als griffspezifisches Kennfeld dargestellt werden. Werden Optimierungskriterien zur Griffbestimmung herangezogen, so befindet sich deren Lösung innerhalb der gefundenen Punktmenge. Die Optimierung eines Griffes soll beispielhaft am Mehrfingergreifer SDH2 dargestellt werden. Ausgehend von einer definierten Handkonfiguration ist derjenige Griff auszuwählen, für den die Summe der Gelenkwinkeländerungen $\Delta\vec{\phi}$ beginnend bei einer Startposition $\vec{\phi}_s = \begin{pmatrix} \phi_{s,1} & \phi_{s,2} \end{pmatrix}$ minimal ist und beide taktilen Sensormatrizen einen Kontakt mit dem Objekt aufweisen. Die Winkel $\vec{\phi}_t = \begin{pmatrix} \phi_{t,1} & \phi_{t,2} \end{pmatrix}$ bilden die Zielwinkelkonfiguration ab, die Variable $\varepsilon < 0$ charakterisiert die zulässige Eindringtiefe in das Objekt, die Matrizen P_1 (proximal), P_2 (distal) enthalten die simulierten taktilen Sensordaten:

```
Js = [Phi_s1  Phi_s2 ] //Startvorgabe                              1
for{J1=Js1;J1<90;J1++}{                                            2
    for{J2=Js2;J2<90;J2++}{                                       3
        //Berechne  taktile  Sensormatrizen P1,P2                 4
        if( (min(P1)>(epsilon)) & (min(P1)< 0) ){                 5
            if( (min(P2)>(epsilon)) & (min(P2)< 0) ){             6
                //Wert  erfüllt  Kontaktbedingung;                7
                if(|J1-Js(1)|+|J2-Js(2)| < DeltaJ){               8
                    DeltaJ = |J1-Js(1)|+|J2-Js(2)|;}}}}}          9
```

Listing 4.1: Berechnung des optimierten Griffes

4.4. Zusammenfassung

Auf Grundlage der in Kapitel 3 vorgestellten Verfahren wurde in diesem Kapitel eine Möglichkeit zur intuitiven Übertragung einer Manipulationsidee vom Anwender eines Mehrfingergreifers in ein Greifplanungssystem dargestellt. Dazu wurden innerhalb des semi - automatisierten Griffaufbaus Hüllkörper zur Vorpositionierung des Greifers am Objekt definiert. Über griffsspezifische Freiheitsgrade können Griffe innerhalb dieser Vorpositionierung hinsichtlich benutzerseitig definierter Kriterien optimiert werden. Dazu werden Anwender schrittweise durch die Greifplanung geführt, um assistiert grundlegende Informationen in das System zu übertragen. Mittels der in den Abschnitten 3.1.3 und 3.6 hergeleiteten Prädiktion taktiler Sensordaten wurde die Feinpositionierung des Griffes an der vorliegenden Objektgeometrie ermöglicht. Gleichzeitig bietet die Prädiktion dem Anwender einen intuitiven Blick in den Griff selbst, visualisiert vorhandenes Optimierungspotential und stellt im Anschluss der Greifplanung notwendige Führungsgrößen für die in Kapitel 5 dargestellten, reaktiven Greifskills zur Verfügung.

KAPITEL 5

REAKTIVE GREIFSKILLS

In diesem Kapitel wird der Aufbau und die Umsetzung beispielhafter und in Abschnitt 2.2 definierter, reaktiver Greifskills vorgestellt. Es wird gezeigt, wie sie sich aus den in Kapitel 3 aufgezeigten, grundlegenden Funktionen eines Mehrfingergreifers und in Kombination mit einer übergeordneten Steuerung oder Regelung aufbauen und zusammensetzen lassen. Entsprechend

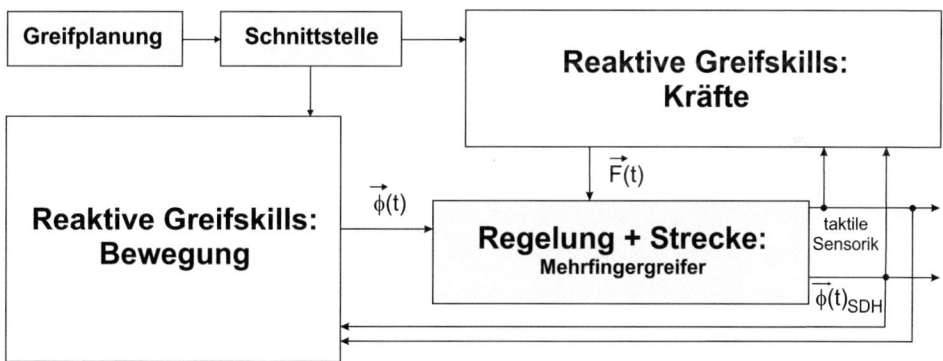

Abb. 5.1.: Reaktive Greifskills: Grundstruktur zur Ansteuerung von Mehrfingergreifern

der Abbildung 5.1 wird ein Ansteuerungssystem für Mehrfingergreifer aufgebaut, das auf den Ergebnissen einer Greifplanung basiert und über reaktive Greifskills eine vereinfachte Schnittstelle zur Ansteuerung des Greifers und damit zur Durchführung beliebiger Manipulationen bereitstellt. Alle Skills greifen dabei auf eine gemeinsame Kraft - und Positionsregelung des Mehrfingergreifers zurück und werden in Kategorien "Bewegung" und "Kräfte" aufgeteilt.

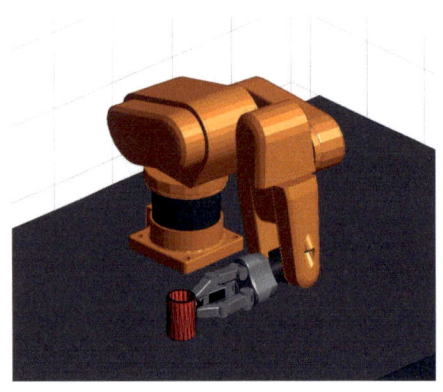

(a) Ergebnis der Greifplanung   (b) Ergebnis des Griffaufbaus

Abb. 5.2.: Gegenüberstellung des simulierten und umgesetzten Griffes

Greifplanung und Greifskills für reaktives Greifen

Innerhalb der Greifplanung wird derjenige Griff definiert, der in einer realen Anwendung umgesetzt werden soll, Abbildung 5.2. Dazu muss sich ein Anwender des Mehrfingergreifers mit den in Tabelle 5.1 rechts dargestellten Themengebieten auseinander setzen: Er muss den Greifer, ausgehend von einer gegebenen Startkonfiguration der Gelenke $\vec{\phi}_s$ in die für den Griff notwendige Zielposition $\vec{\phi}_t$ überführen. Dazu sind Trajektorien festzulegen und darauf zu achten, dass der Greifer sicher und kollisionsfrei innerhalb des durch $\vec{\phi}_s$ und $\vec{\phi}_t$ aufgespannten Gelenkwinkelraumes überführt wird. Beim Zugreifen müssen Fragestellungen hinsichtlich der Handhabung fehlerhafter, nachgiebiger oder gar nicht vorhandener Objekte geklärt werden. Diese Informationen beeinflussen die weitere Ansteuerung des Greifers und müssen unter Umständen aus der im Greifer integrierten Sensorik identifiziert werden. Fehlerhaft aufgebaute Griffe müssen nachgebessert werden, um das Festhalten des Objektes zu gewährleisten. Auch hinsichtlich einer möglichen Griffoptimierung, basierend auf den Ergebnissen und dem nominellen Griff der Greifplanung, wird der Anwender des Mehrfingergreifers vor vielfältige Herausforderungen gestellt. Werden einige der aufgezeigten Themengebiete automatisiert im oder vom Greifer durchgeführt, so stellen sie greiferspezifische Fähigkeiten dar und werden als Greifskills bezeichnet. Werden vom Greifer eigenständig Informationen über den Griff analysiert und ausgewertet, so ist der Greifskill reaktiv. In jedem Fall basieren bestimmte reaktive Greifskills auf gegebenen Kenngrößen des definierten, simulierten Griffes und greifen auf diese Ergebnisse zurück, Tabelle 5.1. Auf diese Weise wird der enge Bezug zwischen der Greifplanung und den Greifskills für reaktives Greifen verdeutlicht.

Greifplanung		Greifskill
Griffkonfiguration Mehrfingergreifer		Ansteuerung
Anrückkonfiguration		Anrücksicherung
Erwartungswerte Sensorik	↗	Kontaktaufbau
Kontaktbeschreibung	→	Griffbewertung
Sicherheitskritische Kenngrößen	↘	Griffsicherung
Optimierungsparameter		Griffoptimierung
Definition des optimalen Griffes		Feedback
...		...

Tab. 5.1.: Informationsübertragung Greifplanung → (reaktive) Greifskills

5.1. Reaktives Sicherheitskonzept

Der grundlegende Ansatz des reaktiven Sicherheitskonzeptes besteht in der Eigensicherung des Mehrfingergreifers gegen eine fehlerhafte Ansteuerung durch einen Anwender. Zusätzlich ermöglicht eine taktile Eingabesprache die Interaktion zwischen Anwender und Greifer für die Handhabung sicherheitskritischer Anforderungen. Es wird ein eigensicheres, autonomes Ansteuerungskonzept entworfen, das Benutzer von Aufgabenbereichen der Bahnplanung und Trajektoriengenerierung befreit und eine fehlerhafte Bedienung ausschließt. Für die Mensch - Maschine - Interaktion wird gezeigt, wie die integrierte Sensorik innerhalb sicherheitskritischer Manipulationen einen intuitiven Zugang zur Steuerung des Mehrfingergreifers ermöglicht.

5.1.1. Autonomes, intuitives Ansteuerungskonzept für Mehrfingergreifer

Anwender eines Mehrfingergreifers müssen von Aufgaben hinsichtlich notwendiger Bahnplanungen, Trajektoriengenerierungen und auch Interpolationen zur Überführung einzelner Gelenkstellungen befreit werden. Gleichzeitig dazu müssen sicherheitskritische Aspekte beachtet werden, die die Eigensicherheit des Mehrfingergreifers sicherstellen. Das Ziel der autonomen Ansteuerung muss daher in der automatischen Überführung des Greifers zwischen beliebigen Konfigurationen sowie im eigenständigen Anfahren und im Aufbau von Griffen liegen. In Abbildung 5.3 ist beispielhaft eine mögliche Aufgabenstellung für einen Mehrfingergreifer dargestellt. Es sollen die sechs dargestellten Objekte gegriffen werden. Zu jedem der zu greifenden Objekte ist der zugehörige Griff aus einer Greifplanung bekannt. Innerhalb der Konfiguration der Manipulation hat ein Anwender Trajektorien zu generieren, die eine sichere Überführung aller Griffe untereinander ermöglichen und damit Schäden und Kollisionen des Greifers mit sich selbst verhindern. Mit Hilfe der in Abschnitt 3.4 und 3.5 aufgebauten Verfahren kann das in Abbildung 5.4 dargestellte Ansteuerungskonzept entworfen werden. Es basiert auf einer greiferspezifischen, echtzeitfähigen Eigenkollisionserkennung, einer automatischen Bahnplanung sowie dem reaktiven Griffaufbau, der in Abschnitt 5.2 näher dargestellt wird.

Abb. 5.3.: Beispielhafte Aufgabenstellung an das autonome Ansteuerungskonzept

Funktionsweise

Der Bewegungsablauf des Greifers wird in eine Grob- und eine Feinplanung unterteilt. Die **Grobplanung** ermöglicht die Umkonfiguration des Greifers und damit den Wechsel der Greiferkonfiguration zwischen verschiedenen Pre - Grasp - Positionen ohne Objektkontakt (Abbildung 5.3). Dabei stellen Pre - Grasp - Positionen eine Vorpositionierung des Greifers dar, von der aus eine eigenkollisionsfreie Überführung aller Gelenkwinkel des Mehrfingergreifers in die Greif - Stellung möglich ist. Innerhalb der Grobplanung werden mittels der Eigenkollisionserkennung Plausibilitätskontrollen der anzufahrenden Zielpositionen durchgeführt, um deren prinzipielle Erreichbarkeit sicherzustellen. Damit wird das Anfahren beliebiger Ausgangsstellungen für Manipulationsaufgaben sowie das sichere Befreien des Mehrfingergreifers aus undefinierten oder unbekannten Gelenkstellungen heraus ermöglicht. Innerhalb der **Feinplanung** stehen die in Abschnitt 5.2 näher erläuterten Methoden zur Überführung der Finger an ein Objekt und dem damit einhergehenden Griffaufbau zur Verfügung. Ein kontinuierlicher Einsatz der Eigenkollisionserkennung ermöglicht das sichere Anfahren möglichst weit geschlossener Greiferstellungen (Target - Positionen) und damit reaktives Greifen. Eine übergeordnete Ablaufsteuerung setzt die notwendige, wechselseitige Anwahl der erforderlichen Bewegungen (Grob- und Feinplanung) um. Sie basiert auf benutzerseitig geplanten Manipulationsaufgaben, den Ergebnissen der Greifplanung aus Abschnitt 4 und prinzipiellen, sicherheitskritischen Kenngrößen der vorhandenen Sensorik. Abbildung 5.4 repräsentiert damit die Umsetzung eines reaktiven Ansteuerungskonzeptes. Es lässt sich festhalten, dass:

- das Ansteuerungskonzept auf den Ergebnissen der Greifplanung basiert,

- das Anfahren beliebiger, zulässiger Zielpositionen automatisiert möglich ist,

- fehlerhafte Zielpositionen $\vec{\phi}_t$ über eine Plausibilitätsabfrage vorab erkannt werden,

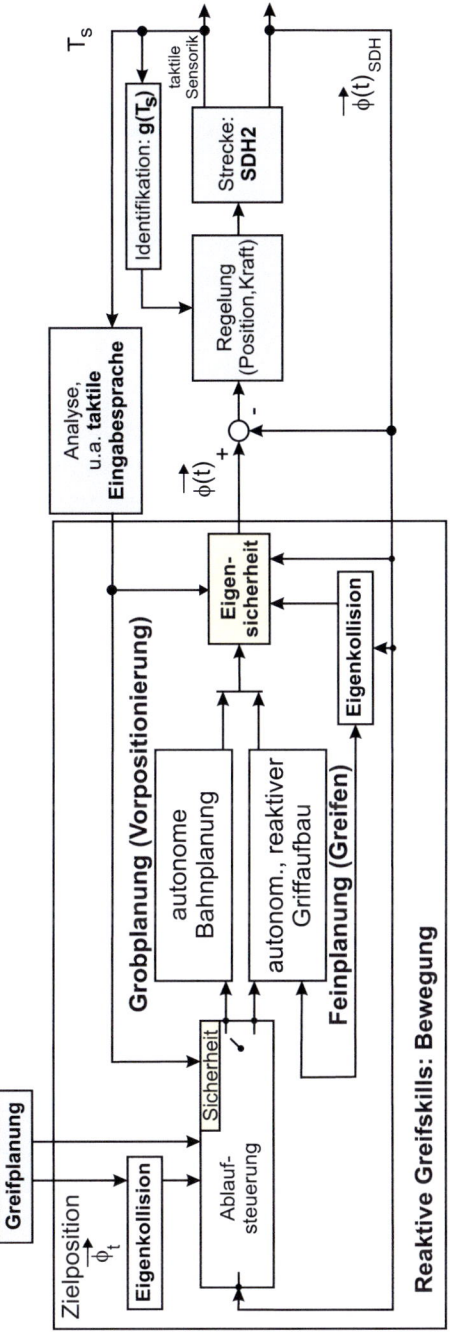

Abb. 5.4.: Autonomes, intuitives und reaktives Ansteuerungskonzept

- jederzeit im laufenden Prozess auch unabhängig von der Grob- und Feinplanung die Eigensicherheit des Greifers gegeben ist,

- das Ansteuerungskonzept das Manipulationspotential des Mehrfingergreifers uneingeschränkt zur Verfügung stellt.

In Abbildung 5.4 nicht näher dargestellt sind der Austausch notwendiger Statusinformationen sowie die notwendige Übergabe griffspezifischer Kenngrößen.

5.1.2. Eigensicherheit des Mehrfingergreifers

Die Eigensicherheit des Mehrfingergreifers wird wie in Abbildung 5.4 dargestellt in das reaktive Greifsystem eingebunden. Es basiert auf der echtzeitfähigen Eigenkollisionserkennung, aktuellen Gelenkbewegungen und Kenngrößen der taktilen Sensorik:

Eigenkollision: Die Eigenkollision schützt den Greifer vor fehlerhaften Ansteuerungen des Benutzers und im Griffaufbau, indem Fingerkollisionen rechtzeitig erkannt werden und zur Stillsetzung des Greifers führen.

Nullkraftregelung: Durch die Ablaufsteuerung ist bekannt, ab welchem Zeitpunkt Griffe und damit Objektkontakte aufgebaut werden sollen. Werden innerhalb der Grobplanung des Greifers, d.h. innerhalb der autonomen Bahnplanung Kontakte auf der taktilen Sensorik aufgebaut, so sind diese unbeabsichtigt. In diesem Fall kann über das Konzept der Eigensicherheit eine Nullkraftregelung auf die nominelle Ansteuerung überlagert werden, sodass die Finger bei vorhandenem Kontakt entsprechend ihrer Möglichkeiten ausweichen. Eine detaillierte Darstellung der Regelung wird in Abschnitt 5.2 gezeigt.

Ausweichbewegungen: Objektkontakte außerhalb der taktilen Sensorik können innerhalb der SDH2 nur dann festgestellt werden, wenn sie zu einer messbaren Positionsänderung führen. Von außen einwirkende Momente unterhalb der getriebespezifischen Rückdrehmomente werden nicht erfasst. Treten in deaktivierten Gelenken ungewollte Bewegungen auf, so können die betroffenen Gelenke zum einen aktiv in die vorgegebene Bewegungsrichtung verschoben werden und damit dem Hindernis aktiv ausweichen oder zum anderen das ganze System still setzen. Ausweichbewegungen werden dabei nicht direkt vorgegeben. Entsprechend einer definierten, maximalen Gelenkgeschwindigkeit werden einzelne Finger so lange bewegt, bis infolge der Eigenkollision eine weitere Bewegung ausgeschlossen wird.

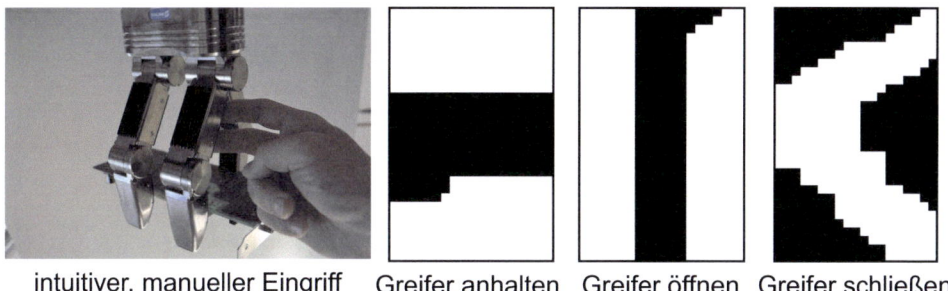

intuitiver, manueller Eingriff Greifer anhalten Greifer öffnen Greifer schließen

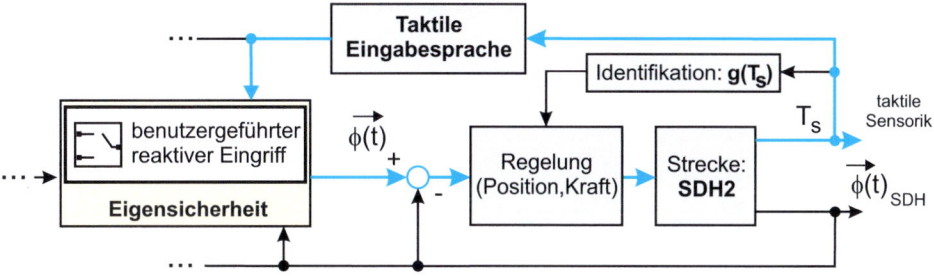

Abb. 5.5.: Sicherheit: taktile Eingabesprache für sicherheitskritische Eingriffe

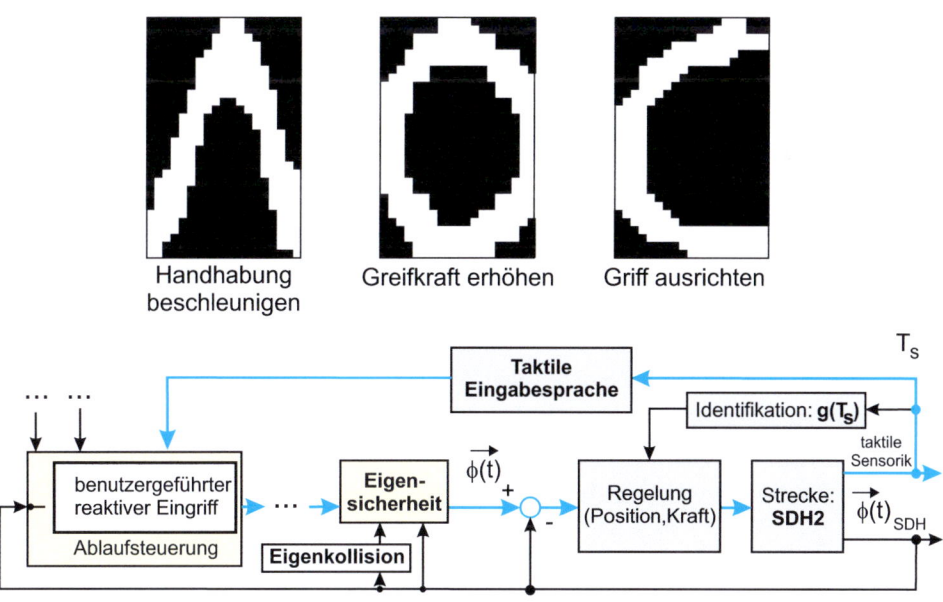

Abb. 5.6.: Sicherheit: taktile Eingabesprache in der Ablaufsteuerung

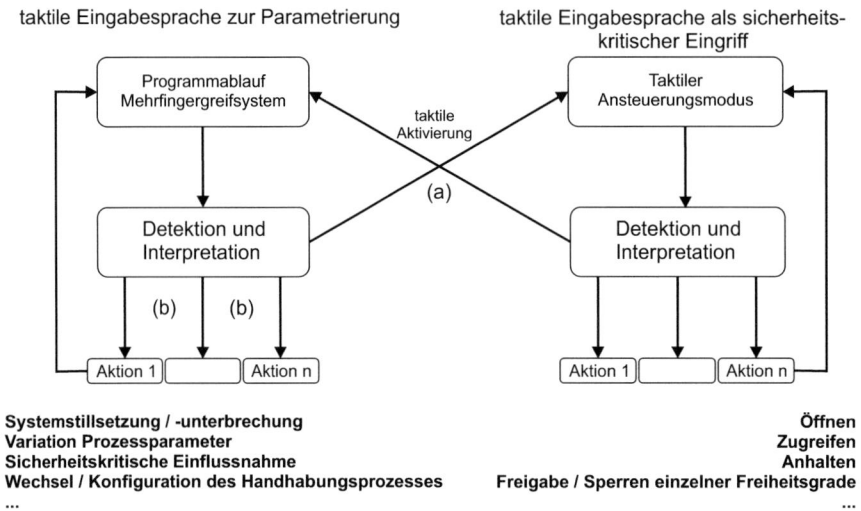

taktile Eingabesprache zur Parametrierung

taktile Eingabesprache als sicherheitskritischer Eingriff

Programmablauf
Mehrfingergreifsystem

taktile
Aktivierung

Taktiler
Ansteuerungsmodus

(a)

Detektion und
Interpretation

Detektion und
Interpretation

(b)   (b)

Aktion 1   Aktion n

Aktion 1   Aktion n

Systemstillsetzung / -unterbrechung
Variation Prozessparameter
Sicherheitskritische Einflussnahme
Wechsel / Konfiguration des Handhabungsprozesses
...

Öffnen
Zugreifen
Anhalten
Freigabe / Sperren einzelner Freiheitsgrade
...

Abb. 5.7.: Die taktile Eingabesprache im Handhabungsprozess

5.1.3. Intuitive, sicherheitskritische Eingriffe

Die in Abschnitt 3.9 hergeleitete Eingabesprache auf taktilen Sensoren ermöglicht den Aufbau benutzergeführter, reaktiver Greifskills zur Sicherung eines Mehrfingergreifers im Manipulationsprozess. Dazu können definierte und im Prozess vom Anwender aktiv eingegebene taktile Abbildungen einen Manipulationsprozess beeinflussen oder auch führen und dabei einen Beitrag zum sicheren Umgang mit Mehrfingergreifern leisten. Wie in Abbildung 3.38 dargestellt, können eindeutige taktile Eingabemuster zur Parametrisierung oder auch zum Auslösen definierter Aktionen herangezogen werden. Die Abbildungen 5.5 und 5.6 stellen dazu zwei verschiedene Möglichkeiten vor, wie ein benutzergeführter Eingriff mittels taktiler Eingabemuster in die Ablaufsteuerung eines Mehrfingergreifers eingebunden werden kann. Abbildung 5.5 stellt die einfachste Integration in einen Manipulationsprozess dar, bei dem die nominelle Ansteuerung des Mehrfingergreifers zugunsten definierter Aktionen unterbrochen wird. Beispielhafte Aktionen sind das Anhalten und Stoppen des Greifers sowie das Öffnen eines Griffes zur Übergabe und damit dem Loslassen eines Objektes. Dabei kann eine vollständig definierte Eingabesprache selbst die Ablaufsteuerung des Systems darstellen. In diesem Fall werden die Aktionen des Systems vollständig über taktile Eingaben gestartet. Zum anderen kann, wie in Abbildung 5.6 angedeutet, die taktile Eingabesprache in die Ablaufsteuerung einer oder mehrerer Handhabungsprozesse eingebunden werden. So wird es ermöglicht, manipulationsspezifische Verhaltensweisen einem Anwender zur Verfügung zu stellen, die sich auf den Handhabungsprozess selbst beziehen. Beispielsweise kann die Ablaufgeschwindigkeit einer Manipulation angepasst, die Greifkraft variiert oder auch der Griff selbst verändert werden. Während sich die sicherheitskritischen Verhaltensweisen nach Abbildung 5.5 auf die prinzipielle Bewegung beziehen, ermöglicht ein Eingriff entsprechend Abbildung 5.6 eine Manipulationskonfiguration. Auch ein wechselseitiger Übergang zwischen den beiden Eingriffen ist möglich. Abbildung 5.7 stellt dazu die Möglichkeiten der taktilen Eingabesteuerung im Programmablauf gegenüber. Dieser Übergang erfolgt über einen speziellen Schlüssel, der wiederum über die taktile Sprache eingegeben werden kann. Gleichzeitig kann die verwendete Eingabesprache innerhalb der beiden Eingriffe identisch sein. Auf diese Weise kann die Komplexität der taktilen Eingabesprache hinsichtlich der Reduktion der zu erkennenden Eingaben verringert und damit die intuitive, manuelle Handhabung eines Mehrfingergreifers insbesondere für sicherheitskritische Verhaltensweisen vergrößert werden. Beispielsweise kann ein Symbol zuerst das Schließen des Greifers auslösen und beim Wechsel des taktilen Eingriffes das Anhalten des Greifers bewirken. Fehlerhaft gegriffene Objekte können zur Beschädigung eines Mehrfingergreifers und seiner Sensorik führen. Mittels der in Abschnitt 3.9.2 aufgebauten taktilen Eingabesprache können benutzerseitig eingegebene Muster auch in aktiven Griffen detektiert werden. Wird diese kontaktbasierte Eingabesprache entsprechend der Abbildungen 5.5 oder 5.6 in den laufenden Manipulationsprozess integriert, so kann der Greifer auf definierte Eingaben reagieren und benutzerseitigen, sicherheitskritischen Anforderungen gerecht werden. Insbesondere bei der Manipulation gefährlicher bzw. kritischer Güter steht dem Anwendern jederzeit ein Greifskill zur Verfügung, dass einen intuitiven Eingriff in die laufende Anwendung und direkt am Greifer ermöglicht.

5.2. Reaktives Greifen

Innerhalb der Greifphase wird der Kontakt mit dem zu manipulierenden Objekt aufgebaut. Es werden existierende Anforderungen an die Überführung identifiziert und ein Konzept für einen autonomen Griffaufbau erarbeitet. Dazu wird die Vorpositionierung einer Roboterkinematik in die ermittelte Greifposition vorausgesetzt. Der Greifer selbst befindet sich in einer Pre - Grasp - Position $\vec{\phi}_{PG}$ am Objekt, die innerhalb der Greifplanung festgelegt wurde.

Der ideale Griff

Der ideale Griff ist dadurch gekennzeichnet, dass alle Gelenke des Greifers ihren Objektkontakt sowie die erwarteten Kontaktprofile bzw. -kräfte in der nominellen Grasp - Position $\vec{\phi}_G$ erfolgreich aufbauen. Dafür überführen zeitbasierte Trajektorien g_i entsprechend einer vorher festzulegenden Greifstrategie die einzelnen Gelenkwinkel ϕ_i mit $i \in [1,n]$ ausgehend von der Pre - Grasp - Position $\phi_{PG,i}$ in die nominelle Grasp - Position $\phi_{G,i}$:

$$\phi_{G,i} = g_i(t_i, \phi_{PG,i}) \qquad [5.1]$$

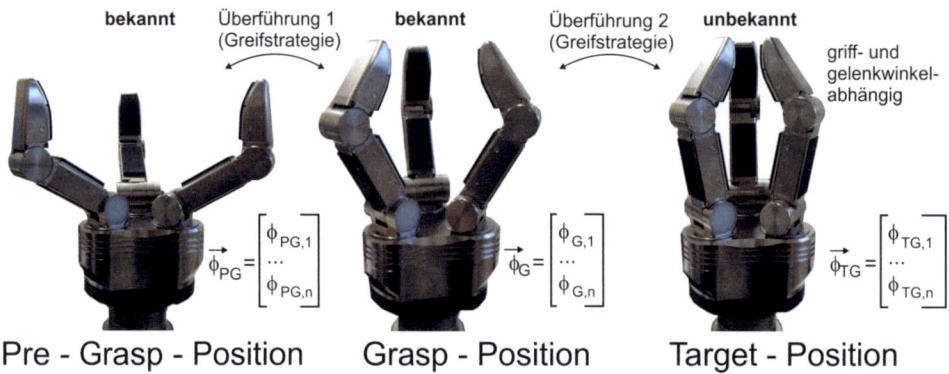

| bekannt | Überführung 1 (Greifstrategie) | bekannt | Überführung 2 (Greifstrategie) | unbekannt griff- und gelenkwinkel- abhängig |

$$\vec{\phi}_{PG} = \begin{bmatrix} \phi_{PG,1} \\ ... \\ \phi_{PG,n} \end{bmatrix}$$

$$\vec{\phi}_{G} = \begin{bmatrix} \phi_{G,1} \\ ... \\ \phi_{G,n} \end{bmatrix}$$

$$\vec{\phi}_{TG} = \begin{bmatrix} \phi_{TG,1} \\ ... \\ \phi_{TG,n} \end{bmatrix}$$

Pre - Grasp - Position   Grasp - Position   Target - Position

Abb. 5.8.: Grundlegender Ansatz des reaktiven Greifens

Die Greiferpositionen $\vec{\phi}_{PG}$ und $\vec{\phi}_{G}$ sind aus der Greifplanung bekannt. Die Definition der Pre - Grasp - Position (Vorpositionierung) beinhaltet, dass von ihr aus die Greifposition $\vec{\phi}_{G}$ kollisionsfrei angefahren werden kann, d.h. es wird ein kollisionsfreier Gelenkraum zwischen den Gelenkpositionen $[\vec{\phi}_{PG}, \vec{\phi}_{G}]$ aufgespannt. Mögliche Überführungstrajektorien g_i haben sicherzustellen, dass dieser Gelenkraum während der Bewegung nicht verlassen wird. Beispielhaft sind lineare, rampenförmige oder auch auf Polynomen verschiedener Ordnung basierende Funktionen g_i. Sie ermöglichen zudem eine Überführung innerhalb einer frei definierbaren Zeit t_i und damit den Aufbau benutzerspezifischer Greifstrategien. Erweiternd sind auch Überführungsfunktionen denkbar, die auf Basis maximaler Geschwindigkeiten Überführungszeiten definieren. Eine Auswahl an möglichen Greifstrategien kann in Abschnitt 5.3 gefunden werden.

Der nicht ideale Griff

Infolge fehlerhafter Objekte, Objektgeometrien, Objektabmessungen, Objektstellungen bzw. auch völlig fehlenden und nachgiebigen Objekten kann nicht sichergestellt werden, dass ein Objekt in der nominellen Grasp - Position $\vec{\phi}_{G}$ gegriffen werden kann. In diesen Fällen müssen die Gelenkwinkel für den Aufbau sicherer Griffe angepasst werden können. Die Gelenke der Mehrfingergreifer müssen, ausgehend von der aktuellen Position $\vec{\phi}_{PG}$, über die in der Greifplanung ermittelte, nominelle Grasp - Position $\vec{\phi}_{G}$ hinaus in eine maximal geschlossene Handstellung $\vec{\phi}_{TG}$ überführt werden, um sicherzustellen, dass, wenn ein Objekt vorhanden ist, es gegriffen wird (Abbildung 5.8). Während der Überführung wird überprüft, ob ein Kontakt mit dem Objekt aufgebaut wurde. Werden Kontakte festgestellt, wird die Positionsregelung dieser Gelenke zugunsten einer in Abschnitt 5.2.4 näher erläuterten Kraftregelung aufgehoben. Kontaktfreie Gelenke bleiben davon unberührt und führen die Schließbewegung des Greifers fort. Diese selbstständige Anpassung notwendiger Gelenkwinkel zum Greifen von Objekten basiert auf der Reaktivität des Greifers. Dazu wird eine Target - Position $\vec{\phi}_{TG}$ definiert, die griffs-pezifisch und in Abhängigkeit der Greifstrategie eine möglichst weit geschlossene, zulässige Handstellung definiert, Abbildung 5.8. Diese Stellung ist gelenk- und objektabhängig und kann nicht für alle Griffe allgemeingültig und analytisch hergeleitet werden. Die Gelenkwinkel der Target - Position $\vec{\phi}_{TG}$ sind zumeist unbekannt.

5.2.1. Die analytische Target - Funktion

Eine Möglichkeit zur analytischen Bestimmung möglicher Target - Positionen soll am Beispiel des symmetrischen Zweibackengriffs aus Abbildung 5.9 erläutert werden. Mit dem Gelenk-winkelvektor $\vec{\phi} = \begin{pmatrix} 90° & \phi_1 & \phi_2 & -90° & -90° & \phi_1 & \phi_2 \end{pmatrix}$ besitzt der Griff die beiden Freiheits-grade ϕ_1 und ϕ_2. Ein iterativer Eigenkollisionstest über die zulässigen Definitionsbereiche der Gelenkwinkel $\{\phi_1, \phi_2 \in \mathbb{R} \times \mathbb{R} | -90 \leq \phi_1, \phi_2 \leq 90\}$ liefert den gesuchten Grenzbereich zwi-schen zulässigen und verbotenen Greiferstellungen und damit die Target - Positionen. Wenn äquivalent zu Abbildung 3.16 eine der beiden Bedingungen aus der Gleichung 5.2 verletzt ist, findet eine Eigenkollision der Finger der SDH2 statt (Abbildung 5.9). Der Grenzbereich mit $\phi_1 = f(\phi_2)$ definiert die gesuchten Target - Positionen für diesen speziellen Zweibackengriff, da der Griff in dieser Konstellation nicht weiter geschlossen werden kann.

$$\phi_1 > 14° \qquad bzw. \qquad \phi_1 > -\frac{1}{3} \cdot \phi_2 + 8.55° \qquad\qquad [5.2]$$

Die Größen $\vec{\phi}_{TG,l}$ und $\vec{\phi}_{TG,r}$ veranschaulichen die sinnvollen Grenzbereiche der wählbaren Tar-get - Positionen. Sie ergeben sich aus der Überlegung, das sich Gelenke stets zum Objekt hin zu bewegen haben, um einen Objektkontakt aufzubauen. Die Wahl einer speziellen Target - Position $\vec{\phi}_{TG}$ ist Bestandteil der Greifstrategie und wird in Abschnitt 5.3 näher untersucht. Bei bekannter Target - Position $\vec{\phi}_{TG}$ für alle Gelenkwinkel eines Mehrfingergreifers kann die Über-führung dahin, ausgehend von der bereits angefahrenen Grasp - Position $\vec{\phi}_G$ äquivalent zur Überführung zwischen der Pre - Grasp - Position $\vec{\phi}_{PG}$ und der Grasp - Position $\vec{\phi}_G$ erfolgen. Abbildung 5.10 stellt eine solche zeitbasierte Überführung grafisch dar. Je nach verwendeten Überführungsfunktionen ist die maximale Bewegungszeit beim Schließen des Greifers bere-chenbar und variierbar. Ein stetiger Übergang zwischen den voneinander unabhängigen Über-führungsfunktionen mit einer frei wählbaren Gelenkgeschwindigkeit $\dot{\phi}_i$ ist realisierbar.

• Schließen: $\vec{\phi}_{PG} \Longrightarrow \vec{\phi}_G \Longrightarrow \vec{\phi}_{TG}$

Die Umkehrung der Bewegungsrichtung, d.h. das Öffnen des Greifers kann - wie in Abbildung 5.10 am Beispiel von zwei Polynomen 3. Ordnung dargestellt - durch einfaches Umkehren der Bewegungsreihenfolge erreicht werden:

• Öffnen: $\vec{\phi}_{TG} \Longrightarrow \vec{\phi}_G \Longrightarrow \vec{\phi}_{PG}$

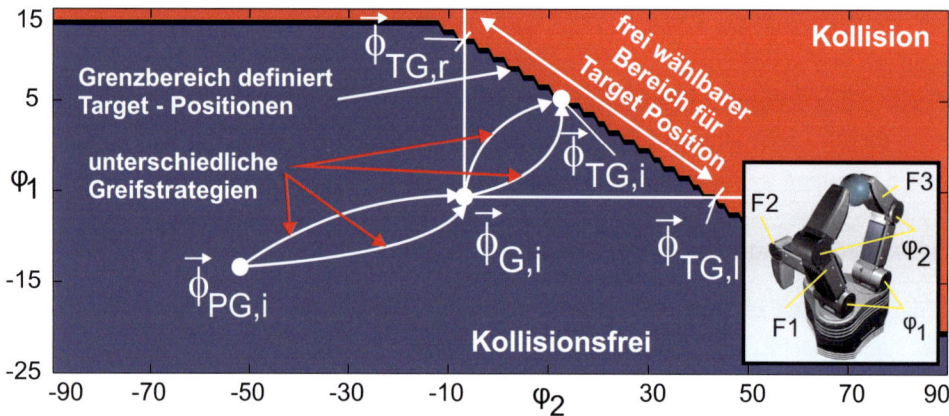

Abb. 5.9.: Target-Positionen und Greifstrategien im Zweibackengriff

Vor- und Nachteile analytischer Target - Positionen

Ein Vorteil der analytischen Berechnungen ist die Kenntnis aller möglichen Target - Positionen innerhalb der Festlegung und Optimierung der Greifstrategie. Ergänzend reduziert sich ein möglicher Rechenaufwand bei der Ausführung des Griffes. Nachteile analytischer Target - Positionen entstehen infolge des notwendigen Aufwands für ihre Berechnung, der anschließenden mathematischen Erfassung und infolge des notwendigen Speicherbedarfs zur Hinterlegung griffspezifischer Kennfelder. Die analytische Bestimmung der Target - Position für einen Griff mit weniger als drei Freiheitsgraden ist ohne größeren Aufwand möglich und sinnvoll. Demgegenüber wird in Abbildung 4.6 beispielhaft ein komplizierter Zweibackengriff dargestellt, bei dem die Target - Positionen zusätzlich von der Höhe z_2 des zweiten Fingers abhängig sind. Komplexere Griffe, die insbesondere über die kombinierte Greifplanung mittels taktiler Sensorwertprädiktion aufgebaut und berechnet werden, erlauben kein Setzen von Gelenksymmetrien und erfordern 4-dimensionale und höhere Suchräume zur analytischen Bestimmung der Target - Position. Diese Kennfelder, sofern mathematisch nicht sinnvoll erfassbar, müssen innerhalb des Griffaufbaus zugänglich gemacht werden. Diese Datenmenge ist sowohl im Umfang als auch bei der Bestimmung griffoptimierender Lösungen für integrierte Systeme nicht handhabbar. Ein zusätzlicher Nachteil ergibt sich aus der Überlegung, dass eine möglichst weit geschlossene Greiferstellung nur dann erreicht wird, wenn kein Objektkontakt stattfindet. Gelenke ohne Kontakt bleiben aufgrund der Berechnungen stets in ihren Target - Positionen stehen. Ein Gelenk mit Objektkontakt bleibt vor seiner nominellen Target - Position stehen und es entstehen möglicherweise für gegenüber liegende Gelenke zusätzliche Freiräume. Diese Freiräume erlauben weitere, eigenkollisionsfreie Schließbewegungen, die durch mathematische Ausdrücke

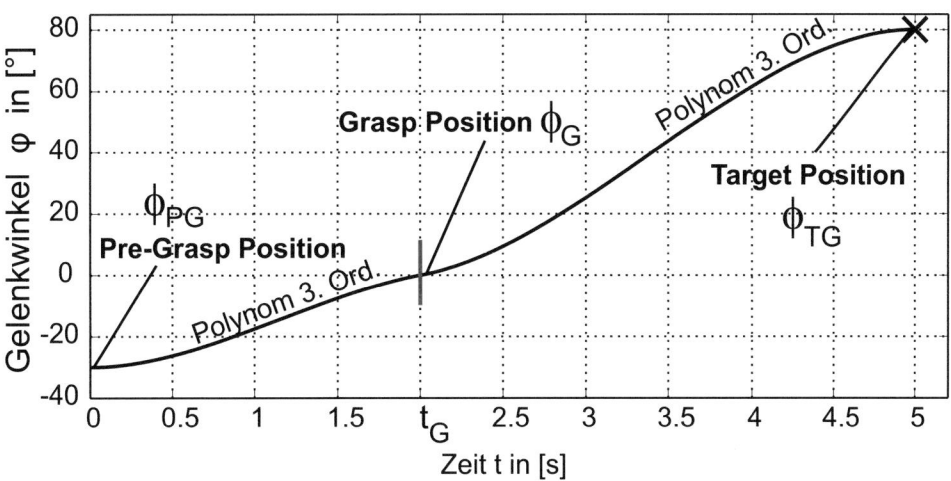

Abb. 5.10.: Kombination zweier Polynome 3. Ordnung

und statische Kennfelder nicht erfasst werden. Durch dieses Verhalten schränken analytisch berechnete Target - Positionen einen reaktiven Greifvorgang in seinen Möglichkeiten ein. Beispielhaft zu Abbildung 5.9 kann auf Basis einer gegebenen Grasp - Position $\vec{\phi}_G = (\phi_1, \phi_2)$ mit $\vec{\phi}_G = (-6°, -8°)$eine Target - Position mit $\vec{\phi}_{TG} = (-6°, 43.65°)$ berechnet werden. Finger eins baut einen Objektkontakt bei $\vec{\phi}_{F1} = (-6°, 5°)$ auf. Finger drei bewegt sich ohne Objektkontakt bis zur nominellen Target - Position $\vec{\phi}_{F3} = (-6°, 43.65°)$ und bleibt dort stehen. Da Finger eins diese Target - Position nicht erreicht hat, könnte Finger drei diesen freien Raum nutzen und sich weiter auf Finger 1 zu bewegen, um den gewünschten Objektkontakt aufzubauen. Dieser Sonderfall ist im Kennfeld jedoch nicht hinterlegt und für Finger drei kann keine neue, zulässige Zielposition angegeben werden. Der Greifer bleibt unnötig weit offen und baut den gewünschten Griff nicht auf. Wird die Symmetrie des Griffes:

$$\vec{\phi} = \begin{pmatrix} 90° & \phi_1 & \phi_2 & -90° & -90° & \phi_1 & \phi_2 \end{pmatrix} \qquad [5.3]$$

zugunsten einer Analyse ohne Symmetrie:

$$\vec{\phi} = \begin{pmatrix} 90° & \phi_1 & \phi_2 & -90° & -90° & \phi_5 & \phi_6 \end{pmatrix} \qquad [5.4]$$

durchgeführt, so wäre es möglich, zu den gegebenen Gelenkwinkeln ϕ_1, ϕ_2, ϕ_5 einen Gelenkwinkel $\phi_{6,zul}$ zu berechnen und der Griff könnte aufgebaut werden. Für den Aufbau des zugehörigen Kennfeldes sind insgesamt $n_{zul} = 180^4$ verschiedene Greiferpositionen auf Kollisionsfreiheit zu prüfen. Schlussfolgernd ergibt sich, dass die Target - Positionen für einfache -

insbesondere durch Symmetrien vereinfachte - Griffe analytisch berechnet und mathematisch erfasst werden können. Der analytische Ansatz ist allerdings aufgrund der entstehenden Datenmenge für komplexe Griffe nicht sinnvoll oder nicht vollständig und je nach vorhandener Hardware möglicherweise nicht umsetzbar.

5.2.2. Eigenkollisionsabhängige Target - Position

Ein möglicher Ansatz zur Behebung der Nachteile analytischer Target - Positionen besteht in der Anwendung der echtzeitfähigen Eigenkollisionserkennung aus Abschnitt 3.4. Die Target - Position muss in diesem Fall nicht explizit bekannt sein. Ausgehend von der Grasp - Stellung wird die Hand entsprechend einer Greifstrategie bis zur Detektion einer Eigenkollision geschlossen. Dieser Ansatz sichert zum einen den Mehrfingergreifer vor möglichen Beschädigungen und behebt zum anderen die Nachteile der analytischen Target - Position bezüglich ihrer Einschränkungen im reaktiven Greifvorgang, da alle Gelenke definitiv und unabhängig von Objektkontakten in eine geschlossene Greiferstellung überführt werden. Der Freiraum, der infolge von Objektkontakten und dem damit verbundenen Gelenkstillstand für entgegenkommende Finger bzw. Gelenke entsteht, wird infolge einer nicht anschlagenden Eigenkollision indirekt detektiert und ausgenutzt. Abbildung 5.11 stellt den zeitlichen Verlauf eines Greifvorgangs dar. Dabei wird als Überführungstrajektorie zwischen der Grasp - Position und der unbekannten Target - Position ein linearer Ansatz mit konstanter Geschwindigkeit verwendet. Auf diese Weise kann ein stetiger Übergang zwischen den beiden Überführungstrajektorien $[\vec{\phi}_{PG}, \vec{\phi}_G]$ und $[\vec{\phi}_G, \vec{\phi}_{TG}]$ erzielt werden. Im Gegensatz zum Verfahren bei bekannter Target - Position kann bei diesem Verfahren keine Überführungszeit definiert werden, in welcher der Greifer definitiv die geschlossene Greiferstellung erreicht. Diese Zeit ist abhängig von der Überführungsfunktion zwischen $[\vec{\phi}_G, \vec{\phi}_{TG}]$, den definierten Gelenkgeschwindigkeiten und vorhandenen Objektkontakten. Die Überführung einzelner Gelenke kann zudem zeitlich und örtlich unabhängig voneinander erfolgen. Das Abfahren der in 5.11 dargestellten Greifstrategie erfolgt beim Griffaufbau von links nach rechts und beim Loslassen in entsprechend umgekehrter Richtung. Beim Zugreifen werden die Gelenkwinkel entsprechend einer Greifstrategie und der zugehörigen Überführungstrajektorie in ihre nominelle Greifposition überführt. In Abbildung 5.12 ist eine Umsetzung eines Greifvorgangs mit einem Polynom 3.Grades als Trajektorie dargestellt. Dabei werden die einzelnen Koeffizienten der Überführungstrajektorien zu Beginn der Schließbewegung einmalig berechnet. Nach dem Erreichen der Grasp - Position zum nominellen Zeitpunkt t_G werden ausgewählte Gelenke weiter in Richtung der unbekannten Target - Position überführt. Diejenigen Gelenkwinkel, die sich ausgehend von der Grasp - Position in Richtung einer Target - Position bewegen, werden als reaktive Gelenkwinkel bezeichnet und können benutzerseitig vorgegeben werden. Abbildung 5.12 demonstriert diese reaktiven Gelenkwinkel am Beispiel aller distalen Gelenke.

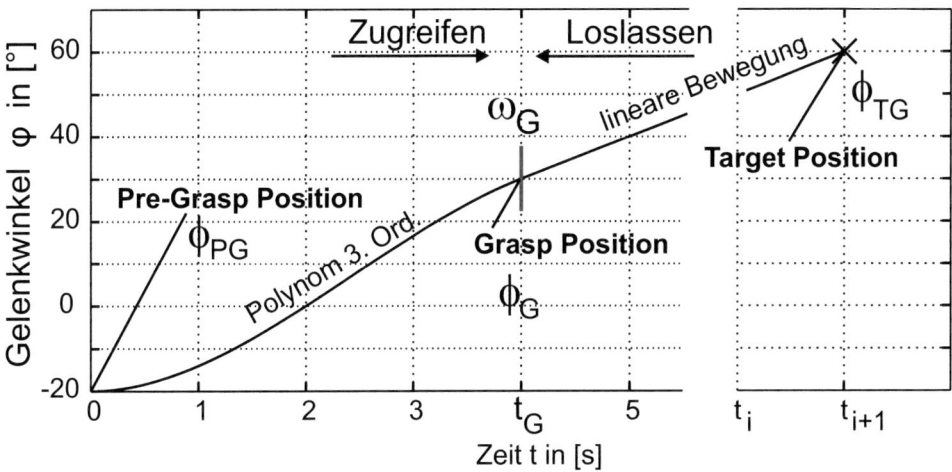

Abb. 5.11.: Geradlinige Bewegung in die Target Position

Die Ausgangstellung beim Öffnen des Greifers ist aufgrund der reaktiven Gelenkwinkel nicht bekannt und damit variabel. Daher werden diese zunächst mit einem positionsbezogenen Führungsregler in den Bereich zwischen $[\vec{\phi}_{PG}, \vec{\phi}_G]$ überführt. Die Grasp - Position $\vec{\phi}_G$ bezeichnet dabei die nominelle Zielposition. Da sich alle Gelenke in eine den Greifer öffnende Richtung bewegen, können Eigenkollisionen ausgeschlossen werden. Eine Überführung aller Gelenke in den sicheren Bereich $[\vec{\phi}_{PG}, \vec{\phi}_G]$ ist uneingeschränkt möglich.

5.2.3. Griffaufbau bei nachgiebigen Objekten

Infolge der Einführung einer Target - Position wird es ermöglicht, nachgiebige, d.h. weiche Objekte zu greifen. Für den unbelasteten Objektzustand werden mittels der Greifplanung sowohl die Pre - Grasp $\vec{\phi}_{PG}$ als auch die Grasp - Position $\vec{\phi}_G$ berechnet. Während des Griffaufbaus wird der Greifer entsprechend Abschnitt 5.2.2 über diese nominelle Greifposition hinaus weiter geschlossen. Nachgiebige Objekte werden mit diesem in Abschnitt 5.2 vorgestellten Bewegungsablauf definitiv belastet, ohne dass ergänzende Berechnungen durchgeführt werden müssen. Das nachgiebige Objekt wird infolge der Gelenkmomente gestaucht und erzeugt eine Gegenkraft, die von den taktilen Sensoren aufgenommen wird. Die zumeist nichtlineare Kennlinie der Gegenkraft von Objekt auf den Greifer ist dabei materialabhängig. Erzeugt das nachgiebige Objekt eine auf den taktilen Sensoren wahrnehmbare Kraft, bevor der Mehrfingergreifer infolge der Eigenkollision die Schließbewegung beendet, werden Kontakte erkannt und das Objekt kann erfolgreich gegriffen werden. Die Sensibilität der verwendeten taktilen Sensorik entsprechend Abbildung 3.2 aus Abschnitt 3.1 bestimmt den minimalen Kontaktdruck p, unterhalb dem

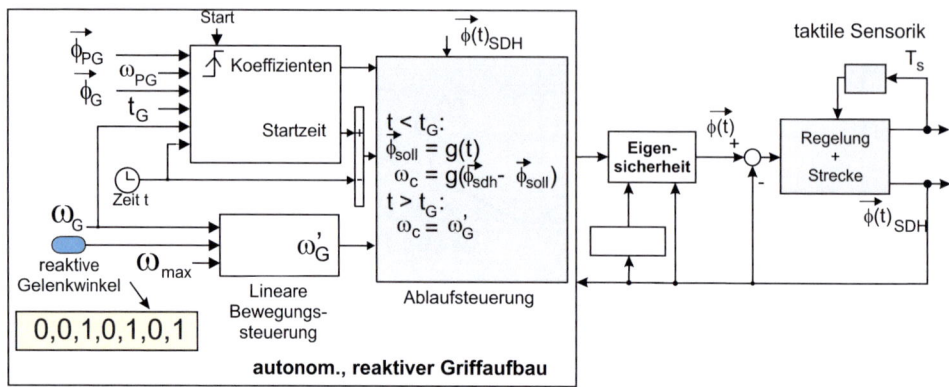

Abb. 5.12.: Prinzipdarstellung des reaktiven Greifens

kein Kontakt mit einem Objekt wahrgenommen werden kann. Nachgiebige Objekte mit einer Bruchfestigkeit unterhalb dieses taktilen Aktivierungsdruckes dürfen nicht gegriffen werden.

5.2.4. Positions- und adaptive Kraftregelung

Durch die im Mehrfingergreifer integrierte Sensorik wird es ermöglicht, feinfühlig und sensibel zu greifen und gezielt Kräfte zu übertragen. Einzelne Finger werden dazu über eine Positionsregelung auf das Objekt zu bewegt, um im Kontaktpunkt eine vorher definierte Kontakteigenschaft aufzubauen. Dafür ist es notwendig, der Positionsregelung eine auf der taktilen Sensorik beruhende Kraftregelung zu überlagern. Diese basiert auf der Analyse und Bewertung gegebener Kontaktinformationen und greift direkt in die Bewegungssteuerung einzelner Finger ein. Eine beispielhafte Implementierung einer überlagerten Kraft - und Positionsregelung für Mehrfingergreifer kann in einer Ausarbeitung von T. Takahashi eingesehen werden [111]. Im Gegensatz zu dieser wird nachfolgend eine Regelung aufgebaut, bei dem die Kraftregelung parallel und überlagert in die positionsbasierte Ansteuerung eingreift und damit einen adaptiven Eingriff verschiedener reaktiver Greifskills ermöglicht (Abbildung 5.15). Sie wird beispielhaft für ein einzelnes Gelenk des Mehrfingergreifers vorgestellt.

Positionsregelung

Die auf die Geschwindigkeitsregelung der SDH2 kaskadiert wirkende Positionsregelung führt das System mittels $\phi(t)$ (Abbildung 5.13). Der Verlauf von $\phi(t)$ kann aufgabenspezifisch gewählt und angepasst werden. Beispielhaft dazu ist ein nichtlinearer Positionsverlauf in Abbildung 5.14 dargestellt. Über einen Verstärkungsfaktor P wird dem Mehrfingergreifer eine neue Zielgeschwindigkeit $\dot{\phi}(t)$ vorgegeben. Ein geeigneter, der Abbildung 5.13 zugrunde liegender

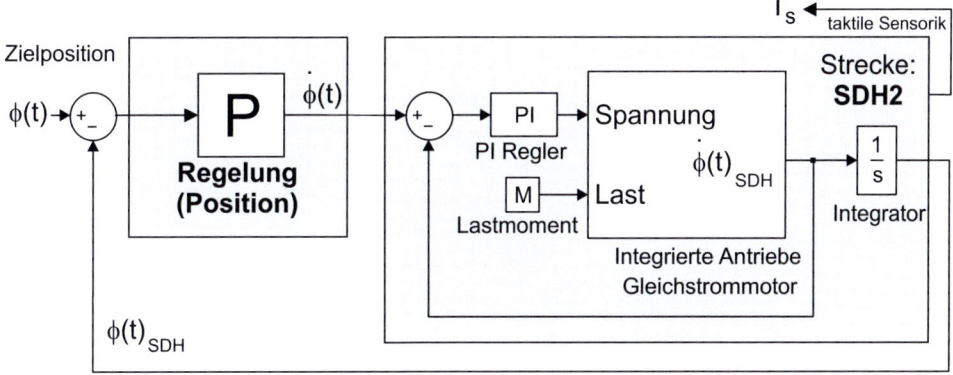

Abb. 5.13.: Darstellung der kaskadierten Positionsregelung der SDH2

Verstärkungsfaktor P wurde zu $P = 0.2 \cdot \frac{1}{s}$ bestimmt. Die Positionsregelung erfolgt entsprechend der in Abschnitt 5.2.1 und 5.2.2 vorgestellten Verfahren.

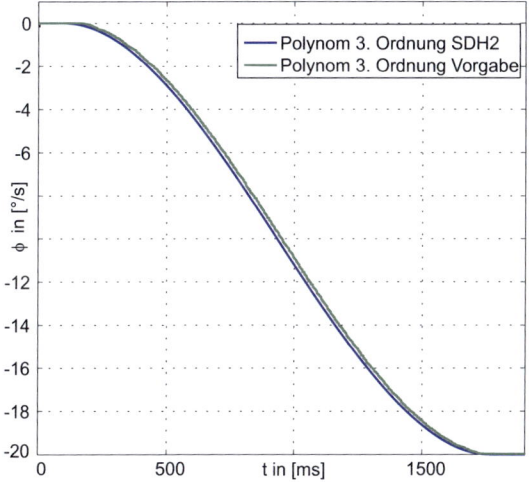

Abb. 5.14.: Nichtlinearer Bewegungsverlauf

Kraftregelung

Der Positionsregelung kann über einen zusätzlichen, veränderbaren Verstärkungsfaktor P_t eine auf der taktilen Sensorik aufsetzende Kraftregelung überlagert werden, Abbildung 5.15. Da der Verstärkungsfaktor P_t dem Verstärkungsfaktor P der Positionsregelung nachgeschaltet ist,

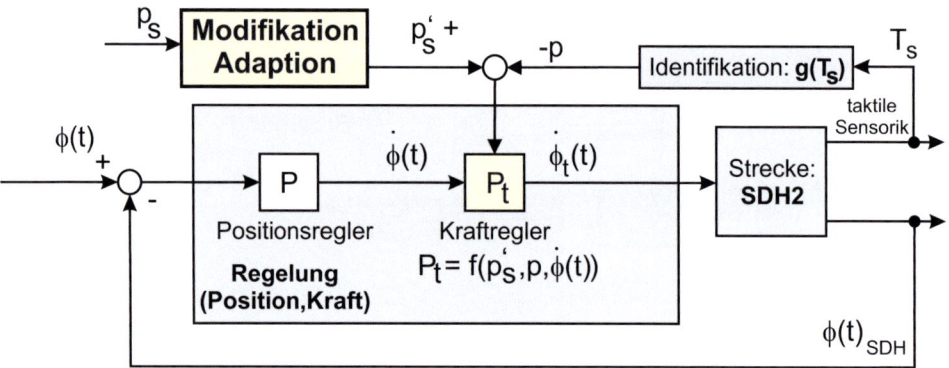

Abb. 5.15.: Kraft- und Positionsregelung für reaktives Greifen

kann über P_t direkt in die Ansteuerung des Greifers eingegriffen werden, ohne die nominelle, positionsbasierte Ansteuerung zu beeinflussen. Die gesamte Verstärkung P_Σ beider Regelungen ergibt sich zu:

$$P_\Sigma = P \cdot \vec{P_t}. \qquad [5.5]$$

Bei Objektkontakt wird über P_t ein stetiger Übergang zwischen der Positions- und Kraftregelung ermöglicht und das Verhalten des Gelenkes zugunsten einer optimalen Kraftübertragung beeinflusst. Dafür wird P_t über ein künstliches Kraftfeld definiert und berechnet sich über eine Potentialfunktion $P_t = f(p'_s, p, \dot{\phi}(t))$, die beispielhaft in Abbildung 5.16 dargestellt ist. Die Senke der Potentialfunktion liegt in der aufzubauenden Kontakteigenschaft und zieht ein Gelenk je nach Kontaktintensität weiter zum Objekt hin oder aus diesem heraus. Die Kraftregelung setzt so eine zulässige, geforderte oder auch gewünschte Kontaktintensität p_s um. Diese Kenngröße p_s bildet dabei eine spezielle Kontakteigenschaft ab und kann unterschiedlichen Gütekriterien zugrunde liegen. So kann p_s beispielsweise den maximal wirkenden Druck $p_s \approx p_{max}$, den durchschnittlichen Druck $p_s \approx \bar{p}$, eine berechnete Kraft zwischen Greifer und Objekt $p_s \approx f_s$ oder auch jede andere, die Kraft- oder Druckübertragung betreffende Kenngröße bezeichnen. Mathematisch lässt sich p_s beschreiben als Ergebnis einer auf die integrierte Sensorik $T_{s,i}$ angewandte Funktion g:

$$p_s = g(T_{s,1}, T_{s,2}, T_{s,3}, ...). \qquad [5.6]$$

Äquivalent zu dieser Kenngröße, dessen nomineller Wert innerhalb der Greifplanung gewonnen wird, ist, wie in Abbildung 5.15 dargestellt, der aktuelle Istwert p dieser Kenngröße mittels g zu berechnen und dem Sollwert p_s gegenüber zu stellen. Zusätzlich ist gezeigt, dass die nominelle Kontaktintensität p_s in eine angepasste Kenngröße p'_s überführt wird. Dem Ansatz liegen manipulationsübergreifende und synchronisierende Ansätze zugrunde, die den Aufbau einzelner

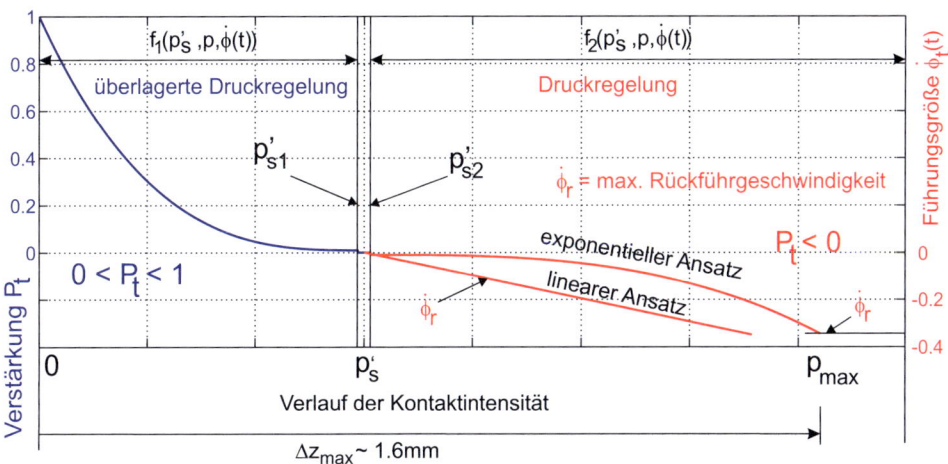

Abb. 5.16.: Darstellung der Potentialfunktion

Kontaktkräfte beeinflussen und damit ein adaptives Reglerverhalten ermöglichen. Beispielhaft wird in Abschnitt 5.3.3 ein synchroner Aufbau von Kontaktkräften am Objekt hergeleitet, bei dem über diese Modifikation in einzelne Regelungen eingegriffen werden kann. Ebenso werden in Abschnitt 5.5 Kontaktkräfte $\approx p_s$ zur Griffstabilisierung angepasst: $p_s \rightarrow p_s'$, um gegriffene Objekte festzuhalten.

Die Potentialfunktion $f(p_s', p, \dot{\phi}(t))$ der Kraftregelung

Der gelenkspezifische Verstärkungsfaktor P_t wird über eine Potentialfunktion f berechnet:

$$P_t = f(p_s', p, \dot{\phi}(t)) \qquad [5.7]$$

und bezüglich der nominellen Kontaktintensität p_s' ausgelegt (Abbildung 5.16). Es wird ein Kraftfeld mit einem anziehenden Potential (lokales Minimum) im nominellen Kontaktpunkt p_s' definiert. Die Richtung der Verstärkung für das anzusteuernde Gelenk wirkt stets in Richtung des anziehenden Potentials. Gleichzeitig wirkt dieses Potential bewegungshemmend, wodurch sich die Annäherungsgeschwindigkeit des Gelenkes an das lokale Minimum reduziert und sich die Stabilität in der Nähe des anziehenden Potentials vergrößert. Die Funktion kann in eine Funktion vor und eine nach der nominellen Kontaktintensität p_s' zerlegt werden und damit unterschiedliches Verhalten beim Auf- und Abbau des Kontaktes erzeugen. Ohne Objektkontakt gilt mit $p = 0$ für die Verstärkung P_t:

$$P_t = f_1(p_s', p = 0, \dot{\phi}(t)) = 1. \qquad [5.8]$$

Ohne Objektkontakt ist damit allein die Positionsregelung aktiv:$P_\Sigma = P \cdot 1 = P$. Bei schwacher Kontaktintensität: $0 < p < p'_s$ beeinflusst die Kraftregelung über $0 < P_t < 1$ die Gelenkgeschwindigkeit, nicht aber dessen Richtung. Für die Berechnung des Verstärkungsfaktors P_t können unterschiedliche Funktionen verwendet werden. Beispielhaft ist in Abbildung 5.16 ein exponentieller Verlauf abgebildet:

$$P_t = f_1(p'_s, p, \dot{\phi}(t)) = \frac{1 - \frac{\dot{\phi}_{min}(t)}{\dot{\phi}(t)}}{p'^3_s} \cdot (p'_s - p)^3 + \frac{\dot{\phi}_{min}(t)}{\dot{\phi}(t)} \qquad [5.9]$$

Bei zu starkem Kontakt $p > p'_s$ ist nur noch die Kraftregelung aktiv, da sie neben der Richtungsumkehr über $P_t < 0$ auch eine von der Positionsregelung unabhängige Gelenkgeschwindigkeit $\dot{\phi}_r$ definiert, um einen Kontakt zu lösen. Ist eine maximale Kontaktintensität p_{max} bekannt, so kann, wie in Abbildung 5.16 dargestellt, ein exponentieller Verlauf für $\dot{\phi}_r$ definiert werden:

$$\dot{\phi}_r = \frac{(p_{max} - p'_s) \cdot \Delta z_{max}}{p_{max} \cdot l_{max}} \qquad [5.10]$$

$$P_t = f_2(p'_s, p, \dot{\phi}(t)) = \frac{\dot{\phi}_r}{\dot{\phi}(t)} \cdot \left(\frac{\frac{\dot{\phi}_{min}(t)}{\dot{\phi}_r} - 1}{(p_{max} - p'_s)^3} \cdot (p - p'_s)^3 - \frac{\dot{\phi}_{min}(t)}{\dot{\phi}_r} \right). \qquad [5.11]$$

Ist die über die Sensorik erfassbare, maximale Kontaktintensität nicht bekannt, kann die Rückführgeschwindigkeit $\dot{\phi}_r$ über einen linearen Ansatz:

$$P_t = f_2(p'_s, p, \dot{\phi}(t)) = \frac{\dot{\phi}_r}{\dot{\phi}(t)} = \frac{1}{\dot{\phi}(t)} \cdot P_n \cdot \frac{p'_s - p}{p'_s} \qquad [5.12]$$

und einer frei wählbaren Verstärkung P_n festgelegt werden. Gelenkgeschwindigkeiten $\dot{\phi}$ mit $\dot{\phi} < \dot{\phi}_{min}$ führen zum Stillstand des Antriebssystems, da sie vom Mehrfingergreifer nicht umgesetzt werden können. Wie abgebildet, kann in einem Bereich um den nominellen Kontaktpunkt p'_s ein linker p'_{s1} und rechter p'_{s2} Bereich definiert werden, in dem das Gelenk still gesetzt wird und die Stabilität des Reglers vergrößert. Zusammenfassend ergibt sich die Potentialfunktion zu:

$$f(p'_s, p, \dot{\phi}(t)) = \begin{cases} f_1(p'_s, p, \dot{\phi}(t)) & \text{falls } 0 \le p \le (p'_s - p'_{s1}) \ : \text{Positions- + Kraftregelung} \\ 0 & \text{falls } (p'_s - p_{s1}) < p \le (p'_s + p'_{s2}) \\ f_2(p'_s, p, \dot{\phi}(t)) & \text{falls } p > (p'_s + p'_{s2}) \qquad : \text{Kraftregelung} \end{cases}$$

Anschaulich weicht die Positionsregelung einer taktilen Kraftregelung in einem Bereich um die nominelle Kontaktkraft. Wird diese überschritten, wird das Gelenk infolge der Kraftrichtung der Potentialfunktion vom Objekt weg bewegt. Die Kraftregelung überwacht damit stets

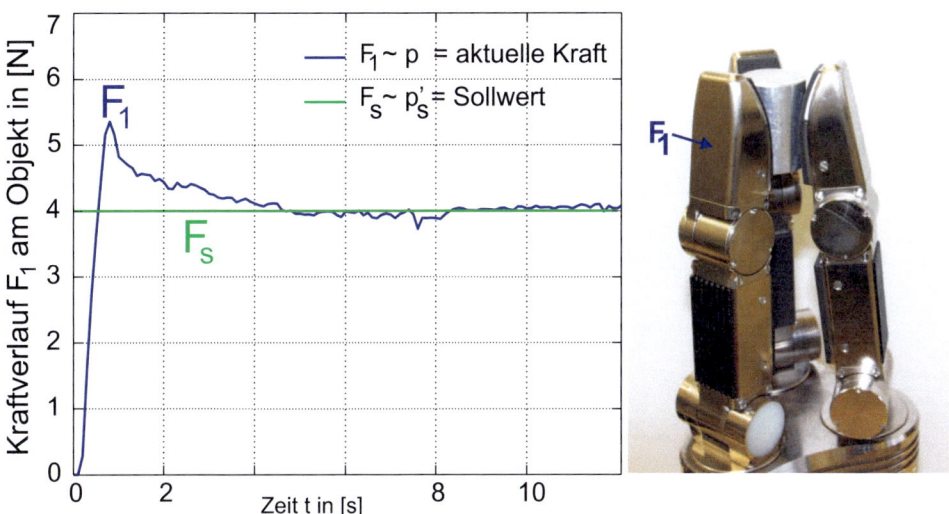

Abb. 5.17.: Einschwingverhalten der Kraftregelung

die Bewegungsrichtung und definiert die Gelenkgeschwindigkeit bei Bewegungen aus dem Objekt heraus. Die Kraftregelung stellt eine Rückführgeschwindigkeit $\dot{\phi}_r$ ein, um einen Kontakt zu lösen und somit einen Finger vom Objekt weg zu bewegen. Dabei ist die maximale Rückführgeschwindigkeit $\dot{\phi}_r$ variabel und entscheidet darüber, wie schnell und damit auch wie weit in einem Takt der Kontakt gelöst wird. Bei der Rückführung des Gelenkes mittels $\dot{\phi}_r$ muss sichergestellt werden, dass der Kontakt mit dem Objekt nicht verloren geht. Die maximale Wegstrecke, die zurückgelegt werden darf, muss damit kleiner als die aktuelle, maximale Kompressionstiefe z_{max}^t der taktilen Sensorik sein. Diese ergibt sich über den in Abschnitt 3.1.3 hergeleiteten Ansatz. Es muss damit gelten:

$$\dot{\phi}_{r,max}^t = \Delta\phi_{max}^t \cdot f_s = \frac{\Delta z_{max}^t}{l_{kontakt}} \cdot f_s = \frac{g_1^{-1}(t_{max}^t)}{l_{kontakt}} \cdot f_s. \qquad [5.13]$$

So ist $\dot{\phi}_r^t$ direkt abhängig vom Abstand $l_{kontakt}$ des Gelenkes zum Kontaktpunkt, der Kompressionstiefe und damit der Elastizität der aufnehmenden Sensorik sowie der Datenrate f_s der taktilen Sensorik. In den Abbildungen 5.17 und 5.18 sind zwei verschiedene Verläufe der taktilen Kraftregelung dargestellt. In 5.17 ist der Aufbau einer Kontaktkraft dargestellt. In 5.18 ist der Kraftverlauf beim Verringern einer Kontaktkraft gezeigt. Die Rückführgeschwindigkeit entsprechend Gleichung 5.12 ist dabei für Finger 2 zu $\dot{\phi}_r = \dot{\phi}_{r,max}$ und alternativ für Finger 1 zu: $\dot{\phi}_r = \frac{1}{3} \cdot \dot{\phi}_{r,max}$ festgelegt worden. Deutlich zu erkennen ist, dass die Stabilität aufgebauter Griffe bei kleinen Rückführgeschwindigkeiten verbessert werden kann.

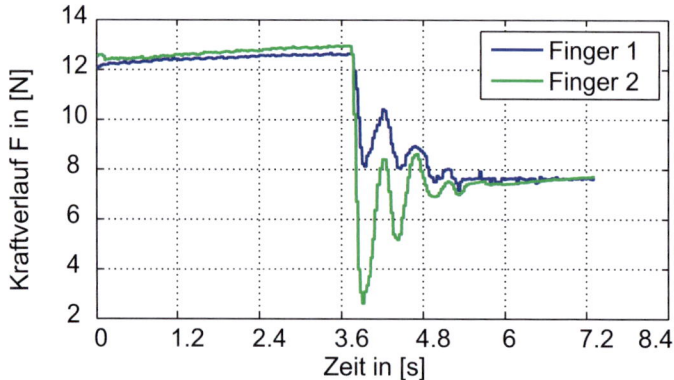

Abb. 5.18.: Kraftverlauf beim Lösen eines Objektkontaktes

Aperiodische Kraftregelung

Sollen zerbrechliche Objekte gegriffen werden, so ist ein aperiodisches Einschwingverhalten des Kraftreglers sicherzustellen, um eine maximal zulässige, lokal auf das Objekt einwirkenden Kraft $p_s' = p_{zul}$ nicht zu überschreiten. Es kann gezeigt werden, dass bei bekannter zulässiger Kraft p_{zul} eine maximal zulässige Gelenkgeschwindigkeit $\dot{\phi}_{zul}$ existiert, um das aperiodische Einschwingverhalten allein über die Anfangsgeschwindigkeit des nominellen Kontaktpunktes zu erzeugen und ein Überschwingen, wie in Abbildung 5.17 gezeigt, zu verhindern. Dazu wird entsprechend Abschnitt 3.1 ein zur zulässigen Kraft zugehöriger taktiler Sensorwert bestimmt: $p_s' = p_{zul} \approx t_{zul}$. Damit kann eine maximale Gelenkgeschwindigkeit $\dot{\phi}_{zul}$ über den bekannten Zusammenhang zwischen der Kontakttiefe und den taktilen Sensorwerten: $t = g_1(\Delta z)$ nach Abschnitt 3.1.3 bestimmt werden:

$$\dot{\phi}_{zul} = \frac{t_{zul} \cdot f_s \cdot \Delta z_{max}}{l_{max} \cdot t_{max}}, \qquad [5.14]$$

sodass das aperiodische Verhalten gesichert werden kann. Diese maximale Gelenkgeschwindigkeit ist abhängig von der Elastizität des Sensormaterials $\approx \Delta z_{max}$, dem Abstand von der Gelenkachse zum erwarteten Kontaktpunkt $\approx l_{max}$, dem Wertebereich t_{max} der taktilen Sensorik und der einzuregelnden Kontaktintensität $p_s' \approx t_{max}$.

5.3. Reaktive Greifstrategie

Die Greifstrategie bestimmt den Einfluss und die Möglichkeiten beim Griffaufbau, die sich infolge verschiedener Überführungstrajektorien sowohl zwischen $\vec{\phi}_{PG} \leftrightarrow \vec{\phi}_{G}$ als auch $\vec{\phi}_{G} \leftrightarrow \vec{\phi}_{TG}$ und ihrem zeitlichen Bezug zueinander ergeben, Abbildung 5.8. In Abbildung 5.9 wird diese mögliche Zweiteilung innerhalb der Greifstrategie ergänzend dargestellt. Dabei kann sich die

Art der Überführung in die nominelle Greifposition $\vec{\phi}_G$ von der Art der Überführung der Gelenke in die Target - Position $\vec{\phi}_{TG}$ unterscheiden. Innerhalb dieses Abschnittes werden verschiedene Ansätze und Strategien aufgebaut, um den fehlenden reaktiven Bewegungsablauf für einen autonomen Griffaufbau umsetzen. Zusätzlich werden mögliche Randbedingungen innerhalb einer Greifstrategie extrahiert, die die Greifbewegung beeinflussen und sich auf bekanntes Wissen der Greifplanung stützen. Zu ihnen gehören Arbeitsraum- und Geschwindigkeitsbeschränkungen aber auch Anforderungen bezüglich der Kraftübertragung und dem Kraftaufbau.

5.3.1. Greifstrategie zur Überführung in die nominelle Greifposition

Dieser Abschnitt untersucht Anforderungen und Möglichkeiten der Überführung $\vec{\phi}_{PG} \leftrightarrow \vec{\phi}_G$ nach Abbildung 5.8. Diese Festlegung des Bewegungsablaufs muss nach sinnvollen und sicherheitskritischen Aspekten hin erfolgen und kann in drei Hierarchiestufen unterteilt werden: Auf unterster Ebene entscheidet eine zeitbasierte Gelenktrajektorie über die kinematischen Bewegungsparameter eines Gelenkes selbst. Übergeordnet werden Bewegungsstrategien auf Fingerebene definiert, die sich aus prinzipiellen Verhaltensmustern, kinematischen Anforderungen definierter Kontaktpunkte $\vec{P}_t$ und vorhandenen, ggf. sicherheitskritischen Randbedingungen zusammensetzt. Fingerbewegungen werden untereinander über greifer- und griffspezifische Anforderungen gesteuert. Diese definieren sich aus globalen Randbedingungen bezüglich einer zeitbasierten und punktuellen Kraftübertragung auf das zu greifende Objekt. Im Nachfolgenden werden die Grundlagen jeder Hierarchiestufe dargestellt und hinsichtlich möglicher Randbedingungen untersucht.

Gelenkspezifische Greifstrategie

Innerhalb der gelenkspezifischen Greifstrategie werden für alle zu überführenden Gelenke Trajektorien vorgegeben, die eine Überführung von ϕ_{PG} nach ϕ_G umsetzen. Der Trajektorientyp kann dabei beliebig gewählt werden, muss aber den gelenkspezifischen Randbedingungen hinsichtlich dem prinzipiell nur zulässigem Arbeitsraum $\mathbb{D} = [\phi_{min}, \phi_{max}]$, dem durch ϕ_{PG} und ϕ_G aufgespannten Arbeitsraum $\mathbb{D} = [\phi_{PG}, \phi_G]$ und den vorgeschrieben minimalen wie maximalen Winkelgeschwindigkeiten $\mathbb{D} = [\dot{\phi}_{min}, \dot{\phi}_{max}]$ genügen. Äquivalent zur Arbeit von N.Gorges in [38] muss der Griffaufbau von unten nach oben erfolgen, d.h. proximale Objektkontakte sind, soweit vorhanden, aus sicherheitstechnischen Gründen vor distalen Objektkontakten aufzubauen. Dieser Ansatz basiert auf der Manipulierbarkeit unbekannter, fehlerhafter oder auch beschädigter Objekte mit unbekannten Abmessungen und Ausrichtungen. Bei gleichzeitigen Bewegungen distaler und proximaler Gelenke kann diese Anforderung mittels unterschiedlicher Überführungszeiten t_{dist} und t_{prox} umgesetzt werden. Dabei muss gelten: $t_{prox} < t_{dist}$. Ergänzend sind bei dieser Handhabung proximale Gelenkbewegungen bei erster distaler Kontaktaufnahme

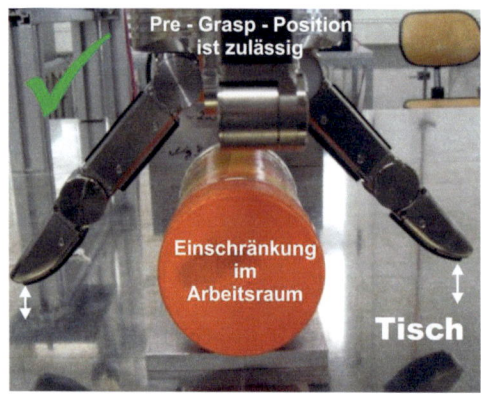 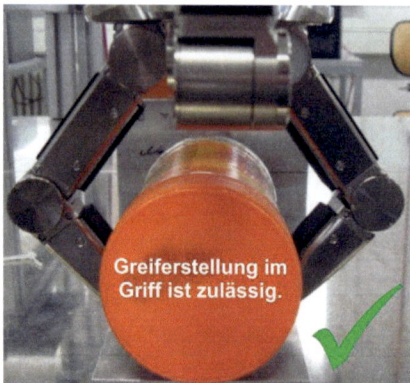

(a) Pre - Grasp - Stellung zum Greifen   (b) Grasp - Stellung des Griffes

Abb. 5.19.: Eingeschränkter Bewegungsraum beim Greifen von Objekten

aufzuheben, um nicht vorhersagbare Scherbewegungen innerhalb der distalen Kontaktstelle und damit verbundenen Beschädigungen auf der Sensorik zu vermeiden.

Fingerspezifische Greifstrategie

Fingerspezifische Greifstrategien definieren die ganzheitliche Anrückbewegung einzelner Finger hinsichtlich übergeordneter Anforderungen, Randbedingungen und möglicher Strategien. Aus diesen lassen sich rückwirkend einzelne Gelenkbewegungen ableiten, die damit wiederum einen festgelegten zeitlichen Bezug zueinander haben. Die fingerspezifische Greifstrategie kann damit die gelenkspezifische Greifstrategie beeinflussen oder auch vollständig aufheben. Abbildungen 5.19(a) und 5.19(b) stellen beispielhaft eine Anforderung, basierend auf einem eingeschränkten Arbeitsraum, an die Überführung $\vec{\phi}_{PG} \leftrightarrow \vec{\phi}_G$ dar, da die Finger bei der Überführung nicht mit der Tischplatte kollidieren dürfen. Im Folgenden wird gezeigt, wie innerhalb eines eingeschränkten Arbeitsbereiches eine solche Überführung zwischen den Gelenkstellungen ermöglicht wird (Abbildung 5.20). Dazu sei eine beschränkende Ebene $\vec{E}$ in HESSEscher Normalform durch einen Abstand d und zugehörigem Normalenvektor $\vec{n}_E$ im Greiferkoordinatensystem gegeben. Sie beschränkt den zulässigen Arbeitsraum aller Finger. Entsprechend einer Greifstrategie auf Gelenkebene kann es zu unzulässigen Kollisionen der Finger mit der Ebene $\vec{E}$ kommen. Daher ist, sofern nötig, die gelenkspezifische zugunsten einer fingerspezifischen Ansteuerung aufzuheben und Finger linear entlang der zulässigen Arbeitsraumgrenze zu bewegen. Um mögliche Arbeitsraumgrenzen zu detektieren, ist am distalen Gelenk ein repräsentativer (virtueller), taktiler Kontaktpunkt $\vec{P}_t$ zu definieren, der während der Überführung im Gelenkraum auf Schnittpunkte mit $\vec{E}$ geprüft wird. $\vec{P}_t$ muss dabei derart gewählt werden, dass Fingerkollisionen mit der Ebene $\vec{E}$ ausgeschlossen werden können, liegt daher oberhalb der realen Fingergeometrie und lässt sich beispielsweise über die in Abschnitt 3.2.1 beschriebene Methode über das Variablenpaar $[w, h_u]$ mit $(h_u > m_2)$ beschreiben. Gleichzeitig ist die Abbildung der gewünschten Fingerbewegung auf $\vec{E}$ durch die Geradengleichung G mit der horizontalen Länge L und der Steigung m gegeben:

$$G : \vec{x} = \vec{P}_1 + t \cdot (\vec{P}_2 - \vec{P}_1) \qquad [5.15]$$

mit:

$$\vec{P}_1 = \begin{pmatrix} P_{t,x}^s \\ P_{t,y}^s \\ \frac{d - n_{E,x} \cdot P_{t,x}^s - n_{E,y} \cdot P_{t,y}^s}{n_{E,z}} \end{pmatrix} \quad , \quad \vec{P}_2 = \begin{pmatrix} P_{t,x}^e \\ P_{t,y}^e \\ \frac{d - n_{E,x} \cdot P_{t,x}^e - n_{E,y} \cdot P_{t,y}^e}{n_{E,z}} \end{pmatrix}$$

und:

$$\begin{aligned} L &= \sqrt{(P_{2,x} - P_{1,x})^2 + (P_{2,y} - P_{1,y})^2} \\ m &= \frac{(P_{2,z} - P_{1,z})^2}{L} \end{aligned}$$

Mittels direkter Kinematik und definierter Bewegungsrichtung können der Start- $\vec{P}_t^s$ und Endpunkt $\vec{P}_t^e$ eines Fingers berechnet werden. Gilt für die z-Komponente beider Punkte: $\vec{P}_{t,z}^s < \vec{P}_{1,z}$ bzw. $\vec{P}_{t,z}^e < \vec{P}_{2,z}$, so sind die Start- und Endposition des Fingers unterhalb der Ebene $\vec{E}$ zulässig. Wie in Abbildung 5.20 rechts dargestellt, können dabei gleichzeitig mehrere Punkte $\vec{P}_{t,1}, \vec{P}_{t,2}$ auf Schnittpunkte hin untersucht werden und damit die gegebene, mechanische Fingerdimension berücksichtigen. Über die gelenkspezifische, zeitgesteuerte Ansteuerung kann zu jedem Zeitpunkt t eine Sollposition für den Punkt $\vec{P}_t$ berechnet werden. Die vertikale Höhe des virtuellen Fingerpunktes $P_{t,z}$ wird während dieser Überführung auf Schnittpunkte mit G geprüft. Werden Kollisionen gefunden oder liegt der Punkt auf der inkorrekten Seite der Ebene, wird die gelenkspezifische zugunsten einer fingerspezifischen Greifstrategie ersetzt. Diese steuert einen Finger entlang der zulässigen Arbeitsraumgrenze im kartesischen Raum an, Abbildung 5.20. In Verbindung mit der letzten zulässigen Position $\vec{P}_t^{-1}$ lässt sich, ausgehend vom jeweiligen Fingerkoordinatensystem F eine zulässige horizontale Δx_F und vertikale Δz_F Verschiebung berechnen:

$$\begin{aligned} \Delta x^0 &= P_{t,x} - P_{t,x}^{-1} \\ \Delta y^0 &= P_{t,y} - P_{t,y}^{-1} \\ \Delta x^F &= (\cos \phi_0) \cdot x^0 \pm (\sin \phi_0) \cdot y^0 \end{aligned}$$

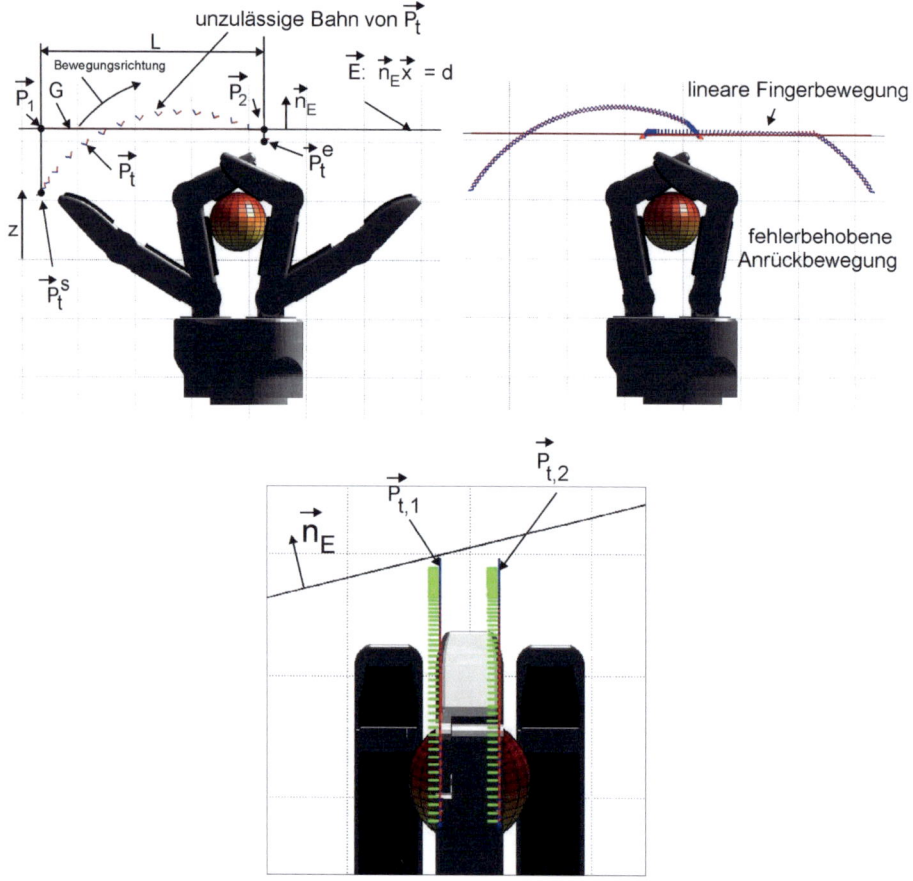

Abb. 5.20.: Externe Einschränkung des zulässigen Arbeitsbereiches beim Anrücken

$$\Delta z^F \;=\; m \cdot |\Delta x^F|$$

Diese geradlinige Bewegung kann mittels der in Abschnitt 3.3.1 hergeleiteten inversen Handkinematik berechnet werden und ist in Abbildung 5.22 und der Gleichung 5.16 näher dargestellt.

Greiferspezifische Greifstrategie

Die greiferspezifische Greifstrategie bestimmt aus globaler Sicht den Kraftaufbau ab einem Objekt. Diese Untersuchung erschließt sich aus der Überlegung, dass Kontaktkräfte in statisch instabilen Griffen, die immer im Augenblick des ersten Objektkontaktes eines Fingergliedes vorherrschen, in ungewollten Objektmanipulationen resultieren. Sie kann die gelenkspezifische

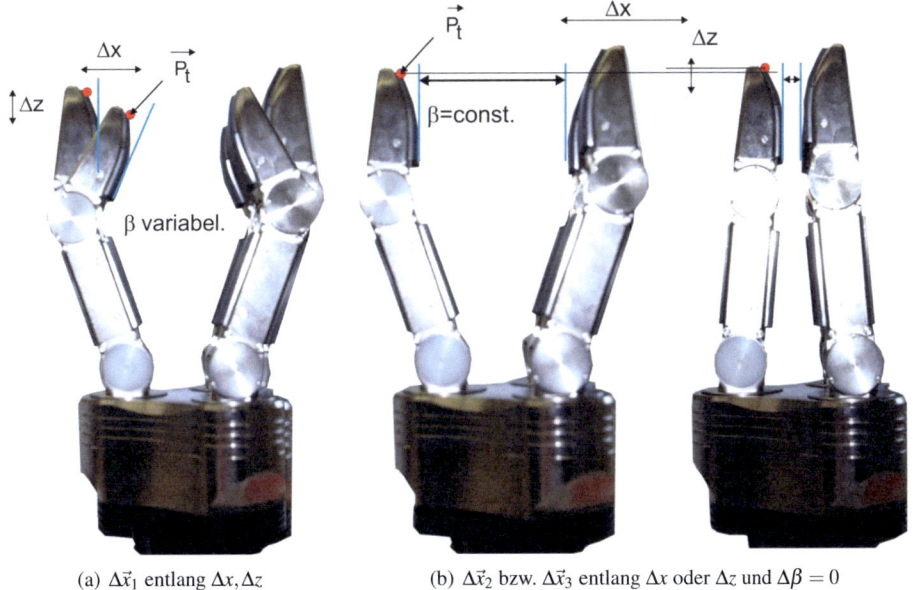

(a) $\Delta\vec{x}_1$ entlang $\Delta x, \Delta z$ (b) $\Delta\vec{x}_2$ bzw. $\Delta\vec{x}_3$ entlang Δx oder Δz und $\Delta\beta = 0$

Abb. 5.21.: Lineare und orientierte Bewegungsstrategie im kartesischen Raum

als auch die fingerspezifische Anrückbewegung beeinflussen und aufheben. Dies wird insbesondere im Hinblick auf eine Griffoptimierung mittels Neuausrichtung über dem zu greifenden Objekt deutlich. Dabei kann sie die gesamte Greifbewegung, oder aber auch nur einzelne Gelenk- oder Fingerbewegungen zurücksetzen. Damit stellt die greiferspezifische Strategie die nach außen sichtbare Schnittstelle des autonomen Griffaufbaus dar. In Abschnitt 5.3.3 wird beispielhaft dazu eine Nullkraftregelung vorgestellt, bei der Finger- und Gelenkbewegungen sowie der Kraftaufbau am Objekt über eine greiferspezifische Strategie vorgegeben werden.

5.3.2. Greifstrategie zur Überführung in die Targetposition

Ausgehend von der nominellen Greifposition erfolgt bei nachgiebigem, fehlerhaftem bzw. instabilem Griffaufbau die Überführung des Mehrfingergreifers in die im verallgemeinerten Fall unbekannte Target - Position: $\vec{\phi}_G \rightarrow \vec{\phi}_{TG}$. Die diesen Bewegungen zugrunde liegenden Strategien werden in diesem Abschnitt erläutert. Das Erreichen der Target - Position $\vec{\phi}_{TG}$ kann durch Vorgabe gezielter und zeitlich koordinierter Gelenkgeschwindigkeiten erreicht werden. Dafür können gerichtete Bewegungen ausgewählter, evtl. nomineller Kontaktpunkte der Greifplanung zu Beginn der Überführung $\vec{\phi}_G \rightarrow \vec{\phi}_{TG}$ hilfreich sein.

Überführung im Gelenkraum

Die Überführung einzelner Gelenke, ausgehend von der nominellen Greifposition $\vec{\phi}_G$, in die (unbekannte) Target - Position erfolgt mittels dem in den Abschnitten 5.2.1 bis 5.2.2 und in den Abbildungen 5.10 bis 5.12 dargestellten Verfahren.

Gerichtete Fingerbewegungen im kartesischen Raum

In Abschnitt 3.3.1 wurden am Beispiel der SDH2 Möglichkeiten zur Berechnung gerichteter Bewegungen hergeleitet. Es wurde gezeigt, dass ausgehend von einem Differenzvektor $\Delta \vec{x} = (\Delta x, 0, \Delta z, 0, \Delta \beta, 0)^T$ (Gl. 3.52), je nach Anzahl vorhandener Freiheitsgrade einzelner Finger-kontaktpunkte eine bestimmte Anzahl an linearen und gerichteten Bewegungsvorgaben erfüllt werden kann. Der diesem Beispiel zugrunde liegende Differenzvektor $\Delta \vec{x}$ bezieht sich dabei auf einen beliebigen Kontaktpunkt $\vec{P}_t$ auf einer distalen oder proximalen taktilen Sensorma-trix, Abbildung 5.21. Sinnvoll im Hinblick auf eine erfolgreiche Schließbewegung des Greifers ist der Differenzvektor $\Delta \vec{x}_1$ mit: $\Delta \vec{x}_1 = (\Delta x, 0, \Delta z, 0, 0, 0)^T$, der eine lineare Bahn bei variabler Orientierung erzeugt. Die Differenzvektoren $\Delta \vec{x}_2$ mit: $\Delta \vec{x}_2 = (\Delta x, 0, 0, 0, \Delta \beta, 0)^T$ und $\Delta \vec{x}_3$ mit: $\Delta \vec{x}_3 = (0, 0, \Delta z, 0, \Delta \beta, 0)^T$ erzeugen eine gerichtete und gleichzeitig ausgerichtete Verschiebung des Kontaktpunktes. Dabei führt das Festhalten der Orientierung eines Kontaktpunktes zu unge-wollten Verschiebungen entlang der jeweils vernachlässigten Achse x oder z. Beispielhaft kann bei dieser Ansteuerung die Jacobimatrix des Fingers 2 nach Gleichung 3.42 zur Berechnung neuer Gelenkwinkel ϕ_3, ϕ_4 und bei einer Ansteuerung entlang $\Delta \vec{x}_1$ reduziert werden auf:

$$J_{2,H,red} = \begin{pmatrix} \tau_5 d + \tau_6(t_4 + h_u) + c_3 L_1 & \tau_5 d + \tau_6(t_4 + h_u) \\ -\tau_1 d - \tau_2(t_4 + h_u) - s_3 L_1 & -\tau_1 d - \tau_2(t_4 + h_u) \end{pmatrix} \quad , \quad \Delta \vec{x}_{1,red} = \begin{pmatrix} \Delta x \\ \Delta z \end{pmatrix} . \quad [5.16]$$

Äquivalent gilt für eine gerichtete Bewegung bei definierter Orientierung des gewünschten Kon-taktpunktes $\vec{P}_t$ entlang $\Delta \vec{x}_2$:

$$J_{2,H,red} = \begin{pmatrix} \tau_5 d + \tau_6(t_4 + h_u) + c_3 L_1 & \tau_5 d + \tau_6(t_4 + h_u) \\ 1 & 1 \end{pmatrix} \quad , \quad \Delta \vec{x}_{2,red} = \begin{pmatrix} \Delta x \\ \Delta \beta \end{pmatrix} . \quad [5.17]$$

Eine Bewegung entlang $\Delta \vec{x}_3$ führt nicht zum Schließen des Greifers und wird daher an dieser Stelle nicht weiter betrachtet.

Überlagerte Ansteuerung

Gerichtete und orientierte Bewegungen sind nur innerhalb bestimmter und vom Kontaktpunkt abhängiger Bereiche des möglichen Arbeitsraumes realisierbar. Es kann nicht sichergestellt

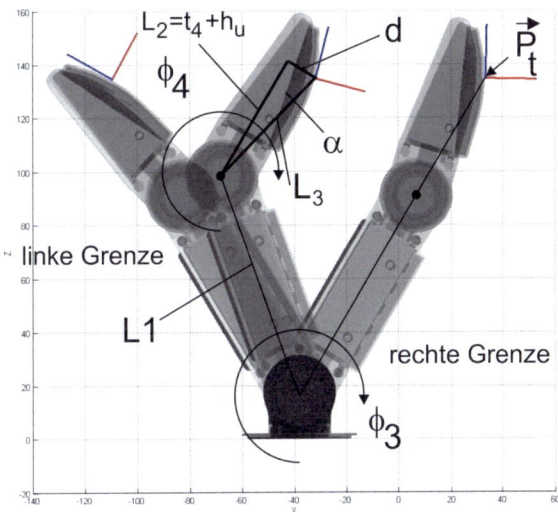

Abb. 5.22.: Horizontale Anrückbewegung: XYZ

werden, dass mittels gerichteter Bewegung eine maximal geschlossene Greiferstellung angefahren werden kann. Im Folgenden sollen die Grenzbereiche der gerichteten Bewegung am
Beispiel eines Fingers der SDH2 dargestellt und berechnet werden. Dazu befindet sich der Finger in einer Ausgangsstellung, die durch die Gelenkwinkel $\phi_{3,s}, \phi_{4,s}$ beschrieben wird. Soll ein
Kontaktpunkt $\vec{P}_t$ ensprechend Abbildung 5.22 linear verschoben werden, gilt für den Grenzbereich des proximalen Gelenkes:

$$\phi_{3,grenz} = \pm \arccos \left(\frac{z}{L_1 + \sqrt{L_2^2 + d^2}} \right). \qquad [5.18]$$

Die zugehörige distale Verdrehung: $\phi_4 = -\alpha$ wurde in Gleichung 3.30 im Abschnitt 3.2 hergeleitet. Der zulässige Arbeitsraum linearer Bewegungen ist damit abhängig vom gewählten,
linear zu bewegenden Kontaktpunkt. Wird alternativ die Orientierung der Fingerkuppe entsprechend Abbildung 5.23 fixiert und bezeichnen dabei $\phi_{4,s}, \phi_{4,s}$ die Startkonfiguration des Fingers,
so gilt im zulässigen Wertebereich $\mathbb{W} = [-90°, 90°]$:

$$\phi_{3,min} = -90° + \phi_{3,s} + \phi_{4,s} \qquad [5.19]$$

$$\phi_{3,max} = 90° + \phi_{3,s} + \phi_{4,s} \qquad [5.20]$$

$$\phi_4 = \phi_{3,s} + \phi_{4,s} - \phi_3. \qquad [5.21]$$

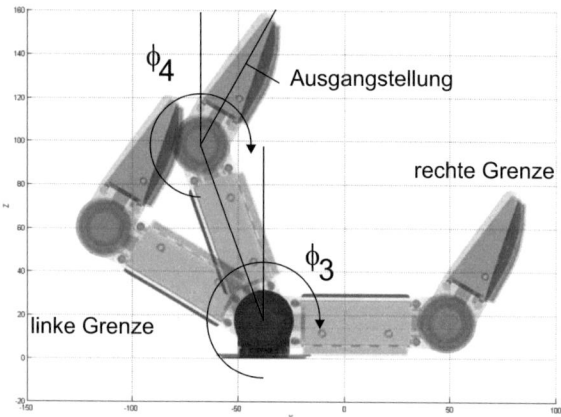

Abb. 5.23.: Anrückbewegung bei fester Orientierung: XY - ϕ

Gerichtete Bewegungen erzeugen in singulären Arbeitspunkten hohe Gelenkgeschwindigkeiten, die im autonomen Griffaufbau zu ungewollten Verhaltensmustern führen können. Am Beispiel der SDH2 treten diese singulären Arbeitspunkte stets an den berechneten Arbeitsraumgrenzen der gerichteten Bewegung auf und können über einen Rangabfall der Jacobimatrix J, die der gerichteten Bewegung nach Abschnitt 3.3.1 zugrunde liegt, detektiert werden. Zur Auflösung der kinematischen Einschränkungen linearer, gerichteter Bewegungen kann diese Ansteuerungsstrategie zugunsten einer Ansteuerung im Gelenkraum im Bereich außerhalb des zulässigen gerichteten Arbeitsbereiches weichen. Der Übergang zwischen gerichteter Ansteuerung und Ansteuerung auf Gelenkebene kann über eine Auswertung der in den Gleichungen 5.18 bis 5.21 hergeleiteten, bekannten Arbeitsraumgrenze erfolgen. Zusätzlich kann über die in Abschnitt 3.1.4 hergeleitete Beziehung zwischen angestrebter Gelenkwinkeländerung und resultierender Winkelgeschwindigkeit, einer möglicherweise integrierten Winkelgeschwindigkeitssensorik im Mehrfingergreifer bzw. der allgemein gültigen Beziehung nach Gleichung 5.22 eine Überführung zwischen den beiden vorgestellten Anrückverfahren auf Geschwindigkeitsebene abgeleitet werden.

$$\dot{\vec{\phi}} = J^{-1}(\Phi) \cdot \dot{\vec{x}} \qquad [5.22]$$

5.3.3. Kraftsteuerung beim Griffaufbau

Eine wichtige Fragestellung beim Greifen von Objekten bezieht sich auf zulässige Objektbewegungen bzw. -verschiebungen der zu greifenden Objekte. Damit verbunden ist die Fragestellung, inwieweit resultierende Kräfte und Momente auf ein zu greifenden Objekt einwirken dürfen.

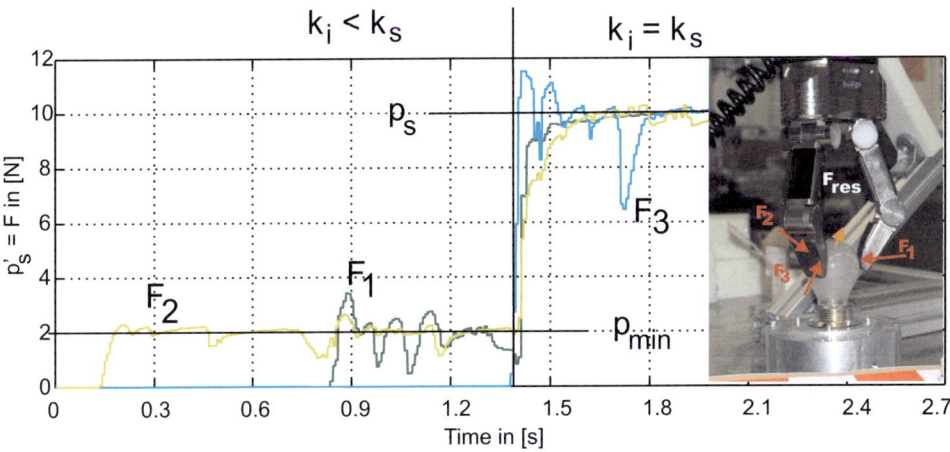

Abb. 5.24.: Zeitlicher Kraftaufbau am Objekt

Dürfen Objekte verschoben werden, so können Finger unabhängig voneinander an das Objekt geführt werden. Erste Kontakte und damit einhergehende Querkräfte auf das Objekt führen zu Objektverschiebungen und werden erst nach dem Aufbau aller Kontaktpunkte ausgeglichen, siehe Abschnitt 5.4.2. Objekte, die nicht verschoben werden dürfen, müssen mit einer Kraftregelung gegriffen werden, die den Aufbau aller notwendigen Kontaktkräfte synchronisiert und damit wirkende Querkräfte und Momente auf das zu greifende Objekt minimiert. Entsprechend Abbildung 5.15 erfolgt der Eingriff über p'_s, die aus der vorgegebenen Kontaktintensität p_s hervorgeht. Es wird übergeordnet für alle gezielten Kontaktpunkte festgelegt, dass der Aufbau notwendiger Kontaktkräfte erst nach dem Aufbau aller Kontaktpunkte erfolgt. k_s bezeichnet dabei die nominelle, k_i die aktuelle Kontaktpunktanzahl. Vorhandene Kontaktpunkte werden auf eine minimal notwendige Kontaktintensität p_{min} geregelt, die zum Erhalt des Kontaktes notwendig ist. Damit wirkt innerhalb der Kraftsteuerung stets eine minimale Kraft auf das Objekt ein:

$$p'_s = \begin{cases} p_{min}, & \text{wenn } k_i < k_s, \\ p_s, & \text{wenn } k_i \geq k_s. \end{cases} \qquad [5.23]$$

Die Kraftsteuerung beim Griffaufbau basiert damit auf der bekannten Anzahl geforderter Kontaktpunkte am Objekt und damit den Ergebnissen der Greifplanung. Abbildung 5.24 stellt den Kraftaufbau grafisch dar. Man erkennt, dass der Finger 2 als erstes einen Kontakt zum Objekt aufbaut. Um den Kontakt aufrecht zu erhalten, wird von ihm die Kraft $p'_s = p_{min}$ auf das Objekt übertragen. Dies gilt Äquivalent für Finger 1. Da der Griff statisch instabil ist, kann das Objekt unter Einwirkung der externen Kraft Bewegungen ausführen (Abbildung 5.24). An der Kraftkennlinie von Finger 1 ist zu erkennen, dass die Kraft auf das Objekt aufgrund dieser

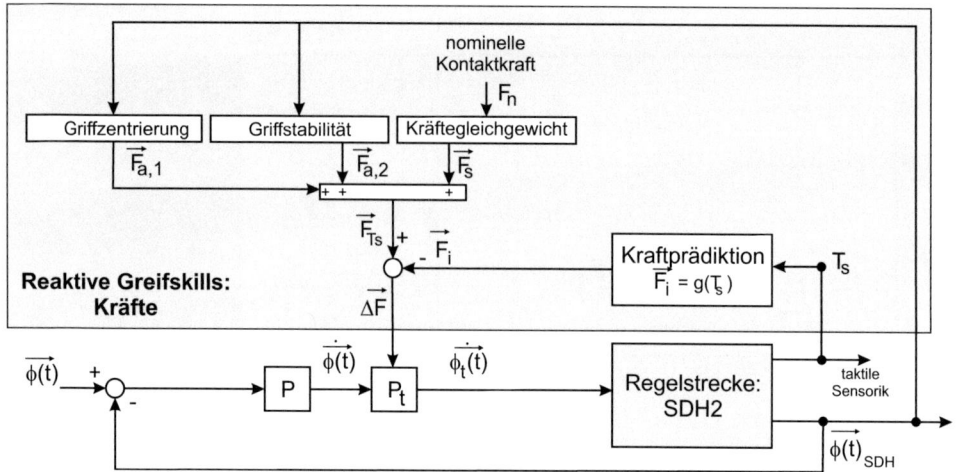

Abb. 5.25.: Integration der Griffoptimierung im reaktiven Greifprozess

Bewegungen in einem Bereich um die minimal zulässige Kraft p_{min} schwankt. Entsprechend der Greifplanung ist mit dem dritten Objektkontakt durch Finger 3 die nominelle Anzahl an Greifpunkten erreicht und die Kraftregelung gibt die nominelle Greifkraft frei: $p'_s = p_s$.

5.4. Reaktive Griffbewertung und Griffoptimierung

Innerhalb der Griffoptimierung werden auf abweichende und fehlerhafte Griffe an Objekten Verfahren zur Stabilisierung, Zentrierung und Optimierung angewandt, um damit die Griffqualität zu vergrößern, die Griffstabilität zu verbessern oder gegriffene Objekte auszurichten. Die Griffoptimierung setzt sich mit einer möglichen Verbesserung eines Griffes am Objekt auseinander, wobei diese Verbesserungen auf bekanntem Wissen der Greifplanung basieren. Dazu gehören nominelle Kontaktpunkte, zugehörige Gelenk-, Finger- und Greiferstellungen, erwartete Kontaktprofile und weitere, den idealen Griff beschreibende Kenngrößen. Durch diese Kenngrößen wird eine Bewertung des aufgebauten Griffes mit dem simulierten Griff als Referenz ermöglicht. In Abbildung 5.25 ist die Integration beispielhafter Methoden zur Griffoptimierung dargestellt. Es wird gezeigt, dass die im Nachfolgenden erläuterten Verfahren zur Griffzentrierung, Griffstabilität und der Neuberechnung des Kräftegleichgewichts über die Druckregelung in das reaktive System eingreifen. An dieser Stelle können gezielt Kräfte im Griff und damit gleichzeitig nach Abschnitt 5.2.4 die Bewegungen aller Gelenke eines Mehrfingergreifers beeinflusst werden, ohne dass die nominelle Ansteuerung auf Positionsebene beeinträchtigt wird.

5.4.1. Griffbewertung

Die Bewertung eines aufgebauten Griffes erfolgt durch die Gegenüberstellung resultierender und simulierter Kenngrößen und setzt sich dabei aus verschiedenen kinästhetischen Informationen zusammen. Die im Folgenden vorgestellte Methode orientiert sich dabei am NASA Task Load Index [45] und berechnet ein Qualitätsmaß auf Basis unterschiedlicher und gleichzeitig gewichteter Kenngrößen des Griffes. Im Rahmen der vorliegenden Arbeit werden nachfolgende Kenngrößen zur Griffbewertung herangezogen:

- B_1: resultierende Gelenkwinkel

- B_2: Übereinstimmung der taktilen Abbildungen

- B_3: Kontaktanzahl taktiler Sensormatrizen

- B_4: Lage der Druckschwerpunkte

- B_5: Art des Kontaktes

Der Umfang der gegenübergestellten Kenngrößen kann dabei beliebig erweitert werden und ist direkt abhängig von der dem reaktiven Greifen zugrunde liegenden Sensorik. In Tabelle 5.2 sind

Kriterium	Gelenkwinkel $\vec{\phi}_{red}$ und taktile Kenngrößen					
Gelenkwinkel	-19.47	43.85	22.91	60.62	-19.33	43.48
Lage der Schwerpunkte	[0,0]	[38,0]	[0,0]	[0,0]	[0,0]	[38,0]
Kontakttyp	0	2	0	0	0	2
Kontaktanzahl	0	1	0	0	0	1

Tab. 5.2.: Nominelle Griffbeschreibung des simulierten Griffes nach Abbildung 5.26

beispielhaft die ermittelten Kenngrößen eines Parallelgriffes entsprechend Abbildung 5.27 dargestellt. Zusätzlich werden in Abbildung 5.26(a) die zugehörigen, simulierten Kontaktmatrizen abgebildet. Solche Kenngrößen, die innerhalb einer Greifplanung bestimmt und von ihr bereitgestellt werden müssen, bilden die nominellen Kenngrößen des idealen Griffes und werden als Referenz für die Bewertung aufgebauter Griffe benutzt.

Bewertung einzelner Kriterien

Nachfolgend wird dargestellt, wie die einzelnen Kriterien bewertet werden. Innerhalb der Tabellen 5.2 und 5.3 sind dazu beispielhaft die Kenngrößen eines simulierten und eines umgesetzten Griffes gegeben. In Tabelle 5.4 kann die zugehörige, gewichtete Bewertung eingesehen werden.

Kriterium	Gelenkwinkel $\vec{\phi}_{red}$ und taktile Kenngrößen					
Gelenkwinkel	-19.53	44.54	22.91	60.65	-19.37	43.34
Lage der Schwerpunkte	[0,0]	[40.1,5.8]	[0,0]	[0,0]	[0,0]	[39.1,-2.7]
Kontakttyp	0	1	0	0	0	2
Kontaktanzahl	0	1	0	0	0	1

Tab. 5.3.: Griffbeschreibung des umgesetzten Griffes nach Abbildung 5.26(b)

Gelenkwinkel: Im Rahmen der Griffbewertung werden nur proximale und distale Gelenk-
winkel des Greifers herangezogen: $\vec{\phi} = \vec{\phi}_{red} = \left(\phi_1 \quad \cdots \quad \phi_6 \right)^T$. Das im Gehäuse der
SDH2 integrierte Koppelgelenk ϕ_0 wird beim Greifen nicht verändert und liefert damit
keinen Beitrag zur Griffbewertung. Resultierende $\phi_{i,real}$ und simulierte $\phi_{i,sim}$ Gelenkwinkel gelten als übereinstimmend, wenn sie um weniger als $\pm\varepsilon_1$ voneinander abweichen,
d.h. wenn gilt:

$$(\phi_{i,sim} - \varepsilon_1) \le \phi_{i,real} \le (\phi_{i,sim} + \varepsilon_1). \qquad [5.24]$$

Ist die Bedingung erfüllt, so gilt: $B_1 = 1$ mit $\mathbb{W}(B_1) = \{0,1\}$. Die Größe ε_1 kann beliebig
gewählt werden und wird innerhalb dieser Ausarbeitung zu $\varepsilon_1 = 1°$ festgelegt.

Taktile Abbildungen: In Abbildung 5.26 sind beispielhaft simulierte und experimentell er-
haltene taktile Abbildungen gegenübergestellt. Als Maß der Übereinstimmung wird auf
die Verfahren der gesten - basierten Eingabesprache aus Abschnitt 3.9.1 zurückgegriffen und die Übereinstimmung B_2 prozentual im Wertebereich $\mathbb{W}(B_2) = [0,1]$ angegeben.
Stimmen zwei Abbildungen exakt überein, gilt: $B_2 = 1$.

Kontaktanzahl: Es wird geprüft, ob die Anzahl unabhängiger Kontakte auf der simulierten und der realen Sensormatrix übereinstimmt. Dieses Kriterium basiert auf dem in
Abschnitt 3.7.2 beschriebenen Verfahren. Ist die Anzahl identisch, so gilt: $B_3 = 1$ mit
$\mathbb{W}(B_3) = \{0,1\}$

Lage des Schwerpunktes: Es wird der Abstand Δs zwischen dem simulierten $\vec{s}_{sim}$ und dem
realen $\vec{s}_{real}$ Schwerpunkt auf einer taktilen Sensormatrix bestimmt und bewertet. Im Rahmen der Bewertung stimmen sie überein, wenn sie um weniger als ε_2 voneinander entfernt
sind, d.h. wenn gilt:

$$\Delta s = \|\vec{s_{sim}} - \vec{s_{real}}\| \le \varepsilon_2 \qquad [5.25]$$

Ist die Bedingung erfüllt, so gilt: $B_4 = 1$ mit $\mathbb{W}(B_4) = \{0,1\}$. Die Größe ε_2 wird innerhalb
dieser Ausarbeitung zu $\varepsilon_2 = 5mm$ festgelegt.

Art des Kontaktes: Das Kriterium beruht auf Abschnitt 3.7.5 und damit dem Ergebnis einer
Hauptkomponentenanalyse. Wird die Art des Kontaktes fehlerfrei zugeordnet, gilt: $B_5 = 1$

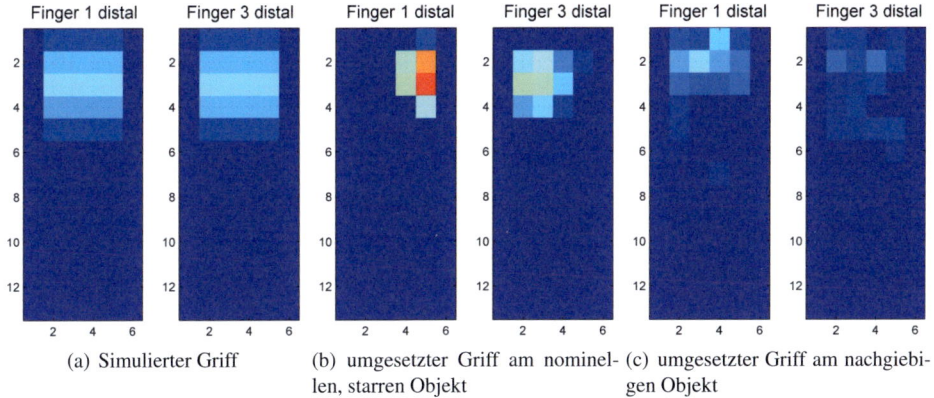

(a) Simulierter Griff   (b) umgesetzter Griff am nominel- (c) umgesetzter Griff am nachgiebi-
len, starren Objekt   gen Objekt

Abb. 5.26.: Gegenüberstellung simulierter und umgesetzter taktiler Abbildungen

mit $\mathbb{W}(B_5) = \{0, 1\}$. Dabei wird zwischen keinem (0), einem Linien- (1), einem Flächen-
(2) und einem Punktkontakt (3) unterschieden.

Für die Bewertung des Griffes wird von allen Kriterien der Mittelwert gebildet und gewichtet.
Der Quotient aus der Summe dieser Kriterien und der Summe aller Gewichte als Divisor ergibt
ein Maß zur Bewertung des Griffes.

Griffbewertung am nominellen Objekt

Tabelle 5.3 stellt die Kenngrößen des aufgebauten Griffes an dem Objekt dar, dass als nomi-
nelles Objekt auch der Greifplanung zugrunde lag. Man erkennt, dass sich die resultierenden
Gelenkwinkel im zulässigen Bereich $\vec{\phi}_{sim} \pm \varepsilon_1$ um die simulierten Gelenkwinkel $\vec{\phi}_{sim}$ liegen.
Die taktilen, distalen Abbildungen der Finger 1 und 2 stimmen zu 85% bzw. zu 88% mit den
simulierten Abbildungen überein. Allein die Lage eines Schwerpunktes weicht um mehr als
ε_2 von der Vorlage ab. In Tabelle 5.4 ist die Griffbewertung anhand der Ergebnisse aller taktilen Abbildungen tabellarisch zusammengefasst. Deutlich zu erkennen ist, dass kontaktfreie
Sensormatrizen stets alle Vorgaben erfüllen und die Griffbewertung entscheidend nach oben
hin beeinflussen. Sinnvoll erscheint eine reduzierte Beurteilung des Griffes, bei der nur taktile Sensormatrizen mit Objektkontakt in die Bewertung eingehen. Tabelle 5.5 stellt dazu die
Berechnung der Griffbewertung dar. Es wird gezeigt, dass die Griffbewertung schlechter als
bei der Integration aller taktiler Sensormatrizen ist, aber sich im Gegensatz dazu nur aus der
Bewertung der aufgebauten Kontakte ergibt.

Kriterium	Übereinstimmung						Mittelwert	Gewicht	Ergebnis
Gelenkwinkel	1	1	1	1	1	1	$\frac{7}{7}$	**10**	10
Abbildungsgenauigkeit	1	0.85	1	1	1	0.88	0.95	**10**	9.5
Lage der Schwerpunkte	1	0	1	1	1	1	$\frac{6}{7}$	**5**	4.29
Kontakttyp	1	1	1	1	1	1	$\frac{7}{7}$	**3**	3
Kontaktanzahl	1	1	1	1	1	1	$\frac{7}{7}$	**7**	7
							Summe =	**35**	33.785
							Bewertung =	$\hookrightarrow$	0.965

Tab. 5.4.: Griffbewertung am nominellen Objekt nach Abbildung 5.27

Abb. 5.27.: Griff 1

Kriterien	Gewicht	$\vec{\phi}$ bzw. $T_{s,2}, T_{s,6}$		Mittelwert	Ergebnis
Gelenkwinkel	**10**	1	1	1	10
Abbildungsgenauigkeit	**10**	0.85	0.88	0.87	8.7
Lage der Schwerpunkte	**5**	0	1	0.5	2.5
Kontakttyp	**3**	1	1	1	3
Kontaktanzahl	**7**	1	1	1	7
	35			Summe =	31.2
	$\hookrightarrow$			Bewertung =	**0.89**

Tab. 5.5.: Griffbewertung zu Abbildung 5.27

Griffbewertung am nachgiebigen Objekt

Reaktives Greifen ermöglicht den Griffaufbau an nachgiebigen Objekten. Dazu sind in Tabelle 5.6 die resultierenden Kenngrößen des in Abbildung 5.28 gezeigten Griffes, für den in Tabelle 5.3 die nominellen Kenngrößen berechnet wurden, aufgeführt. In Abbildung 5.26 sind die simulierten den realen taktilen Abbildungen für die distalen Fingergelenke 1 und 3 gegenübergestellt. Es ist zu erkennen, dass die Gelenkwinkel aufgrund der Nachgiebigkeit deutlich von den nominellen Vorgaben abweichen. Die Übereinstimmung der taktilen Abbildung ist im Vergleich zum nominellen Greifobjekt verbessert, liefert aber eine abweichende Anzahl unabhängiger Kontaktstellen. In Tabelle 5.7 wird der Griff entsprechend der vorgestellten Methodik bewertet. Dabei fällt die Griffbewertung im Vergleich zum nominellen Objekt ab, obwohl der Griff sicher und korrekt aufgebaut wurde. Damit soll gezeigt werden, dass die Wahl und Gewichtung der Kriterien einen wesentlichen Einfluss auf die Ergebnisse der Bewertung haben. Sollen nachgiebige Griffe bewertet werden, so sind beispielsweise die Gelenkwinkel im Gegensatz zu taktilen Abbildungen kein geeignetes Mittel zur Bewertung. Die Anpassung der Bewertungskriterien ist aufgabenspezifisch vom Anwender des Mehrfingergreifers vorzunehmen.

Kriterium	Gelenkwinkel $\vec{\phi}_{red}$ und taktile Kenngrößen					
Gelenkwinkel	−19.51	50.39	22.93	60.66	−19.37	50.87
Lage der Schwerpunkte	[0,0]	[41.4,-0.6]	[0,0]	[0,0]	[0,0]	[39.2,-0.6]
Kontakttyp	0	2	0	0	0	2
Kontaktanzahl	0	2	0	0	0	2

Tab. 5.6.: Griffbeschreibung am aufgebauten, nachgiebigen Objekt nach Abbildung 5.26(c)

5.4.2. Kräftegleichgewicht im Mehrfingergreifer

Die Analyse des Kräftegleichgewichts im Mehrfingergreifer liefert Aussagen über verbleibende, d.h. resultierende Kräfte auf ein Objekt. Dies ist insbesondere im Hinblick auf ein erstmaliges Anheben eines Objektes und einer damit einhergehenden Verschiebung bzw. Verdrehung infolge eines Kräfteungleichgewichts der einzelnen Gelenke notwendig. Ein Objekt im Griff befindet sich im Gleichgewicht, wenn die Summe aller einwirkenden Kräfte Null ist. Zur Bestimmung der potentiellen Energie U kann ein Objektkontakt mittels taktiler Sensorik nachgebildet werden über ein Feder-Model, wobei sich entsprechend [82] die im System enthaltene potentielle Energie ergibt über:

$$U\begin{pmatrix} d \\ \delta \end{pmatrix} = \sum_{i=1}^{n} \frac{1}{2} k_i \sigma_i^2 = \frac{1}{2}[\sigma_1 \cdots \sigma_n] \begin{pmatrix} k_1 & & \\ & \ddots & \\ & & k_n \end{pmatrix} \begin{bmatrix} \sigma_1 \\ \vdots \\ \sigma_n \end{bmatrix} \qquad [5.26]$$

mit

$$\sigma_i^L \approx \sigma_{i,0} + \begin{bmatrix} \mathbf{k_i} \\ \mathbf{p_i} \times \mathbf{k_i} \end{bmatrix} \cdot \begin{bmatrix} \mathbf{d} \\ \delta \end{bmatrix} + \frac{1}{2}[k_{ix}k_{iy}k_{iz}]\left((\delta\delta^T) - (\delta \cdot \delta)I)\right) \begin{bmatrix} p_{ix} \\ p_{iy} \\ p_{iz} \end{bmatrix} \qquad [5.27]$$

$$\sigma_i^A \approx \sigma_{i,0} + \begin{bmatrix} 0 \\ \mathbf{k_i} \end{bmatrix} \cdot \begin{bmatrix} \mathbf{d} - (\mathbf{p_i} \times \delta) \\ \delta \end{bmatrix} \qquad [5.28]$$

und mit dem Richtungsvektor $\mathbf{k_i}$ der Feder im Kontakt i, dem Kontaktpunkt $\mathbf{p_i}$ sowie einer infinitesimalen Verschiebung $\mathbf{d}$ bzw. Verdrehung δ des Kontaktpunktes $\mathbf{p_i}$ infolge der Federsteifigkeit k_i. Eine genaue Herleitung der dem Verfahren zugrunde liegenden Federmodelle des Kontaktpunktes kann [82] entnommen werden. Für ein Gleichgewicht muss gelten:

$$\nabla U|_{d=0,\delta=0} = \sum_{i=1}^{n} k_i \sigma_{i,0}, \hat{\mathbf{k_i}} = \begin{bmatrix} \hat{\mathbf{k_1}} & \cdots & \hat{\mathbf{k_n}} \end{bmatrix} \begin{pmatrix} k_1 & & \\ & \ddots & \\ & & k_n \end{pmatrix} \begin{bmatrix} \sigma_{1,0} \\ \vdots \\ \sigma_{n,0} \end{bmatrix} = \vec{0} \qquad [5.29]$$

Kriterien	Gewicht	$\vec{\phi}$ bzw. $T_{s,2}, T_{s,6}$		Mittelwert	Ergebnis
Gelenkwinkel	**10**	0	0	1	0
Abbildungsgenauigkeit	**10**	0.86	0.95	0.9	9
Lage der Schwerpunkte	**5**	1	1	1	5
Kontakttyp	**3**	1	1	1	3
Kontaktanzahl	**7**	0	0	0	0
	35 $\hookrightarrow$			Summe =	17
				Bewertung =	**0.49**

Abb. 5.28.: Griff 2   Tab. 5.7.: Griffbewertung entprechend Abbildung 5.28

mit

$$\hat{\mathbf{k}}_\mathbf{i} = \begin{bmatrix} \mathbf{k}_\mathbf{i} \\ \mathbf{p}_\mathbf{i} \times \mathbf{k}_\mathbf{i} \end{bmatrix} \qquad \text{bzw.} \qquad \hat{\mathbf{k}}_\mathbf{i} = \begin{bmatrix} 0 \\ \mathbf{k}_\mathbf{i} \end{bmatrix},$$

je nachdem ob die Feder i eine Linear- oder Torsionsfeder darstellt. Der Term:

$$\begin{pmatrix} k_1 & & \\ & \ddots & \\ & & k_n \end{pmatrix} \begin{bmatrix} \sigma_{1,0} \\ \vdots \\ \sigma_{n,0} \end{bmatrix} = \begin{pmatrix} k_1 \cdot \sigma_{1,0} \\ \vdots \\ k_n \cdot \sigma_{n,0} \end{pmatrix} \qquad [5.30]$$

bildet die von allen taktilen Sensorzellen übertragenen Kräfte $\vec{f}_{i,j}$ entsprechend Gleichung 3.2 über eine zugehörige Federkonstante $k_{i,j}$ und der zugeordneten Stauchung $\sigma_{i,j}$ ab und ist damit proportional zum jeweiligen taktilen Sensorwert $t_{i,j}$. Mit der Vereinfachung, dass von jeder taktilen Sensormatrix eine Kraft F_{Ts} auf das Objekt wirkt, kann Gleichung 5.29 für ein Kräftegleichgewicht, basierend auf taktilen Kräften F_{Ts} umformuliert werden zu:

$$\nabla U = \begin{bmatrix} \hat{\mathbf{k}}_\mathbf{1} & \cdots & \hat{\mathbf{k}}_\mathbf{n} \end{bmatrix} \begin{pmatrix} k_1 \cdot \sigma_{1,0} \\ \vdots \\ k_n \cdot \sigma_{n,0} \end{pmatrix} = \begin{bmatrix} \hat{\mathbf{k}}_\mathbf{1} & \cdots & \hat{\mathbf{k}}_\mathbf{6} \end{bmatrix} \begin{pmatrix} F_{Ts,1} \\ \vdots \\ F_{Ts,6} \end{pmatrix} = \mathbf{K} \cdot \vec{F}_{Ts} = \vec{0} \qquad [5.31]$$

Das taktile Gleichgewicht hängt damit von der Ausrichtung aller Kontaktpunkte inkl. ihrer Kontaktintensität ab. Die Ausrichtung der sowie die taktilen Kontaktpunkte selbst werden mittels der in Abschnitt 3.2 hergeleiteten Vorwärtskinematik bestimmt. ∇U entspricht im Federmodell der resultierenden Kraft $\vec{F}^0$ des Gesamtsystems. Gleichung 5.31 gilt für die Annahme von taktilen Punktkontakten ohne Reibung. Verallgemeinernd lässt sich zeigen, dass die resultierende

Kraft $\vec{F}^0$ eines taktilen Kontaktes beliebiger Kontaktmodelle dargestellt werden kann über:

$$\vec{F}^0 = \begin{bmatrix} \vec{F}^0_{Ts} \\ \vec{M}^0_{Ts} \end{bmatrix} = \begin{pmatrix} R^0 & \mathbf{0} \\ \hat{P}^0_t \cdot R^0 & R^0 \end{pmatrix} \cdot B \cdot F_{Ts} \qquad [5.32]$$

mit dem Bezug zu Gleichung 5.31:

$$\hat{\mathbf{k}} = \begin{pmatrix} R^0 & \mathbf{0} \\ \hat{P}^0_t \cdot R^0 & R^0 \end{pmatrix} \cdot B, \qquad [5.33]$$

wobei $R^0 \in \mathbb{R}^{3 \times 3}$ die Ausrichtung des Kontaktpunktes $\vec{P}^0_t$ auf dem Greifer und $\hat{P}^0_t$ mit:

$$\hat{P}^0_t = \begin{pmatrix} 0 & -p_z & p_y \\ p_z & 0 & -p_x \\ -p_y & p_x 0 & 0 \end{pmatrix} \qquad [5.34]$$

den Kontaktpunkt selbst repräsentieren. Die Matrix B in Kombination mit F_{Ts} beschreibt den abzubildenden Kontakttyp:

$$B_1 = \begin{pmatrix} 0 \\ 0 \\ 1 \\ 0 \\ 0 \\ 0 \end{pmatrix}, \vec{F}_{Ts,1} \in \mathbb{R}_+ \quad B_2 = \begin{pmatrix} 1 & 0 & 0 \\ 0 & 1 & 0 \\ 0 & 0 & 1 \\ 0 & 0 & 0 \\ 0 & 0 & 0 \\ 0 & 0 & 0 \end{pmatrix}, \vec{F}_{Ts,2} \in \mathbb{R}^3_+ \quad B_3 = \begin{pmatrix} 1 & 0 & 0 & 0 \\ 0 & 1 & 0 & 0 \\ 0 & 0 & 1 & 0 \\ 0 & 0 & 0 & 0 \\ 0 & 0 & 0 & 0 \\ 0 & 0 & 0 & 1 \end{pmatrix}, \vec{F}_{Ts,3} \in \mathbb{R}^4_+.$$

B_1 beschreibt den in Gleichung 5.31 vorgestellten Zusammenhang eines Punktkontaktes ohne Reibung, B_2 einen Punktkontakt mit Coulomb Reibung und B_3 einen weichen Fingerkontakt, der zusätzlich Rotationen um die Z-Achse übertragen kann. Die zugehörigen Kräfte einer taktilen Sensormatrix F_{Ts} müssen zusätzliche Querkräfte und Rotationsmomente übertragen können und gegebene Randbedingungen einhalten, um Reibkegel abzubilden, [1]. Die resultierende Kraft bei n möglichen Punktkontakten ergibt sich damit zu:

$$\vec{F}^0 = \begin{bmatrix} \hat{\mathbf{k_1}} & \cdots & \hat{\mathbf{k_n}} \end{bmatrix} \begin{pmatrix} F_{Ts,1} \\ \vdots \\ F_{Ts,n} \end{pmatrix} = \mathbf{K} \cdot F_{Ts} \qquad \mathbf{K} \in \mathbb{R}^{6 \times n} \qquad [5.35]$$

Das Gleichgewicht eines Griffes wird mittels Gleichung 5.35 überprüft. Dabei bezeichnet die Matrix $\mathbf{K}$ die Konfigurationsmatrix des Griffes. Die Vorhersage des Gleichgewichtszustands auf Basis einer idealen Konfigurationsmatrix $\mathbf{K_i}$ kann innerhalb der Greifplanung auf Basis der taktilen Sensordatenprädiktion erfolgen. Entspricht der aufgebaute Griff nicht dem ideal geplanten Griff, so heben sich die wirkenden Kräfte und Momente aufgrund einer gegebenen, aber abweichenden Konfigurationsmatrix $\mathbf{K_r}$ nicht auf. Es gilt:

$$\mathbf{K}_r \cdot \vec{F}_{Ts} = \vec{F}^0 \geq \vec{0} \qquad\qquad [5.36]$$

Damit der bestehende Griff dennoch statisch stabilisiert werden kann, ist der zu $\mathbf{K_r}$ zugehörige Kraftvektor $\hat{\vec{F}}_{Ts}$ zu bestimmen, der die notwendige bzw. gewünschte Kontaktkraft $F_n = \sum \|\hat{\vec{F}}_{Ts}\|$ aufbaut und gleichzeitig die Gleichgewichtsbedingung

$$\mathbf{K}_r \cdot \hat{\vec{F}}_{Ts} = \vec{0} \qquad\qquad [5.37]$$

erfüllt. Gesucht ist damit der Kern bzw. der Nullraum der Abbildung:

$$\mathrm{Kern}(\mathbf{K}_r) = \left\{ \hat{\vec{F}}_{Ts} \in \mathbb{R}^n \,|\, \mathbf{K}_r \cdot \hat{\vec{F}}_{Ts} = \vec{0} \right\} \qquad \mathbf{K}_r \;\in\; \mathbb{R}^{6 \times n} \qquad [5.38]$$

Bezeichnet die Variable $S_r = rg(\mathbf{K}_r)$ den Spaltenrang der Konfigurationsmatrix $\mathbf{K_r^{m \times n}}$, so gilt für den Kern: $\mathrm{Kern}(\mathbf{K}_r) = n - S_r$. Gilt: $\mathrm{Kern}(\mathbf{K}_r) = 0$, so kann im aufgebauten Griff nur über den Nullvektor $\hat{\vec{F}}_{Ts} = \vec{0}$ ein Gleichgewicht aufgebaut werden. In diesem Fall wird versucht, ein reduziertes Gleichgewicht im Griff aufzubauen, in dem gezielt festgelegte Kräfte ausgeglichen werden. Dazu wird in Gleichung 5.37 eine reduzierte Konfigurationsmatrix $\mathbf{K}_{r,red}$ sowie ein äquivalent reduzierter Kraftvektor $\hat{\vec{F}}_{Ts,red}$ herangezogen, für die gilt:

$$\mathrm{Kern}(\mathbf{K}_{r,red}) = n_{red} - S_{r,red} > 0 \qquad \text{mit} \qquad \mathbf{K}_{r,red} \cdot \hat{\vec{F}}_{Ts,red} = \vec{0}_{red}. \qquad [5.39]$$

5.4.3. Griffstabilisierung und -zentrierung

Deplatzierte Objekte und nicht wahrnehmbare Kontaktkräfte führen zu unvorhersehbaren Gelenkkonfigurationen, einem fehlerhaftem Kräftegleichgewicht und resultieren in instabilen Griffen. Das Ziel einer Griffstabilisierung besteht, ergänzend zur in Abschnitt 5.4.2 hergeleiteten Neuberechnung stabiler Kontaktkräfte, in der Fixierung des aktuellen Griffes. Dazu wird aktuellen Gelenkverschiebungen $\Delta\vec{\phi}^t$ von einer definierten Sollkonfiguration $\vec{\phi}_0$ über eine Neuausrichtung des aktuellen Kraftvektors $\vec{F}_{Ts} = \vec{F}_s$ mittels eines ergänzenden, zeitabhängigen Kraftvektors $\vec{F}_a^t$:

$$\vec{F}_{Ts}^t = \vec{F}_s + \vec{F}_a^t. \qquad\qquad [5.40]$$

entgegengewirkt. Alternativ zur Griffstabilisierung können Griffe entsprechend definierter Vorgaben neu ausgerichtet werden, um eine Zentrierung gegriffener Objekte zu erreichen. Dabei ist sicherzustellen, dass die auf das Objekt einwirkende Gesamtkraft $F_n = \|\vec{F}_{Ts}\|$ unverändert bleibt und damit die Stabilität des Griffes sichergestellt ist.

Griffzentrierung

In einer Vielzahl nomineller Griffe liegen symmetrische Gelenkwinkelkonfigurationen vor. Sind die zu greifenden Objekte bezüglich ihrer nominellen Position deplatziert, so können diese Symmetrien im Griff nicht aufgebaut werden. Da diese für die Bewegung und den Manipulationsablauf entscheidend sein kann (Fügevorgänge), wird im Folgenden ein Verfahren vorgestellt, mit dessen Hilfe diese Griffeigenschaft nach dem Greifen der Objekte erreicht werden kann. Dazu wird der aktuelle Kraftvektor $\vec{F}_{Ts}^{t}$ mittels $\vec{F}_a^{t}$ derart angepasst, dass sich eine Bewegung in Richtung der definierten Ausrichtung einstellt und so den Griff überführt. Eine angestrebte Zentrierung wird als Vektor $\vec{v}$ der Form:

$$\vec{v} = \begin{pmatrix} 0 & 0 & 1 & 0 & 1 & 0 & 1 \end{pmatrix} \qquad [5.41]$$

definiert und muss aus der Greifplanung vorliegen. Dabei soll für die Gelenkwinkel ϕ_i des Mehrfingergreifers gelten:

$$\{\phi_i | v_i = 1\} \equiv \{\phi_j | v_j = 1\}. \qquad [5.42]$$

Mittels der aktuellen Gelenkkonfiguration des Greifers $\vec{\phi}^{t}$ kann ein aktueller Zielwert $\bar{\phi}^{t}$ der Zentrierung gefunden werden, der damit unabhängig von der gegriffenen Objektdimension ist. Gleichzeitig ergeben sich damit gelenkwinkelabhängig Abweichungen entsprechend:

$$\Delta\phi_i^{t} = (\bar{\phi}^{t} - \phi_i^{t}) \cdot v_i = (\frac{\vec{v} \cdot \vec{\phi}^{t}}{\vec{v} \cdot \vec{v}} - \phi_i^{t}) \cdot v_i. \qquad [5.43]$$

Die Gelenkwinkeldifferenzen $\Delta\phi_i^{t}$ werden zum Differenzvektor $\Delta\vec{\phi}^{t}$ zusammen gefasst, und definieren die Kraftrichtung einzelner Gelenke. Es kann ein Vorschrift zur Berechnung eines Kraftvektors $\vec{F}_a^{t}$ angegeben werden, bei dem sich der resultierende Kraftvektor $\vec{F}_a^{t}$ in Abhängigkeit der notwendigen Verschiebung $\Delta\vec{\phi}^{t}$, maximal zulässigen Gelenkgeschwindigkeiten $\dot{\vec{\phi}}_{max}$ und einer minimalen Genauigkeit ε ergibt. Dazu wird eine wirkende Kraft F_Δ^{t} stetig um einen Betrag ΔF_a vergrößert, bis sich eine Bewegung in die Zielposition einstellt und die Griffzentrierung umsetzt:

$$F_\Delta^{t} = \begin{cases} F_\Delta^{t-1} + \Delta F_a & \text{falls} \quad \left(\max(|\Delta\vec{\phi}|) > \varepsilon\right) \wedge \left(\dot{\vec{\phi}} < \dot{\vec{\phi}}_{max}\right) \\ F_\Delta^{t-1} - \Delta F_a & \text{sonst} \end{cases} \qquad [5.44]$$

$$\vec{F}_a^{t} = \Delta\vec{\phi} \cdot F_\Delta^{t}. \qquad [5.45]$$

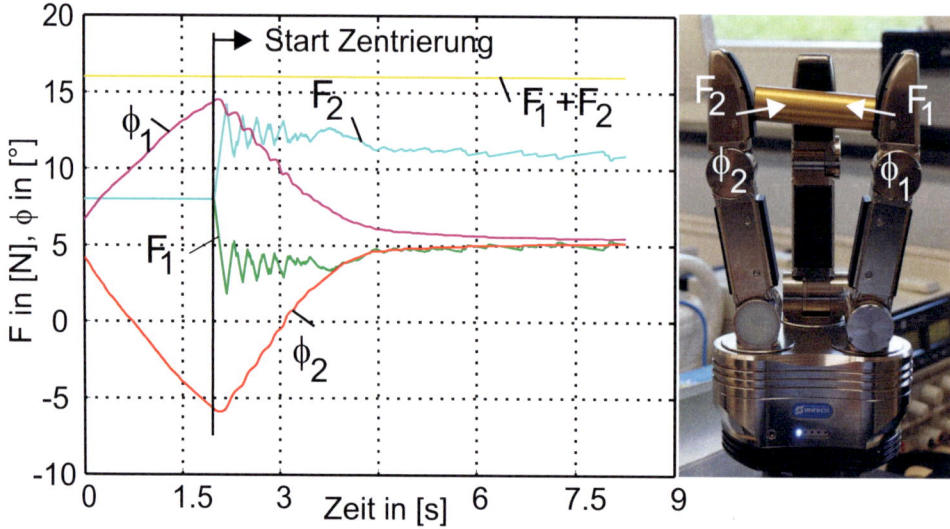

Abb. 5.29.: Kraftverlauf beim Ausrichten von Griffen

Abbildung 5.29 stellt den resultierenden Kraftverlauf, die sich ergebende Kraftdifferenz einzelner Gelenke und sowie die resultierenden Gelenkbewegungen am Beispiel eines Parallelgriffs dar. Infolge der Gelenkabhängigkeit gilt: $\|\vec{F}_a^t\| = 0$ und die nominelle Haltekraft F_n wird nicht verändert. Die Gelenke ϕ_1 und ϕ_2 bewegen sich nahezu gleichmäßig in Richtung des zentrierten und damit ausgerichteten Griffes.

Griffstabilisierung

Infolge eines Kräfteungleichgewichts im Mehrfingergreifer beim Aufbau nicht idealer Griffe kann es zu Bewegungen einzelner Gelenkpaare kommen. Der Griff ist instabil, da sich die Gelenkwinkel untereinander verschieben. Diesen Verschiebungen $\Delta\vec{\phi}^t$ muss zur Griffstabilisierung entgegengewirkt werden, ohne dabei die Anforderungen bezüglich der nominellen Kontaktkraft F_n zu verletzen. Innerhalb des vorgestellten Ansatzes werden dazu Gelenkverschiebungen nach dem Aufbau aller Objektkontakte detektiert und ihnen über eine Neuausrichtung wirkender Kräfte entgegengewirkt. Damit repräsentiert das Verfahren zur Griffstabilisierung eine alternative Möglichkeit zu der in 5.4.2 vorgestellten Möglichkeit der Neuberechnung des Kräftegleichgewichts. Der Vektor $\vec{\phi}_0$ repräsentiert den zu stabilisierenden Gelenkwinkelvektor. $\Delta\vec{\phi}^t$ mit $\Delta\vec{\phi}^t = \vec{\phi}^t - \vec{\phi}_0$ repräsentiert den aktuellen Differenzvektor zum Zeitpunkt t. Ein stabilisierender Kraftvektor $\vec{F}_a^t$ kann gelenkspezifisch und äquivalent zu den Gleichungen 5.44 und 5.45 berechnet werden, wobei für den allgemeinen Fall angenommen werden muss, dass

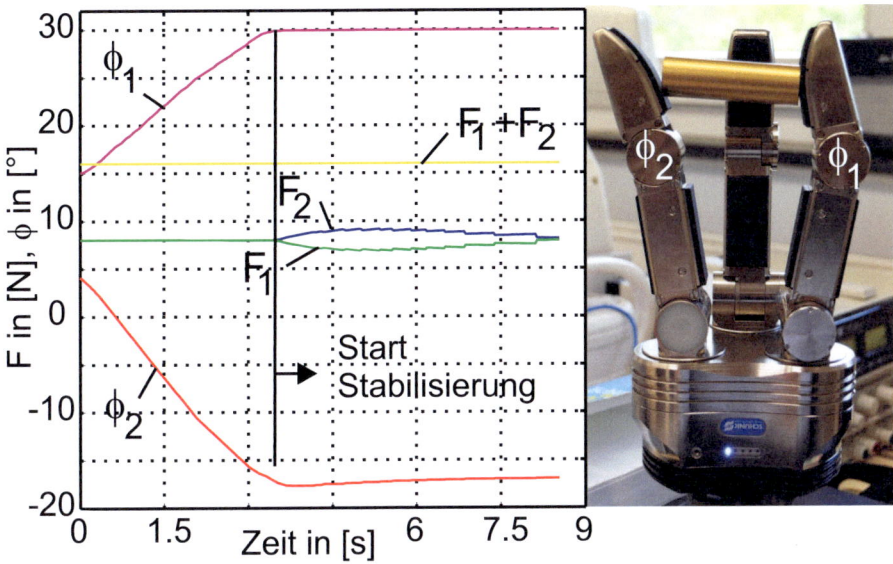

Abb. 5.30.: Kraftverlauf bei der Griffstabilisierung

im Gegensatz zur Griffzentrierung aufgrund ungleichmäßiger Gelenkverschiebungen $\Delta\vec{\phi}^t$ eine zusätzliche Kraft $\vec{F}_a^t$ auf das Objekt einwirkt:

$$\|\vec{F}_a^t\| \neq 0.$$

Die neu auf das Objekt einwirkende Gesamtkraft F_n^t berechnet sich zu $F_n^t = \|\vec{F}_s + \vec{F}_a^t\|$, der aktuelle Kraftvektor $\vec{F}_{Ts}^t$ ergibt sich entsprechend Gleichung 5.40. Mittels

$$\vec{F}_{Ts}^t = (\vec{F}_s + \vec{F}_a^t) \cdot \frac{\|\vec{F}_s\|}{\|\vec{F}_s + \vec{F}_a^t\|} \qquad [5.46]$$

kann der aktuelle Kraftvektor $\vec{F}_{Ts}^t$ auf die nominelle Kontaktkraft F_n skaliert werden. Das bewirkt, dass einige Objektkontakte entspannt und an anderen Kontakten stärker zugegriffen wird. Auf diese Weise wird der Griff stabilisiert, ohne die Gesamtkraft auf das Objekt zu verändern. Abbildung 5.30 stellt den Kraftverlauf bei der Stabilisierung eines fehlerhaften Griffes dar.

5.4.4. Umgreifoperationen

Bei dem in Abschnitt 5.4.3 vorgestellten Verfahren zur Zentrierung gegriffener Objekte ermöglichen Gelenkbewegungen das Ausrichten des Objektes. Alternativ kann die Position eines

Mehrfingergreifers $\vec{P}^0_{SDH}$ selbst angepasst werden, um Objekte entsprechend vorgegebener kinästhetischer Vorgaben zu greifen. Aus der Greifplanung sind nk nominelle Kontaktpunkte $\vec{P}_{nk}$, ihre Positionierung innerhalb taktiler Matrizen $[w_{nk}, h_{nk}]$ als auch die nominellen Gelenkwinkel $\vec{\phi}_n$ bekannt. In Kombination mit der taktilen Vorwärtskinematik aus Abschnitt 3.2 stehen damit nominelle Kontaktpunkte $\vec{P}^{SDH}_{nk}$ im Greiferkoordinatensystem (SDH) zur Verfügung, die ihrerseits einen Kontaktschwerpunkt $\vec{P}^{SDH}_{nk}$ mit:

$$\vec{P}^{SDH}_{nk} = \begin{pmatrix} \bar{x} \\ \bar{y} \\ \bar{z} \end{pmatrix}^{SDH} = \frac{\sum_{i=1}^{n_k} \vec{P}^{SDH}_{nk}}{n_k} \qquad [5.47]$$

besitzen (Abbildung 5.31). Äquivalent dazu kann ein aktueller Berührungsschwerpunkt $\vec{P}^{SDH}_t$ der aktuellen Griffkonfiguration bestimmt werden. Daraus lässt sich ein Differenzvektor $\Delta \vec{P}^{SDH}$ ableiten, der ein Maß für die aktuelle Verschiebung vom nominellen Kontaktpunkt beschreibt:

$$\Delta \vec{P}^{SDH} = \vec{P}^{SDH}_t - \vec{P}^{SDH}_{nk}. \qquad [5.48]$$

Diese Bewegung kann mittels:

$$\Delta \vec{P}^0 = T^{TCP}_0 \cdot T^{SDH}_{TCP} \cdot \Delta \vec{P}^{(SDH)} \qquad [5.49]$$

ins Weltkoordinatensystem 0 transformiert und anschließend von einer verwendeten Kinematik umgesetzt werden. Auf diese Weise wird der gesamte Greifer relativ zum Objekt umpositioniert. Aufgrund der Deplatzierung des Objektes weichen aufgebaute Kontaktpunkte $\vec{P}^{SDH}_t$ von nominellen Kontaktpunkten ab. Die aktuelle Kontaktposition $[w_t, h_t]$ innerhalb einer taktilen Sensormatrix stimmt nicht zwingend mit der Nominellen überein: $[w_t, h_t] \neq [w_{nk}, h_{nk}]$. Damit gilt Gleichung 5.48 nur näherungsweise und mit $\Delta \vec{P}^0$ ist keine ideal notwendige Verschiebung zum Aufbau des nominellen Griffes gegeben, Abbildung 5.31. Da die aktuellen Kontaktpunkte von der vorhandenen Deplatzierung des Objektes und dessen äußerer Erscheinung abhängen, kann ohne eine vollständig hinterlegte Objektdarstellung kein mathematisches Verfahren angegeben werden, um in einem einzelnen Optimierungsschritt die optimale Greiferposition zu bestimmen. Der in den Gleichungen 5.47 bis 5.49 enthaltene Bewegungsablauf muss daher iterativ wiederholt werden, um die ideale Greifposition anzufahren. Dazu ist das Objekt zu greifen, $\Delta \vec{P}^{SDH}$ zu bestimmen, der Mehrfingergreifer zu öffnen und die Kinematik entsprechend $\Delta \vec{P}^0$ zu verschieben. In den Abbildungen 5.31 und 5.32 ist gezeigt, dass das Auffinden der nominellen Greifposition einen exponentiellen Verlauf aufweist. Grobe Änderungen können in wenigen Iterationsschritten behoben werden, die Feinpositionierung ist objekt- und griffabhängig und benötigt mehrere Neuausrichtungen.

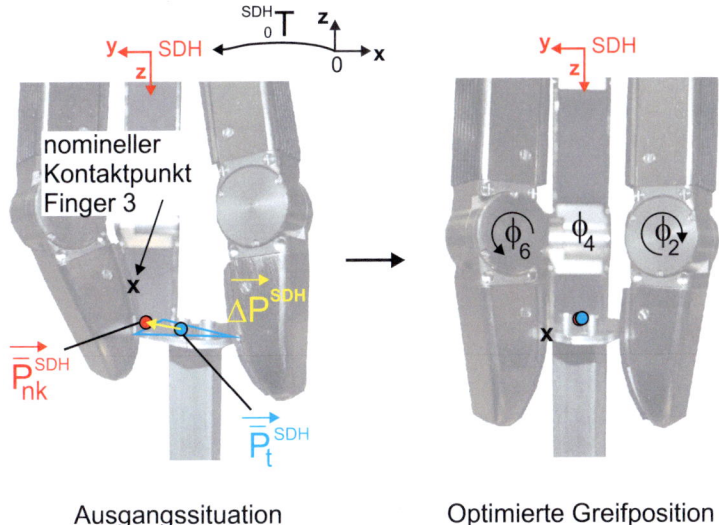

Abb. 5.31.: Ausgangssituation und optimierte Greifposition

5.5. Reaktive Griffsicherung

Die Zielsetzung der reaktiven Griffsicherung besteht im Festhalten gegriffener Objekte, auf die infolge äußerer Einflüsse bekannte und unbekannte Kräfte beziehungsweise Momente einwirken. Diese Einflüsse können in ungewollten Objektbewegungen resultieren und die Stabilität eines Griffes beeinträchtigen. Einige der im Abschnitt 5.4 vorgestellten Verfahren zum Kräftegleichgewicht und der Griffstabilisierung können auch zur reaktiven Griffsicherung herangezogen werden. Auf sie aufbauend wird im Nachfolgenden ein Verfahren vorgestellt, das auf detektierten Bewegungen eines Objektes im Griff basiert und anhand dieser Gegenmaßnahmen zum Festhalten ableitet.

5.5.1. Taktile Rutschdetektionen zur Griffstabilisierung

Auf Basis der in Abschnitt 3.8 hergeleiteten Verfahren zur Detektion von Rutschbewegungen innerhalb taktiler Sensormatrizen T_s können zur Griffsicherung Maßnahmen getroffen werden, die dem Verlust eines gegriffenen Objektes durch eine gezielte Anpassung wirkender Kräfte entgegen wirken. Abbildung 5.33 stellt die Integration des Greifskills zur taktilen Griffsicherung im Gesamtsystem dar. Dabei wird eine ergänzende Haltekraft F_r^t, basierend auf taktilen Rutschdetektionen, auf die nominelle Haltekraft F_n addiert und damit im weiteren Aufbau notwendiger Haltekräfte einbezogen. Die Ergebnisse aller Rutschdetektionen aus Abschnitt 3.8 sind in Abbildung 5.34 zusammengefasst. Dabei kennzeichnen Δs_m^t und Δs_b^t Verschiebungen

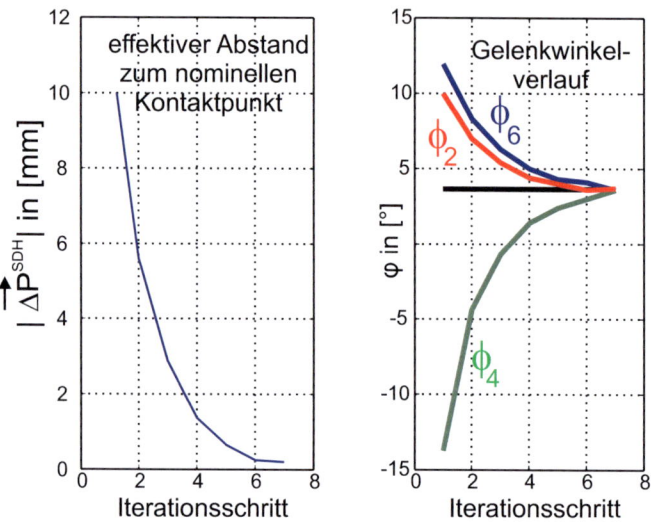

Abb. 5.32.: Darstellung der iterativen Griffoptimierung

zum Zeitpunkt t, $\dot{s}_m^t$ und $\dot{s}_b^t$ zugehörige Bewegungsgeschwindigkeiten und s_{fft}^t die binäre Ausgabe der Rutschdetektion mittels FFT. Die Ergebnisse der schwerpunkts- und flächenbasierten Rutscherkennung können zu $\Delta s^t, \dot{s}^t$ gemittelt werden. Das binäre Ausgangssignal s_{fft}^t zur Detektion beginnender Verschiebungen bleibt davon unberührt:

$$\Delta s = \frac{1}{2}(\Delta s_m^t + \Delta s_b^t) \qquad \dot{s} = \frac{1}{2}(\dot{s}_m^t + \dot{s}_b^t) \qquad s_{fft}^t \in [0,1].$$

Ein übergeordnetes Ziel innerhalb der Griffsicherung besteht neben dem gesicherten Festhalten von Objekten im Finden der dafür minimal notwendigen, zusätzlichen Kontaktkraft $F_r^t \to F_{r,min}^t$. Diese Kraft setzt sich daher sowohl aus dynamischen F_{dyn}^t als auch aus statischen Kraftanteilen F_{stat}^t zusammensetzen und sich über die vorhandenen Bewegungsinformationen $(\Delta s^t, \dot{s}^t, s_{fft}^t)$ berechnen lassen:

$$F_r^t = F_{stat}^t + F_{dyn}^t = F_{stat}^t + \left(F_{dyn1}^t + F_{dyn2}^t\right),$$

beziehungsweise:

$$F_r^t = F_{stat}^t(\Delta s^t) + F_{dyn1}^t(s_{fft}^t) + F_{dyn2}^t(\dot{s}^t). \qquad [5.50]$$

Dynamische Kontaktkräfte sind zeit- und geschwindigkeitsabhängig. Allein der statische Anteil F_{stat} bleibt proportional zur resultierenden Objektverschiebung um Δs^t bestehen. Im Fol-

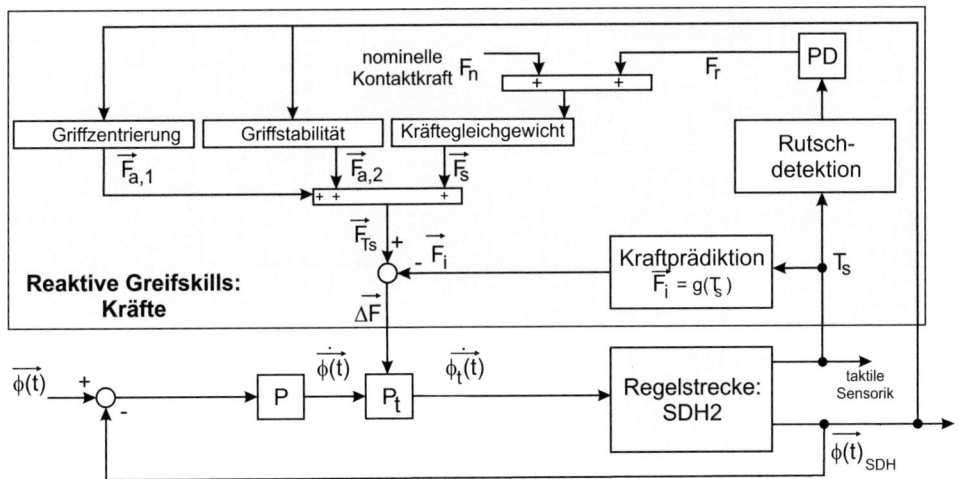

Abb. 5.33.: Greifskill mit Rutschdetektion zur Griffsicherung

genden werden Möglichkeiten zur Berechnung dynamischer und statischer Kräfte vorgestellt und können beispielhaft in Abbildung 5.35 eingesehen werden. Auf die Festlegung gezielter Regelungsparameter wird an dieser Stelle aufgrund der Abhängigkeit vom verwendeten Mehrfingergreifer verzichtet.

Berechnung von F_{dyn1}^t

Die Kraft F_{dyn1}^t berechnet sich zeitabhängig aus dem binären Ausgangssignal s_{fft}^t der FFT - Rutschdetektion. Dabei wird die wirkende Kraft solange vergrößert, solange eine Rutschbewegung detektiert wird. Wird keine Rutschbewegung detektiert, hebt sich die wirkende Kraft $F_{dyn1} \in \mathbb{R}^+$ über einen proportional zum Verstärkungsfaktor P_2 und der aktuell wirkenden Kraft $F_{dyn1}^{(t-1)}$ bestimmten Zeitraum auf, Abbildung 5.35:

$$F_{dyn1}^t = \begin{cases} P_1 \cdot \Delta t + F_{dyn1}^{(t-1)} & \text{falls: } s_{fft}^t = 1 \\ P_2 \cdot \Delta t + F_{dyn1}^{(t-1)} & \text{falls: } s_{fft}^t = 0 \end{cases} \qquad [5.51]$$

Die Verstärkungsfaktoren P_1, P_2 mit $P_1 \in \mathbb{R}^+$ und $P_2 \in \mathbb{R}^-$ haben die Dimension $\left[\frac{N}{s}\right]$ und bestimmen den zeitlichen Kraftverlauf. Da mittels s_{fft}^t höchst sensibel beginnende Verschiebungen gegriffener Objekte detektiert werden, bestimmt F_{dyn1}^t und damit auch P_1, P_2 maßgeblich die Schwingneigung der Regelung.

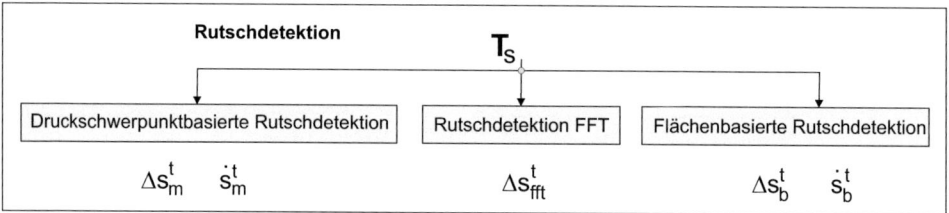

Abb. 5.34.: Ergebnisse der Rutschdetektionen

Berechnung von F_{dyn2}^t

Eine zweite dynamische Kontaktkraft basiert auf gemessenen Geschwindigkeiten der Objekt-verschiebung. Über einen FIR - Filter (Finite Impulse Response) werden aktuelle Verschie-bungsgeschwindigkeiten $\dot{s}^t \in \mathbb{R}^+$ auf der taktilen Eingangsmatrix geglättet, um hochfrequente Störungen heraus zu filtern: $\dot{s}^t \longrightarrow \bar{\dot{s}}^t$. Dazu werden die letzten N-gemessenen Geschwindigkei-ten im FIR - Filter integriert und erzeugen in Kombination mit dem Verstärkungsfaktor $P_{d,2}$ die zweite dynamische Kontaktkraft auf:

$$F_{dyn2}^t = \bar{\dot{s}}^t \cdot P_{d,2} = \left(\sum_{i=0}^{N} \frac{1}{N} \cdot \dot{s}^{(t-i)} \right) P_{d,2} = \left(\sum_{i=0}^{N} \frac{1}{N} \cdot \frac{|\vec{m}_d^{(t-i)} - \vec{m}_d^{(t-i-1)}|}{\Delta t} \right) P_{d,2}. \qquad [5.52]$$

Abbildung 5.35 stellt den Verlauf der gemessenen und geglätteten Geschwindigkeit $\dot{s}^t$ dar. Trotz gleichmäßiger Verschiebung ist ein periodischer Geschwindigkeitsverlauf zu erkennen, der sich infolge der Diskretisierung auf der taktilen Sensormatrix ergibt. Damit schwingt auch die Kraft F_{dyn2}^t geschwindigkeitsabhängig. Die Stetigkeit dieser dynamischen Kraft ergibt sich aus der Annahme eines stetigen Geschwindigkeitsverlaufes auf der Sensorik.

Berechnung von F_{stat}^t

Dem Aufbau der statischen Kraft F_{stat}^t liegt der Ansatz zugrunde, sie abhängig vom Betrag der aktuellen Verschiebung Δs^t als auch von der Lage auf der Sensormatrix zu machen. Die variable Verstärkung P_s^t wird dazu derart definiert, dass am äußeren Rand der taktilen Matrix mit vergrößerter Kraft versucht wird, das Objekt im Griff zu halten. Die Kraft F_{stat}^t ist damit neben der Verschiebung auch von der aktuellen Lage des Objektes abhängig:

$$F_{stat}^t \;=\; \Delta s^t \cdot P_s^t = |\vec{m}_d^t - \vec{m}_d^0| \cdot \frac{a_{max}}{d_{min}^t + \frac{a_{max}}{P_{s,max}}} \qquad [5.53]$$

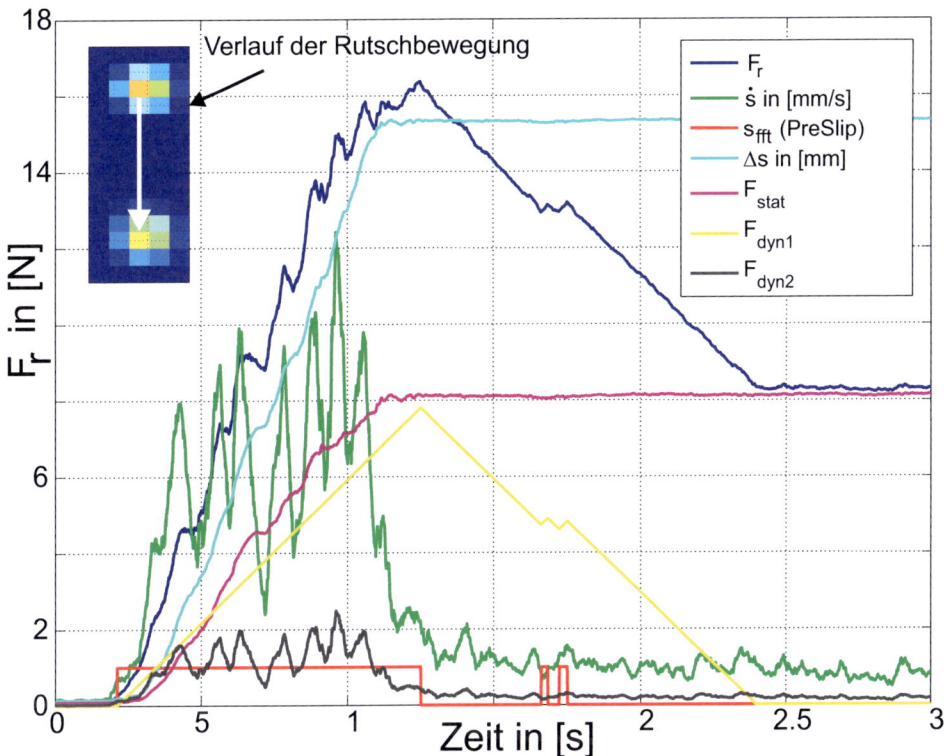

Abb. 5.35.: Beispielhafter Kraftverlauf F_r^t bei Rutschdetektion

Dabei kennzeichnet die Variable $a_{min}^t \in \mathbb{R}^+$ den zum Zeitpunkt t minimal und a_{max} den maximal möglichen Abstand zum Rand der taktilen Sensormatrix. $P_{s,max}$ definiert den maximal zulässigen Verstärkungsfaktor und wirkt am äußeren Rand ($a_{min}^t \to 0$) der taktilen Matrix. Die Abbildung 5.36 stellt den nichtlinearen Verstärkungsfaktor P_s^t über einer taktilen Matrix dar.

Globale Kraftänderung

Unter der Annahme gleichmäßiger Objektbewegungen im Griff werden bei n Kontaktstellen n nahezu identische Kräfte $F_{r,i}^t$ auf den Matrizen mit Objektkontakt berechnet. Daraus kann eine resultierende Gesamtkraft F_r abgeleitet werden, die der nominellen Haltekraft F_n überlagert wird, Gleichung 5.54. Über sie wird dem Aufbau zu schneller und grober Kontaktkräfte F_r^t zur Griffsicherung entgegengewirkt.

$$F_r^t = \frac{\sum_{i=1}^n F_{r,i}^t}{n}. \qquad [5.54]$$

149

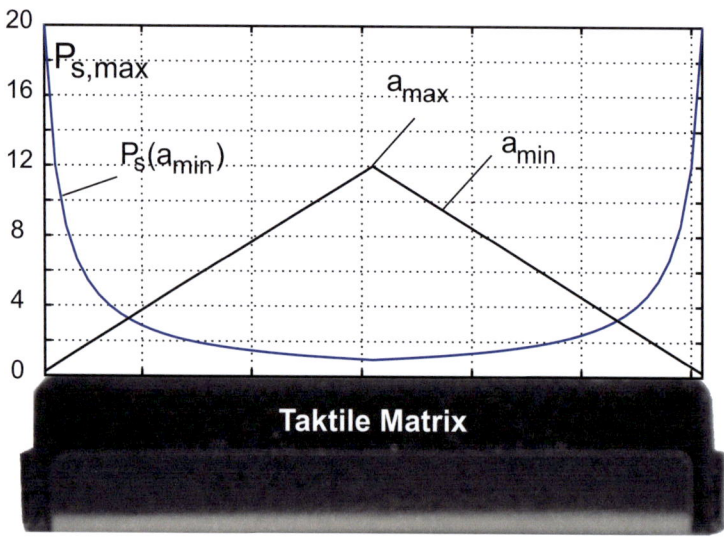

Abb. 5.36.: Nichtlineare Verstärkung P^t_{stat}

5.6. Zusammenfassung

In Kapitel 5 wurde der Aufbau ausgewählter reaktiver Greifskills dargestellt. Dazu wurde in Abschnitt 5.1 ein Skill vorgestellt, das die Eigensicherheit des Greifers gewährleistet sowie ein autonomes Ansteuerungskonzept bereitstellt. Detailliert wurde das Prinzip des reaktiven Greifens fehlerhafter, fehlender oder nachgiebiger Objekte erläutert (5.2) und in Kombination mit einer reaktiven Greifstrategie umgesetzt (5.3). Mit den Greifskills zur Griffoptimierung (5.4) und Griffsicherung (5.5) wurde vorhandenes Potential zur Verbesserung aufgebauter Griffe dargestellt und demonstriert, wie diese gegriffenen Objekte sicher festgehalten werden können. Zusätzlich wurde in 5.1.2 gezeigt, wie über die Integration einer taktilen Eingabesprache ein intuitiver Zugang zum Mehrfingergreifer für Anwender im laufenden Manipulationsbetrieb ermöglicht wird. Abbildung 5.37 zeigt das implementierte und auf reaktiven Greifskills beruhende Gesamtsystem zur Ansteuerung des Mehrfingergreifers. Über die in Abschnitt 5.2.4 hergeleitete Kraft- und Positionsregelung wurde es dabei ermöglicht, Greifskills, die sich mit der eigentlichen Bewegung des Greifers auseinandersetzen, von Greifskills, die sich auf die Griffsicherung und Griffoptimierung beziehen, zu trennen.

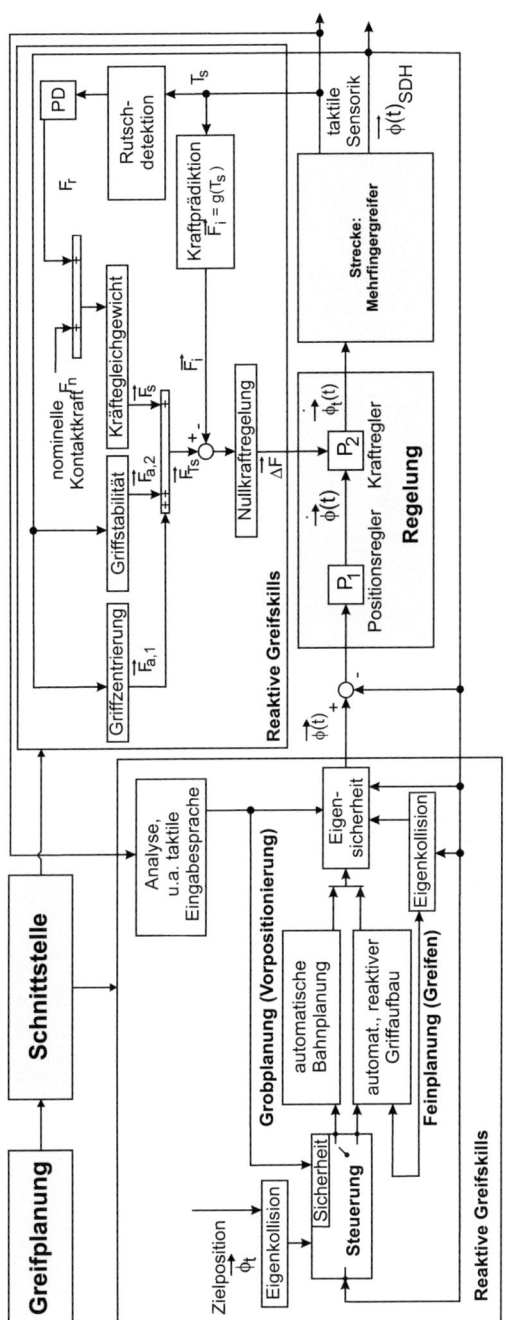

Abb. 5.37.: Implementierte reaktive Greifskills zur Ansteuerung der SDH2

KAPITEL 6

ZUSAMMENFASSUNG UND AUSBLICK

Der umfangreiche und vielfältige Einsatz von Mehrfingergreifern erfordert neue Ansteuerungsstrategien, die ein schnelles, sicheres und intuitives Umkonfigurieren des Greifers entsprechend einer gegebenen Aufgabenstellung erlauben. Das Aufzeigen einer möglichen Umsetzung dieser Aufgabenstellungen am Beispiel der SDH2 ist das wesentliche Ziel der Ausarbeitung. Dabei wurden folgende Themenschwerpunkte behandelt:

Ansteuerungskonzept und intuitive Handhabung: Der grundlegende Ansatz dieser Arbeit bestand im Aufbau reaktiver Greifskills, die übergeordnete Fähigkeiten für einen Anwender eines Mehrfingergreifers bereitstellen und damit eine intuitive Ansteuerung der komplexen Greifertechnologie erlauben. Diese Fähigkeiten basieren auf herkömmlichen Ansteuerungsverfahren, setzen aber im Gegensatz zu diesen übergeordnete Aufgabenstellungen um. Dazu wurden verschiedene Funktionen und Methoden in Kombination mit Steuerungen und Regelungen verknüpft, um gezielt Aufgabenstellungen innerhalb einer Manipulation automatisiert und nach benutzerspezifischen Vorstellungen umzusetzen. In Abschnitt 2 wurde dazu der Aufbau reaktiver Greifskills vorgestellt. Die Funktionen, die zur Ansteuerung des beispielhaft ausgewählten Greifers SDH2 grundlegend sind, wurden in Abschnitt 3 hergeleitet. Im Detail wurde dabei auf die der Reaktivität der Mehrfingergreifers zugrunde liegende Sensorik eingegangen, die die notwendigen Informationen über einen aufgebauten Griff bereitstellt.

Übertragung der Manipulationsidee: Für die Übertragung einer Manipulationsidee wurde in Kapitel 4 eine Greifplanung aufgebaut, die einem Anwender ohne notwendiges Vorwissen den Aufbau benutzerspezifischer Griffe in möglichst kurzer Zeit erlaubt. Dazu assistiert sie bei der Übertragung der Manipulationsidee vom Anwender in das System und stellt ihm dabei das gesamte Manipulationspotential des Greifers zur Verfügung. Innerhalb der Greifplanung wurde der nominelle Griff definiert und über Kenngrößen beschrieben. Diese Kenngrößen konnten innerhalb der Griffausführung als Führungsgrößen reaktiver Greifskills verwendet werden.

Zusammenhang Greifplanung und Greifskills: Der Zusammenhang zwischen den Ergebnissen einer Greifplanung und den Greifskills wurde in Kapitel 5 erläutert. Es wurde dargestellt, dass reaktive Greifskills ihre Führungsgrößen direkt aus den Ergebnissen der Greifplanung beziehen und damit wesentlich von der Qualität und dem Umfang vorhandener Kenngrößen geplanter Griffe abhängen.

Aufbau reaktiver Greifskills: Es wurde detailliert der Auf- und Zusammenbau verschiedener Skills dargestellt und einzelne Fähigkeiten validiert. Dazu wurden fünf ausgewählte Greifskills, die für die Durchführung einer Manipulation grundlegend sind, aufgebaut und gezeigt, wie durch sie ein reaktives Gesamtsystem zusammensetzt werden kann. Skills zum reaktiven Greifen ermöglichen dabei die automatisierte Handhabung vielfältigster Szenarien. So konnte es ermöglicht werden, autonom nachgiebige oder fehlerhafte Objekte zu greifen. Eine Fähigkeit zur Greifstrategie stellt die sichere Überführung einzelner Finger auch unter gegebenen Randbedingungen sicher und komplettiert das autonome Ansteuerungskonzept. Beispielhaft wurden zwei reaktive Greifskills vorgestellt, die Fähigkeiten eines Mehrfingergreifers für bereits gegriffene Objekte bereitstellen. Innerhalb der Griffoptimierung wurden Griffe automatisch stabilisiert und ausgerichtet. Demonstrativ wurde gezeigt, wie auch ein Roboter zur Griffoptimierung herangezogen werden kann. Das Festhalten gegriffener Objekte konnte abschließend über ein Skill zur Griffsicherung umgesetzt werden.

Eigensicherheit und autonome Ansteuerung des Mehrfingergreifers: Ein aufgebautes reaktives Sicherheitskonzept stellt die Eigensicherheit des Mehrfingergreifers sicher und ermöglicht so dessen intuitive Ansteuerung, da dem Anwender gleichzeitig ein vollautomatisches Ansteuerungskonzept zur Verfügung gestellt werden konnte. Über eine taktile Eingabesprache wurden intuitive Eingriffsmöglichkeiten in die Ablaufsteuerung des Greifers bereitgestellt, die jederzeit und direkt am Greifer ausgeführt werden können und damit die Sicherheit auch im laufenden Betrieb gewährleisten.

6.1. Ausblick

Die vorliegende Arbeit bildet eine Grundlage für aufbauende Arbeiten auf dem Gebiet des reaktiven Greifens, die sich in drei Themenschwerpunkte einordnen lassen: Zum einen sind **weiterführende reaktive Greifskills** bereitzustellen, die umfangreiche Möglichkeiten der Mehrfingergreifer für einen großen Anwenderkreis handhabbar machen und so ihre Integration in industrielle Anwendungen ermöglichen. Gleichzeitig bestimmt der Umfang unterschiedlicher Greifskills mögliche Anwendungsszenarien. Beispielhafte, weiterführende Greifskills auf Basis kinästhetischer Sensorik können die Kontaktkraftoptimierung, ein automatisiertes Umgreifen am Objekt oder auch die Detektion von Objektbeschädigungen sein. Um das vollständige Manipulationspotential von Mehrfingergreifern zugänglich zu machen, müssen zweitens weiterführende reaktive Greifskills auf möglichst **unterschiedliche Sinne** erweitert werden, beispielsweise auf Basis visueller oder auch auditiver Sensorik. Drittens werden ausgehend von den Ergebnissen einer Greifplanung softwaretechnische Lösungsansätze entscheidend, die bei der Übertragung der berechneten Kenngrößen in die Vielzahl der zur Verfügung stehenden Greifskills unterstützen und dabei detailliert diejenigen Skills auswählen und aktivieren, die zur Umsetzung einer speziellen Manipulation wesentlich oder wichtig sind. Dieser Aufbau und die Programmierung der **Ablaufsteuerung auf Basis reaktiver Greifskills** wird in Mehrfingergreifern die nach außen hin sichtbare Benutzerschnittstelle abbilden und muss damit den geforderten intuitiven Anforderungen bezüglich der Handhabung genügen.

ANHANG A

ANHANG

A.1. Abmessungen und Symbole der SDH2

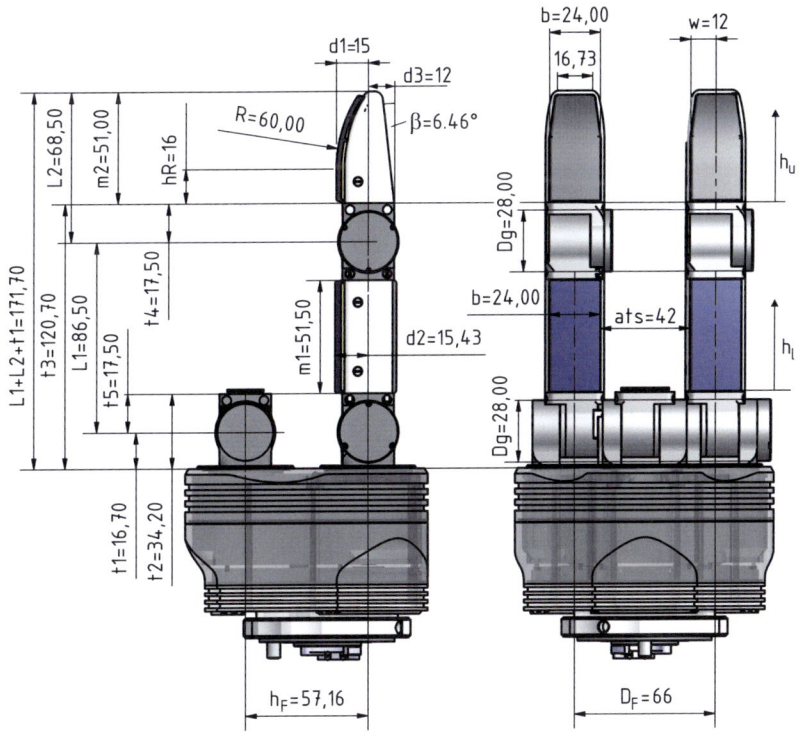

Abb. A.1.: Abmessungen und Kenngrößen der SDH2-1

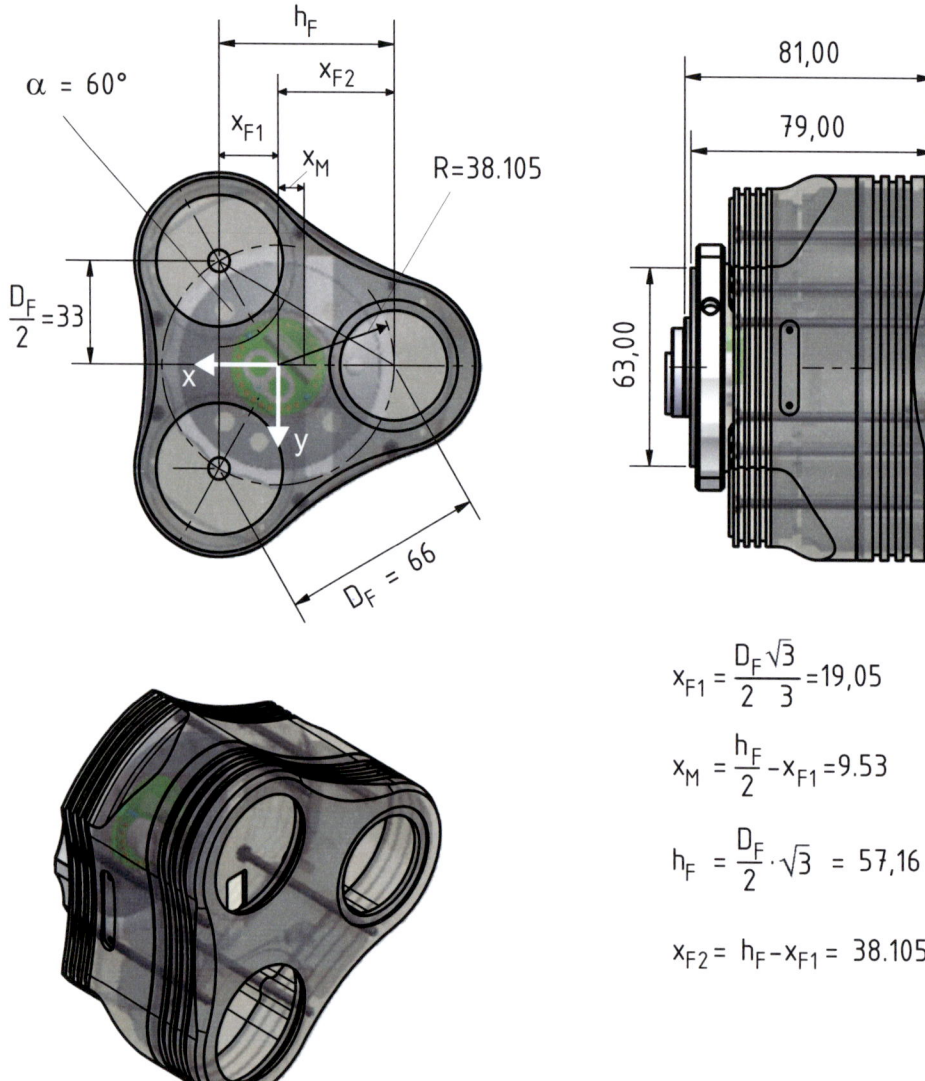

$\alpha = 60°$

h_F

x_{F2}

x_{F1}

x_M

R=38.105

$\dfrac{D_F}{2}=33$

x

y

$D_F = 66$

81,00

79,00

63,00

$$x_{F1} = \frac{D_F}{2}\frac{\sqrt{3}}{3} = 19,05$$

$$x_M = \frac{h_F}{2} - x_{F1} = 9.53$$

$$h_F = \frac{D_F}{2}\cdot\sqrt{3} \ = \ 57,16$$

$$x_{F2} = h_F - x_{F1} = 38.105$$

Abb. A.2.: Abmessungen und Kenngrößen der SDH2-2

A.2. Koordinatensysteme im Mehrfingergreifer

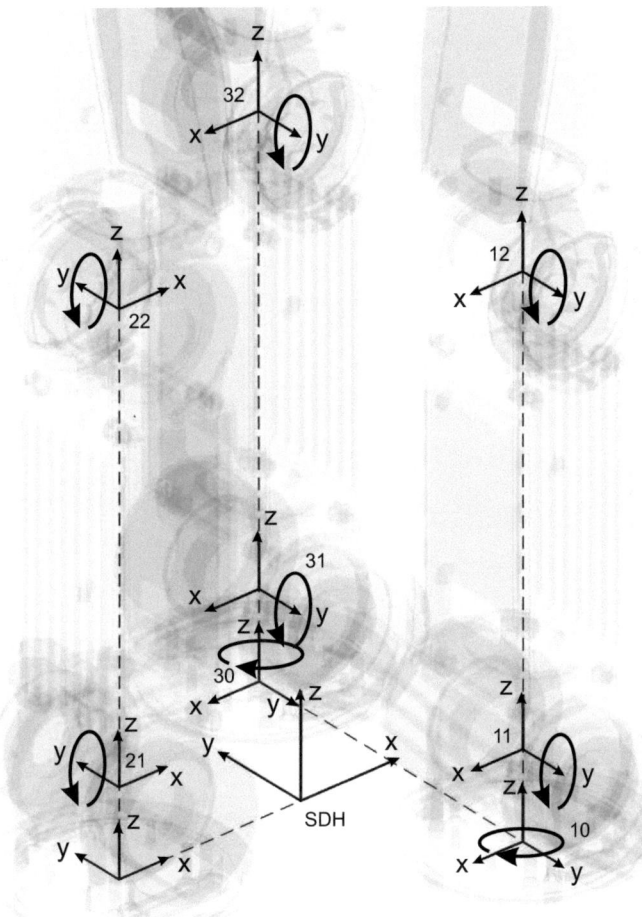

Abb. A.3.: Koordinatensysteme der SDH2

A.3. Kontaktpunktbeschreibung der taktilen Sensorik

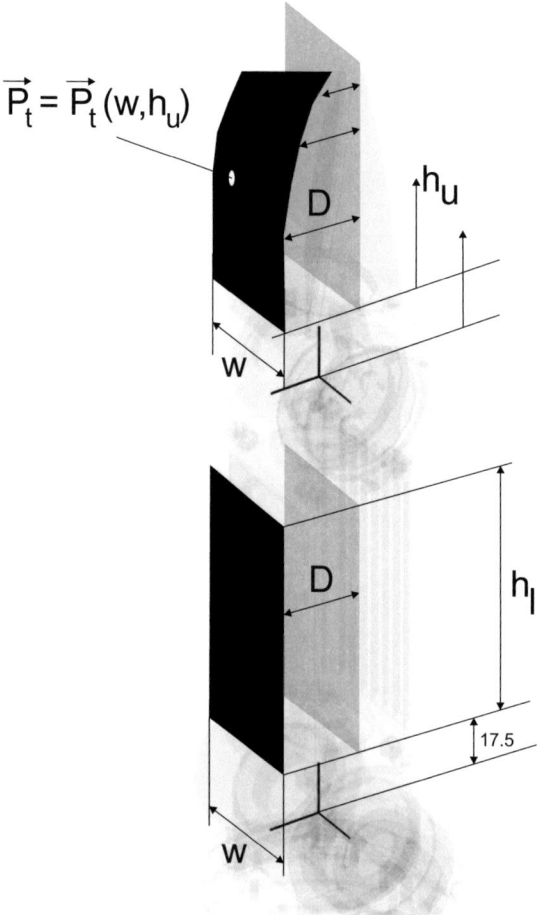

Abb. A.4.: Zuordnung taktiler Kontaktpunkte

A.4. Kenngrößen des Mehrfingergreifers

Spannungsversorung	24V
Stromaufnahme	5A
Kommunikation	RS232, CAN, Ethernet

Tab. A.1.: Elektronische Kenngrößen

Die Rotation um Gelenk ϕ_0 ist für die Finger 1 und 3 mechanisch gekoppelt. Die Gelenke haben jeweils einen begrenzten Bewegungsspielraum, Tabelle A.2. Die Gesamtmasse der SDH2 beträgt $1.95 kg$. Die elektronischen Kenngrößen sind in Tabelle A.1 dargestellt. Taktile Sensordaten werden über einen zusätzlichen RS232 - Port mit einer durchschnittlichen Framerate von $f_t \approx 30 fps$ übertragen.

Achse	Bewegungsbereich	Max.Geschwindigkeit	Max. Drehmoment
ϕ_0	$0° - 90°$	$210°/sec$	k.A.
ϕ_1	$-90° - +90°$	$210°/sec$	2.1Nm
ϕ_2	$-90° - +90°$	$210°/sec$	1.4Nm
ϕ_3	$-90° - +90°$	$210°/sec$	2.1Nm
ϕ_4	$-90° - +90°$	$210°/sec$	1.4Nm
ϕ_5	$-90° - +90°$	$210°/sec$	2.1Nm
ϕ_6	$-90° - +90°$	$210°/sec$	1.4Nm

Tab. A.2.: Bewegungsbereich

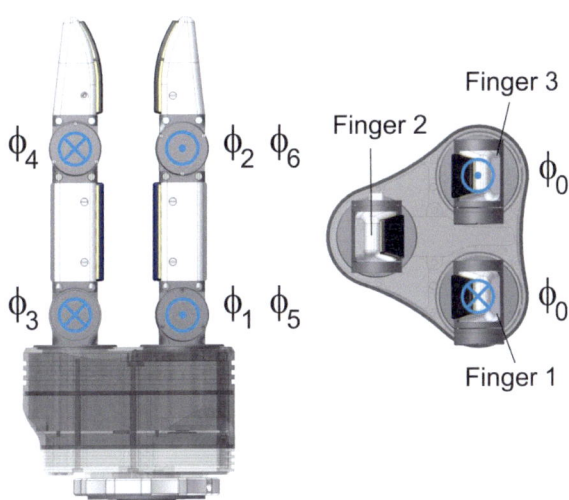

Abb. A.5.: Gelenk- und Fingerzuordung an der SDH2

ANHANG B

ABBILDUNGSVERZEICHNIS

ANHANG C

TABELLENVERZEICHNIS

ANHANG D

LITERATURVERZEICHNIS

[1] A. Albu-Schäffer. Regelungstechnische methoden in der robotik. Deutsches Zentrum für Luft- und Raumfahrt, Institut für Robotik und Mechatronik, 2010.

[2] P. Allen, A. Miller, P. Oh, and B. Leibowitz. Using tactile and visual sensing with a robotic hand. *IEEE International Conference on Robotics and Automation*, 2002.

[3] Apologia. Apologia.eu : A european informational website. www.apologia.eu, 2011.

[4] A.Wolf and R.Steinmann. *Greifer in Bewegung*. Carl Hanser Verlag München Wien, 2004.

[5] J. Barraquand and J.-C. Latombe. Robot motion planning: A distributed representation approach. *The International Journal of Robotics Research*, 1991.

[6] S. Begej. Fingertip-shaped optical tactile sensor for robotic applications. *IEEE International Conference on Robotics and Automation*, pages 1752–1757, 1988.

[7] Y. Bekiroglu, K. Huebner, and D. Kragic. Integrating grasp planning with online stability assessment using tactile sensing. *IEEE International Conference on Robotics and Automation (ICRA 2011)*, 2011.

[8] Y. Bekiroglu, D. Kragic, and V. Kyrki. Learning grasp stability based on tactile data and hmms. *IEEE International Symposium on Robot and Human Interactive Communication*, Vol. 19, 2010.

[9] M. Benali-Khoudja, M. Hafez, A. Sautour, and S. Jumertz. Towards a new tactile language to communicate emotions. *Proceedings of the IEEE International Conference on Mechatronics and Automation, Niagara Falls, Canada*, pages 286–291, 2005.

[10] A. Bierbaum, K. Welke, D. Burger, T. Asfour, and R. Dillmann. Haptic exploration for 3d shape reconstruction using five-finger hands. *7th IEEE-RAS International Conference on Humanoid Robots*, pages 616–621, 2007.

[11] C. Borst, T. Wimbock, F. Schmidt, M. Fuchs, B. Brunner, F. Zacharias, P. R. Giordano, R. Konietschke, W. Sepp, S. Fuchs, C. Rink, A. Albu-Schaffer, and G. Hirzinger. Rollin' justin - mobile platform with variable base. *IEEE International Conference on Robotics and Automation, ICRA '09.*, pages 1597–1598, 2009.

[12] C. Borst and F. Zacharias. Greif- und taskplanung für humanoide roboter mit mehrfingrigen händen. Technical report, DLR - Institut für Robotik und Mechatronik, 2007.

[13] O. Brock. Barrett hand, foto: Technische universität berlin, dept. of computer engineering and microelectronics, robotics and biology laboratory rbo. http://www.robotics.tu-berlin.de/menue/facilities/, 2011.

[14] C. Broelemann. Proseminar: Machine learning, hauptkomponentenanalyse (pca) und kernel-pca. Hauptkomponentenanalyse.pdf, 2006.

[15] P. Brook. A probabilistic approach to grasp planning. Technical report, Department of Computer Science, University of Washington, 23.11.2010.

[16] F. Brosius. *SPSS 16 - das mitp-Standardwerk.* mitp; Auflage: 1, 2008.

[17] J. Burck, M. J. Zeher, R. Armiger, and J. D. Beaty. Entwicklung der modernsten arm-prothese der welt mit model-based design. Technical report, Applied Physics Laboratory der Johns Hopkins University - The Mathworks News & Notes, 2009.

[18] S. R. Buss. Introduction to inverse kinematics with jacobian transpose, pseudoinverse and damped least squares methods. Department of Mathematics, University of California, San Diego, 2009.

[19] J. Butterfass, M. Fischer, M. Grebenstein, S. Haidacher, and G. Hirzinger. Design and experiences with dlr hand ii. *Proceedings. World Automation Congress*, pages 105–110, 2004.

[20] L. Y. Chang, S. S. Srinivasa, and N. S. Pollard. Planning pre-grasp manipulation for transport tasks. *IEEE International Conference on Robotics and Automation*, 2010.

[21] F. Chaumette. Visual servoing using image features defined upon geometrical primitives. *In Proc. 33rd Conf on Decision and Control*, 1994.

[22] P. Chen, Y. Hasegawa, and M. Yamashita. Grasping control of robot hand using fuzzy neural network, lecture notes in computer science. Technical report, Department of Environmental Science & Technology, Mie University, 2006.

[23] M. Choi, B. Hwang, E.-C. Shin, K.-W. Yang, and H.-S. Kim. Dependable grasping strategy for service robots using fine approaching positions and adaptive hands. *ICCAS-SICE*, pages 5658 – 5662, 2009.

[24] P. Corp. Calligrapher - smartphone and tablet pc software - natural handwriting recognition software, 2010. CalliGrapher Version 8.7.

[25] J. J. Craig. *Introduction to Robotics - Mechanics and Control*. Addison-Wesley Publishing Company, second edition edition, 1989.

[26] M. Cutkosky and P. Wright. Modeling manufacturing grips and correlations with the design of robotic hands. *Proceedings of the IEEE International Conference on Robotics and Automation*, 3:1533–1539, 1986.

[27] G. Daisuke, A. Takuma, S. Yasunori, M. Aigou, and S. Makoto. Slip detection using cop tactile sensor arranged on finger. *Nippon Robotto Gakkai Gakujutsu Koenkai Yokoshu (CD-ROM)*, 24, 2006.

[28] R. Diankov and J. Kuffner. Openrave: A planning architecture for autonomous robotics. Technical report, Robotics Institute, Carnegie Mellon University, Pittsburgh, Pennsyvania 15213, 2008.

[29] N. Ecker, D. Goeger, and H. Wörn. Tactile sensor and algorithm to detect slip in robot grasping processes. In *International Conference on Robotics and Biomimetics,*. IPR, Universität Karlsruhe (TH), 2009.

[30] S. Ekvall and D. Kragic. Grasp recognition for programming by demonstration. *Proc. 2005 IEEE Int. Conf. Robotics and Automation*, pages 748–753, 2005.

[31] M. E. H. Eltaib and J. R. Hewit. Tactile sensing technology for minimal access surgery - a review. *Mechatronics*, 13, Issue 10:1163–1177, 2003.

[32] C. Ferrari and J. Canny. Planning optimal grasps. *International Conference on Robotics and Automation*, 3:2290–2295, 1992.

[33] L. for Perceptual Robotics. Dexter - mechanism, control, and developmental programming. http://www-robotics.cs.umass.edu/, 2011.

[34] D. Göger and H. Wörn. A highly versatile and robust tactile sensing system. Technical report, Institute of Process control and Robotics, Karlsruhe Institute of Technology (KIT), 2007.

[35] C. Goldfeder, P. Allen, C. Lackner, and R. Pelossof. Images courtesy of columbia university robotics laboratory, grasp planning via decomposition trees. *IEEE International Conference on Robotics and Automation*, pages 4679–4684, 2007.

[36] R. C. Gonzalez, R. E. Woods, and S. L. Eddins. *Digital Image Processing using Matlab*. Prentice Hall, 2004.

[37] N. Gorges, P. Fritz, and H. Wörn. Haptic object exploration using attention cubes. *33rd Annual German Conference on Artificial Intelligence (KI 2010)*, 1:349–357, 2010.

[38] N. Gorges, S. E. Navarro, D. Göger, and H. Wörn. Haptic object recognition using passive joints and haptic key features. *IEEE International Conference on Robotics and Automation ICRA*, 2010.

[39] S. Gottschalk, M. C. Lin, and D. Manocha. Obb-tree: A hierarchical structure for rapid interference detection, 1996.

[40] E. P. GRASP. Emergence of cognitive grasping through introspection, emulation and surprise. http://www.csc.kth.se/grasp/, 2008.

[41] G. Greitmann. *Micromechanical Tactile Gripper System for Micro Assembly*. PhD thesis, Swiss Federal Institute of Technology Zürich, 1998.

[42] D. Gunji, Y. Mizoguchi, S. Teshigawara, A. Ming, A. Namiki, M. Ishikawaand, and M. Shimojo. Grasping force control of multi-fingered robot hand based on slip detection using tactile sensor. *IEEE International Conference on Robotics and Automation*, 2008.

[43] T. Haase and H.Wörn. Collision free path planning for intrinsic safety of multi-fingered sdh-2. *33rd Annual German Conference on Artificial Intelligence*, 2010.

[44] T. Haase and H.Wörn. Real-time collision detection for intrinsic safety of multi-fingered sdh-2. *IEEE International Conference on Robotics and Automation*, 2010.

[45] S. G. Hart and L. E. Staveland. Development of nasa-tlx (task load index): Results of empirical and theoretical research. *NASA-Ames Research Center, San Jose State University*, 2003.

[46] S. Hartmann. Grundlegende verfahren zur integration von aktiv geführten kamerasystemen in reaktive mehrfingergreifsysteme. Master's thesis, Karlsruher Institut für Technologie (KIT), Institut für Prozessrechentechnik, Automation und Robotik (IPR), Karlsruhe, 2011.

[47] S. Hartmann, T. Haase, and H. Wörn. Entwicklung von methoden und verfahren zur autonomen, kollisionsfreien fingersteuerung am mehrfingergreifer sdh-2. Technical report, Karlsruher Institut für Technologie, Institut für Prozessrechentechnik, Automation und Robotik (IPR), 2010.

[48] S. Hellkvist. On-line character recognition on small hand-held terminals using elastic matching. Master's thesis, Royal Institute of Technology, Stockholm, Schweden, 1999.

[49] R. M. Herrera. A bio-inspired method for incipient slip detection, lecture notes in computer schience, advances in artificial intelligence. Technical report, Universidad de Buenos Aires, Argentina, 2007.

[50] P. Hill and M. Fihn. Veritas et visus - touch panel - news from around the world. *Veritas et Visus*, 4 No 2/3:110, September 2009.

[51] G. Hirzinger. Deutsches zentrum für luft- und raumfahrtechnik, institut für robotik und mechatronik. http://www.dlr.de/rm, 2011.

[52] J. Hollerbach. Robot hands and tactile sensing. *AI in the 1980s and Beyond: An MIT Perspective, W.E.L. Grimson and R.S. Patil, eds., MIT Press*, 1987.

[53] E. Holweg, H. Hoeve, W. Jongkind, L. Marconi, C. Melchiorri, and C. Bonivento. Slip detection by tactile sensors: algorithms and experimental results. *International Conference on Robotics and Automation*, 4:3234–3239, 1996.

[54] L. Hong, P. Meusel, G.Hirzinger, J. Minghe, L. Yiwei, and X. Zongwu. The modular multisensory dlr-hit-hand: Hardware and software architecture. *Mechatronics, IEEE/ASME Transactions on*, 13, 2008.

[55] O. Hornung and B. Heimann. A model-based approach for visual guided grasping with uncalibrated system components. *IEEE/RSJ International Conference on Intelligent Robots and Systems (IROS)*, pages 226–232, 2005.

[56] K. Hsiao, S. Chitta, M. Ciocarlie, and E. Jones. Contact-reactive grasping of objects with partial shape information. *IEEE/RSJ International Conference on Intelligent Robots and Systems (IROS)*, 2010.

[57] K. Hsiao, P. Nangeroni, M. Huber, A. Saxena, and A. Ng. Reactive grasping using optical proximity sensors. *IEEE International Conference on Robotics and Automation*, pages 2098–2105, 2009.

[58] HTC. Touchflo 3d - experience a whole new dimension in pda phones, 2011.

[59] K. Huebner, S. Ruthotto, and D. Kragic. Minimum volume bounding box decomposition for shape approximation in robot grasping. *In Proceedings of the IEEE International Conference on Robotics and Automation*, pages 1628–1633, 2008.

[60] K. Huebner, K. Welke, M. Przybylski, N. Vahrenkamp, T. Asfour, D. Kragic, and R. Dill-mann. Grasping known objects with humanoid robots: A box-based approach. *In Proceedings of the International Conference on Advanced Robotics (ICAR)*, 2009.

[61] Humanoid-Robots. Humanoid robots: Learning and cooperating multimodal robots, November 2010.

[62] S. Jacobsen, I. McCammon, K. Biggers, and R. Phillips. Design of tactile sensing systems for dextrous manipulation. *IEEE Control Systems Magazine*, 8:3–13, 1988.

[63] K. Janschek and S. Reimann. *Steuerung von Robotersystemen.* Institut für Automatisierungstechnik, TU Dresden, 2005/2006.

[64] D. Johnston, P. Zhang, J. Hollerbach, and S. Jacobsen. A full tactile sensing suite for dextrous robot hands and use in contact force control. *Proceedings of the IEEE International Conference on Robotics and Automation*, 1996.

[65] H. Kawasaki, T. Komatsu, and K. Uchiyama. Dextrous anthropomorphic robot hand with distributed tactile sensor: Gifu hand ii. *IEEE / ASME Transactions on Mechatronics*, 7, 2002.

[66] H. Kawasaki and T. Mouri. Kawasaki & mouri laboratory , anthropomorphic robot hand. http://robo.mech.gifu-u.ac.jp/en/Research/Hand/index.html, 2011.

[67] P. e. a. L. E. Kavraki. Probabilistic roadmaps for path planning in high-dimensional configuration spaces. *IEEE Trans. on Robotics and Automation*, 1996.

[68] S. M. Lavalle. Rapidly-exploring random trees: A new tool for path planning. Technical report, Computer Science Dept., Iowa State University, 1998.

[69] B. León, S. Ulbrich, R. Diankov, G. Puche, M. Przybylski, A. Morales, T. Asfour, S. Moisio, J. Bohg, J. Kuffner, and R. Dillmann. Opengrasp - a toolkit for robot grasping simulation. *Lecture Notes in Comuter Science*, 6472/2010:109–120, 2010.

[70] M. Lin, D. Manocha, J. Cohen, and S. Gottschalk. Collision detection: Algorithms and applications, 1996.

[71] H. Liu, P. Meusel, and G. Hirzinger. A tactile sensing system for the dlr three-finger robot hand. *ISMCR*, 1995.

[72] H. Lui and P. Meusel. Dlr-hit-hand, institut für robotik und mechatronik, multisensorielle 4 finger hand, deutsches zentrum für luft- und raumfahrt e.v., 2006.

[73] D. Lyons. Tagged potential fields: An approach to specification of complex manipulator configurations. *IEEE International Conference on Robotics and Automation*, 1986.

[74] E. Malis, F. Chaumette, and S. Boudet. 2-1/2-d visual servoing. *IEEE Transactions on Robotics and Automation*, 15, No. 2, 1999.

[75] L. Marconi and C. Melchiorri. Incipient slip detection and control using rubber-based tactile sensor. *IFAC 96 World Congr., San Francisco*, 1996.

[76] G. Milighetti, M. Ritter, and H. Kuntze. Vision controlled grasping by means of an intelligent robot hand. *Advances in Robotics Research*, pages 215 – 226, 2009.

[77] A. Miller and P. Allen. Graspit! a versatile simulator for robotic grasping. *Robotics & Automation Magazine*, 11, Issue: 4:110–122, 2004.

[78] A. Miller, S. Knoop, H. Christensen, and P. Allen. Automatic grasp planning using shape primitives. *Proceedings of the IEEE International Conference on Robotics and Automation (ICRA), Images courtesy of Columbia University Robotics Laboratory*, 2:1824–1829, 2003.

[79] J. Napier. The prehensile movements of the human hand. *The Journal of Bone and joint surgery*, british volume:902–913, 1956.

[80] Narod.ru. Robotic portal : The best five anthropomorphic robotic handsarms, obsolete, advanced hands/arms,. http://mindtrans.narod.ru/hands/hands.htm, 03 2011.

[81] N. A. NASA and space Administration. Robonaut 2, a dexterous humanoid robot. http://robonaut.jsc.nasa.gov/default.asp, 2011.

[82] V.-D. Nguyen. Constructing stable grasps in 3d. *IEEE, International Conference on Robotics and Automation*, pages 234–239, 1987. General Electric Corporate Research and Development, Schenectady, NY, USA.

[83] OpenGRASP. A simulation toolkit for grasping and dexterous manipulation - karlsruher institut für technologie (kit), institut für anthropomatik, humanoids and intelligence systems lab. http://opengrasp.sourceforge.net/.

[84] D. Osswald. *Steuerungssysteme anthropomorpher Roboterhände für humanoide Roboter.* Karlsruher Institut für Technologie, Institut für Prozessrechentechnik, Automation und Robotik, 2011.

[85] V. Physics:. Vortex physics engine for real-time simulations - cmlabs simulations inc., 2001-2009. http://www.vxsim.com/en/software/.

[86] M. Prats, S. Wieland, T. Asfour, A. del Pobil, and R. Dillmann. Compliant interaction in household environments by the armar-iii humanoid robot. *IEEE-RAS International Conference on Humanoid Robots, Humanoids 2008*, page 475, 2008.

[87] M. Przybylski, T. Asfour, and R. Dillmann. Unions of balls for shape approximation in robot grasping. *IEEE/RSJ International Conference on Intelligent Robots and Systems (IROS)*, page 1592, 2010.

[88] M. Quigley, B. Gerkey, K. Conley, J. Faust, T. Foote, J. Leibs, E. Berger, R. Wheeler, and A. Ng. Ros: an open-source robot operating system. *ICRA*, 2009.

[89] M. Ralph and M. A. Moussa. An integrated system for user-adaptive robotic grasping. *IEEE Transactions on Robotics*, 26, No.4, 2010.

[90] S. Z. Ramos. *Greifen bei Servicerobotern, Lernen und Selbstorganisation mit Hilfe von Tastsinn und Bildverarbeitung.* PhD thesis, Ruhr-Universität Bochum, 2004.

[91] H. Ritter. The graphical simulation toolkit neo/nst. Universität Bielefeld, Neuroinformatics Group.

[92] F. Röthling. *Real Robot Hand Grasping using Simulation-Based Optimisation of Portable Strategies.* PhD thesis, Bielefeld University, Faculty of Technology, Bielefeld, Germany, May 2007.

[93] F. Röthling, R. Haschke, J. J. Steil, and H. Ritter. Platform portable anthropomorphic grasping with the bielefeld 20-dof shadow and 9-dof tum hand. *Proc. of the Int. Conf. on Intelligent Robots and Systems (IROS)*, 2007.

[94] P. Sanz, G. Recatala, V. Traver, and A. del Pobil. Towards a reactive grasping system for an industrial robot arm. *IEEE International Symposium on Computational Intelligence in Robotics and Automation CIRA '99.*, 1999.

[95] J.-P. Saut, A. Sahbani, and V. Perdereau. A global approach for dexterous manipulation planning using paths in n-fingers grasp subspace. *Proceedings of the 9th International Conference on Automation, Robotics and Vision (ICARCV)*, pages 2019–2024, 2006.

[96] T. Schimana. Die 5 sinne der wahrnehmung, it kommunikation, selbstmanagement. http://schimana.net/2009/01/kommunikation/die-5-sinne-der-wahrnehmung/, 2011.

[97] G. Schlesinger. *Der Mechanische Aufbau der Künstlichen Glieder. Ersatzglieder und Arbeitshilfen, part II*. Springer, Berlin, 1919.

[98] A. Schmid. *Intuitive Human-Robot Cooperation*. PhD thesis, Fakultät Informatik der Universität Fridericiana zu Karlsruhe (TH), Karlsruher Institut für Technologie, 2008.

[99] A. Schmid, M. Hoffmann, and H. Wörn. A tactile language for intuitive human-robot communication. *Proceedings of the 9th International Conference on Multimodal Interfaces (ICMI 2007)*, page 8, 2007.

[100] S. Schostek, C. Ho, D. Kalanovic, and M. Schurr. Artificial tactile sensing in minimally invasive surgery - a new technical approach. *Minimally Invasive therapy & allied technologies: MITAT : official journal of the Society of the Minimally Invasive Therapy*, 15(5):296–304, 2006.

[101] SCHUNK. Servo-electric 3-finger gripper hand sdh. SCHUNK GmbH and Co. KG, 2010.

[102] SCHUNK. Schunk gmbh & co. kg, spann- und greiftechnik. www.schunk.com, 2011.

[103] P. Semenza. Touch screen market update, flextech alliance workshop. *Display Search, an NPD Group Company*, page 20, 2010.

[104] J. Serra. *Image Analysis and Mathematical Morphology*. Academic Press, 1983.

[105] Shadow-Hand. Shadow robot company ltd. - shadow c6m smart motor hand technical specification. http://www.shadowrobot.com/hand/, 2011.

[106] A. Shashank, M. Tiwana, S. Redmond, and N. Lovell. Design, simulation and fabrication of a low cost capacitive tactile shear sensor for a robotic hand. *Annual International Conference of the IEEE Engineering in Medicine and Biology Society, EMBC*, 2009.

[107] F. So, N. Masahiro, and E.Tadashi. Collision detection and avoidance of fingers for a robot hand. *Proceedings of the Annual Conference of the Institute of Systems, Control and Information Engineers, Kanagawa Univ.*, 2005.

[108] J. Son, R.Howe, J.Wang, and G.Hager. Preliminary results on grasping with vision and touch. Technical report, Div. of Appl. Sci., Harvard Univ., Cambridge, MA, 1996. Proceedings of the 1996 IEEE/RSJ International Conference on Intelligent Robots and Systems.

[109] W. Stangl. *Das neue Paradigma der Psychologie*. Friedr. Vieweg & Sohn, Wissenschaftstheorie - Wissenschaft und Philosophie, 1989.

[110] J. Steffen, R. Haschke, and H. Ritter. Experience based and tactile-driven dynamic grasp control. *Proceedings of the 2007 IEEE/RSJ International Conference on Intelligent Robots and Systems*, 2007.

[111] T. Takahashi, T. Tsuboi, T. Kishida, Y. Kawanami, S. Shimizu, M. Iribe, T. Fukushima, and M. Fujita. Adaptive grasping by multi fingered hand with tactile sensor based on robust force and position control. *IEEE International Conference on Robotics and Automation*, 2008.

[112] C. L. Taylor and R. J. Schwarz. The anatomy and mechanics of the human hand. *Artificial limbs*, 2:22–35, 1955.

[113] B. Thuilot, P. Martinet, L. Cordesses, and J. Gallice. Position based visual servoing: keeping the object in the field of vision. *IEEE International Conference on Robotics and Automation*, 2002.

[114] J. Ueda. Multifingered robot hand: Naist-hand i, robotics laboratory, graduate school of information science, nara institute of science and technology. http://robotics.naist.jp/, 2011.

[115] J. Ueda, Y. Ishida, M. Kondo, and T. Ogasawara. Development of the naist-hand with vision-based tactile fingertip sensor. *Proc. of the IEEE Int. Conf. Robotics and Automation*, 2005.

[116] N. Vahrenkamp. Simox. http://sourceforge.net/projects/simox/, 2011.

[117] N. Vahrenkamp, T. Asfour, and R. Dillmann. Simox: A simulation and motion planning toolbox for c++. Humanoids and Intelligence Systems Laboratories (HIS), Institute for Anthropomatics, Karlsruhe Institute of Technology (KIT), 2010.

[118] N. Vahrenkamp, S. Wieland, P. Azad, D. Gonzalez, T. Asfour, and R. Dillmann. Visual servoing for humanoid grasping and manipulation tasks. *IEEE-RAS 8th International Conference on Humanoid Robots (Humanoids)*, 2008.

[119] A. A. Vidal, T. Haase, and H. Wörn. Slip detection in multi-fingered gripper sdh-2 with help of tactile sensors. Technical report, Karlsruher Institut für Technologie (KIT) - Institut für Prozessrechentechnik, Automation und Robotik (IPR), 2010.

[120] K. Wegener and H. Mütherich. Flexible greiferbacken mit konfigurierbaren fingerstellungen fuer wechselnde produkte. *Maschinenmarkt. MM, das Industriemagazin, Vol.113, No.16, pp.36-38*, 2007.

[121] K. Weiss. *Ein ortsauflösendes taktiles Sensorsystem für Mehrfinger-Greifer*. Logos Verlag Berlin, 2007.

[122] K. Weiss and H. Wörn. The working principle of resistive tactile sensor cells. *IEEE International Conference on Mechatronics and Automation*, 1:471–476, 2005.

[123] K. Weiss, H. Wörn, and D. Göger. Reactive grasping in industrial automation. Technical report, Institute for Process Control and Robotics (IPR), University of Karlsruhe, Germany, 2006.

[124] K. W. Weiss Robotics. Taktile sensorsysteme und taktile messwandler. http://weiss-robotics.com, 2010.

[125] G. Wöhlke. *Wissensbasierte Greifplanung für Mehrfinger-Roboterhände*. PhD thesis, Universität Karlsruhe, Fakultät Informatik, 1991.

[126] T. Wimböck, D. Nenchev, A. Albu-Schäffer, and G. Hirzinger. Experimental study on dynamic reactionless motions with dlr's humanoid robot justin. *IEEE/RSJ International Conference on Intelligent Robots and Systems, IROS*, pages 5481–5486, 2009.

[127] K. Woelfl and F. Pfeiffer. Grasp strategies for a dextrous robotic hand. *Proceedings of the IEEE/RSJ/GI International Conference on Intelligent Robots and Systems. 'Advanced Robotic Systems and the Real World', IROS*, 1994.

[128] Z. Xue, A. Kasper, J. Zoellner, and R. Dillmann. An automatic grasp planning system for service robots. *International Conference on Advanced Robotics, ICAR*, 2009.

[129] Z. Xue, M. Schmidt, J. Zoellner, and R. Dillmann. Internal force computation of grasped object using joint torques. *SICE Annual Conference*, pages 2795–2800, 2008.

[130] Z. Xue, U. Stadie, J. M. Zöllner, and R. Dillmann. An efficient grasp planning system using impulse-based dynamic simulation. *Multibody Dynamics, ECCOMAS Thematic Conference*, 2009.

[131] Z. Xue, P. Woerner, J. M. Zöllner, and R. Dillmann. Efficient grasp planning using continous collision detection. *Proceedings of the 2009 IEEE International Conference on Mechatronics and Automation, China*, pages 2752–2758, 2009.

[132] Z. Xue, J. Zoellner, and R. Dillmann. Automatic optimal grasp planning based on found contact points. *International Conference on Advanced Intelligent Mechatronics, AIM 2008*, pages 1053–1058, 2008.

[133] Z. Xue, J. Zoellner, and R. Dillmann. Dexterous manipulation planning of objects with surface of revolution. *IEEE/RSJ International Conference on Intelligent Robots and Systems (IROS)*, 2008.

[134] Z. Xue, J. Zoellner, and R. Dillmann. Planning regrasp operations for a multifingered robotic hand. *4th IEEE Conference on Automation Science and Engineering, Key Bridge Marriott, Washington DC, USA*, 2008.

[135] S. Yao, Q. Zhan, M. Ceccarelli, G. Carbone, and Z. Lu. Analysis and grasp strategy modeling for underactuated multi-fingered robot hand. *International Conference on Mechatronics and Automation, ICMA*, 2009.

[136] T. Yoshikawa. *Foundations of Robotics - Analysis and Control*. The MIT Press - Massachusetts Institute of Technology, 1990.

[137] H. Yussof, J. Wada, and M. Ohka. Analysis of tactile slippage control algorithm for robotic hand performing grasp-move-twist motions. *International Journal on smart sensing and intelligent systems*, 3, No. 3, 2010.

[138] X. Zhang, S. Redon, M. Lee, and Y. J. Kim. Continuous collision detection for articulated models using taylor models and temporal culling. *Proceeding of SIGGRAPH ACM SIGGRAPH papers*, 26, 2007.